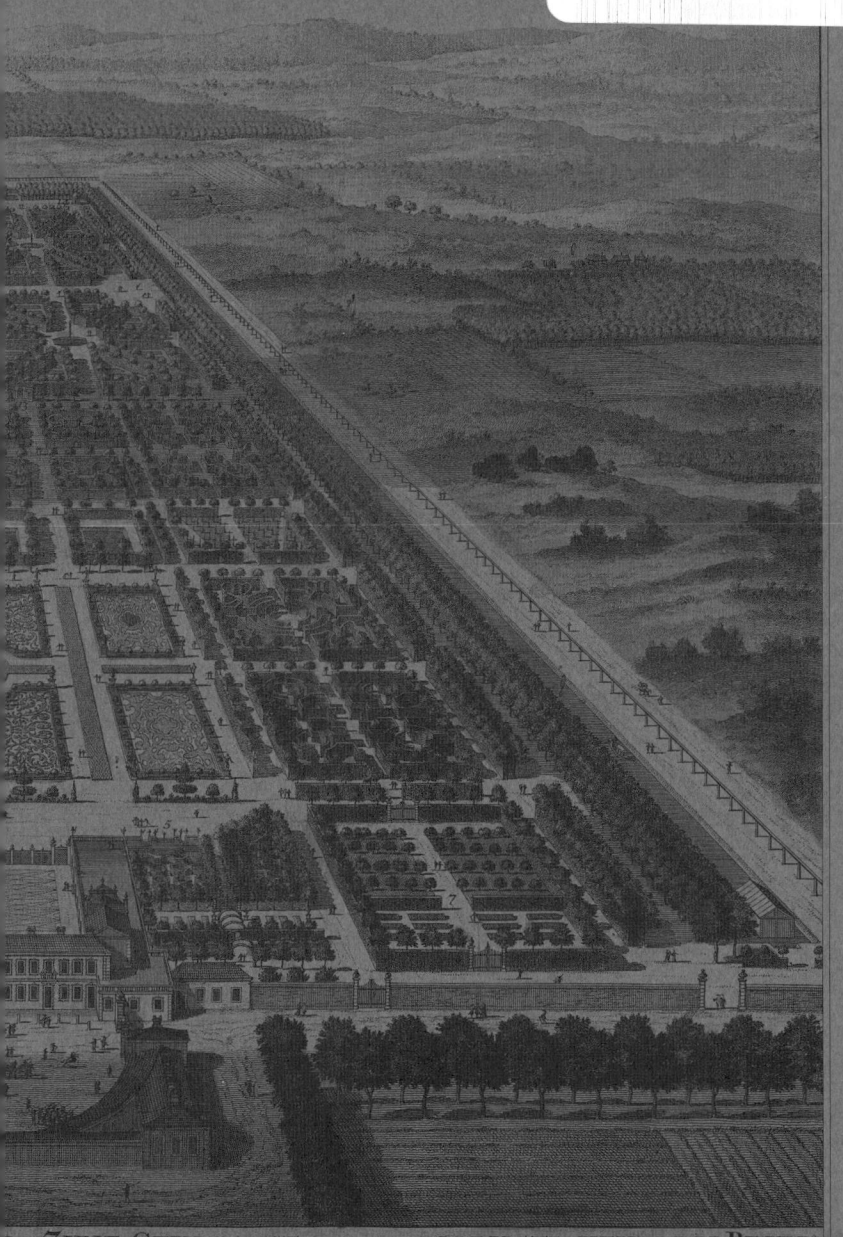

ZYNE CEURVORSTELYKE DOORLUGTIGHEYD VAN BRUNS-
WIC LUNENBURG VOORTREFFELYKE LUSTPLAATS GENAAMT HERRENHAUSEN
Le Jardin à Fleurs et la Melonerie. 8 L'Amphitheatre. 9 Le Theatre pour les Comedies. 10 La Fontaine derrier du Theatre. 11 Le grand Bassin au Vieu
..in. 12 Le grand Bassin au Jardin neuf. 13 Les deux Berceaux Plaisantes au nouveau jardin. 14 Les deux maisons plaisantes sur le Coin du grand Canal

ライプニッツと造園革命

Leibniz und die Revolution der Gartenkunst.
Herrenhausen, Versailles und die Philosophie der Blätter

Horst Bredekamp

ホルスト・ブレーデカンプ　原 研二 訳

ヘレンハウゼン、ヴェルサイユと葉っぱの哲学

産業図書

LEIBNIZ UND DIE REVOLUTION DER GARTENKUNST
Herrenhausen, Versailles und die Philosophie der Blätter

By Horst Bredekamp
© 2012 Verlag Klaus Wagenbach, Berlin

Japanese translation rights arranged with Verlag Klaus Wagenbach, Berlin
through Tuttle-Mori Agency, inc., Tokyo

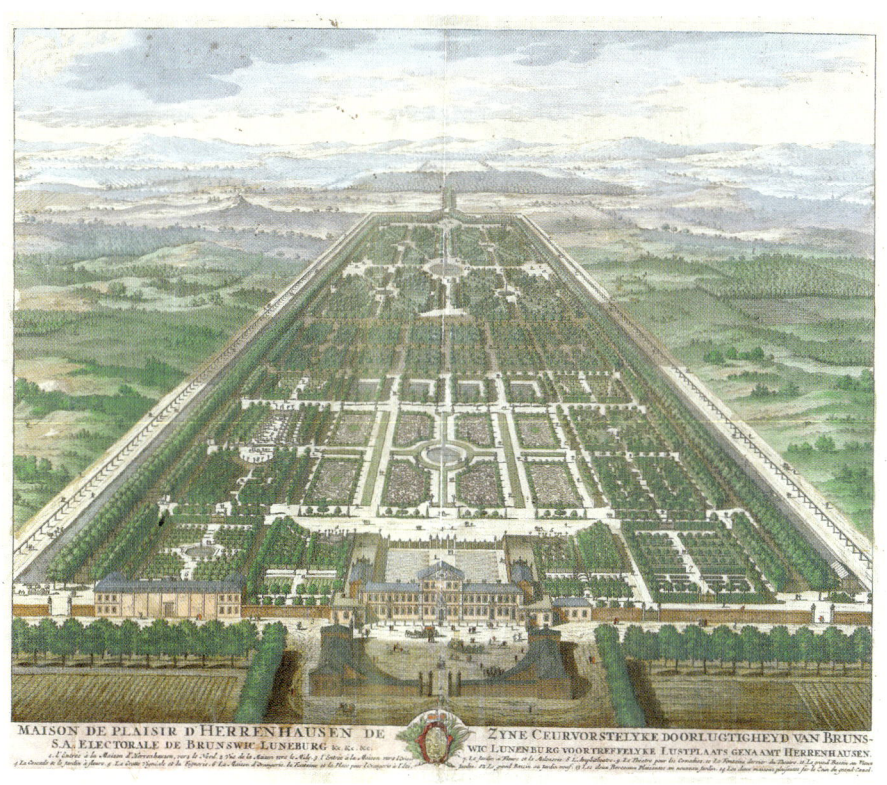

口絵1 ブラウンシュヴァイク・リューネブルク公のヘレンハウゼン館と庭園の北からの鳥瞰図。彩色銅版画、1708年頃（前見返しの図）

口絵2　南庭園からヘレンハウゼン城館を望む。写真、2012年夏

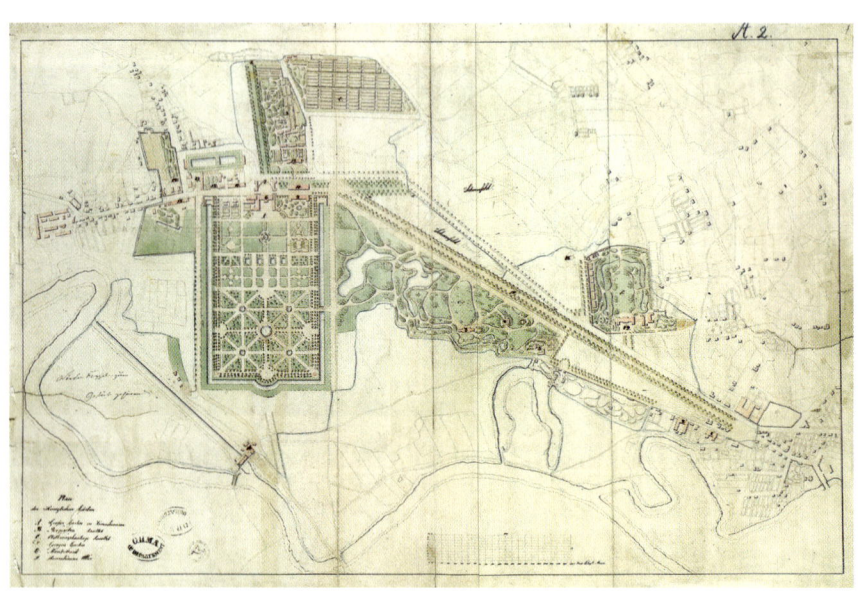

口絵3　不詳：ヘレンハウゼンからハノーファに至る王領の地図、1856年以前

口絵4 不詳：ヘレンハウゼンの城館・庭園図、素描、鉛筆、灰インク、緑・赤・灰水彩、1720年頃

口絵5　ピエル・ニコラス・ランデスハイマー:「王室・選帝侯ヘレンハウゼン庭園、大庭園平面図、下方が北、上方が南、素描、ペンと筆、1735年頃

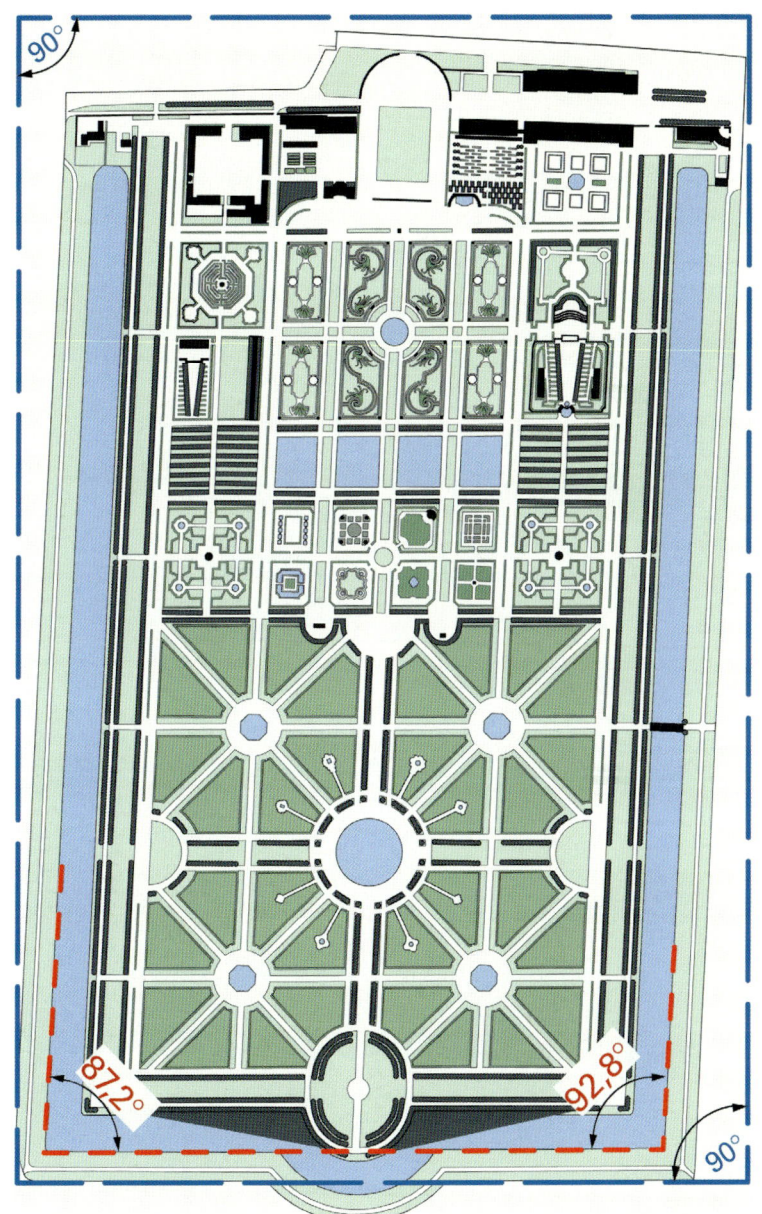

口絵6 （口絵5の転倒図）ハンス・ゲオルク・プライセルによる傾斜角再構成図 2003 年。
これを著者は世界の根本的傾斜運動クリナメンのモデルとして提示する。

口絵7　ピエル・パテル：ヴェルサイユ宮殿と庭園眺望、キャンヴァスに油彩、1668年

口絵8　ヘルクレス・セーヘルス派による山河風景なのだが、いったい、右上に盛り上がるのは山なのか、雲なのか、大地の瘴気なのか？　キャンヴァスに油彩、17世紀中頃

口絵9　花火のみならず、光学装置を設置したバロック庭園
（上）　ジャン・ルポートル：1674年フランシュ-コムテの奪還を祝うヴェルサイユ宮でのルイ14世祝祭5日目：花火、銅版画、1676年頃
（下）　G.H. ホフマン：1821年10月18日の花火光景、1822年頃

口絵10 ヨースト・ファン・サッセ。ヨーハン・ヤーコプ・ミュラーに基づく。「ヘレンハウゼン王室庭園大景観図、南方向を鳥瞰す」、銅版画、1725年頃(後ろ見返しの図)

目　　次

序・・・・・・・・・・・・・・・・・・・・・・・・・・・・・・1
　哲学の場である庭園・・・・・・・・・・・・・・・・・・・・1
　庭園史の問題・・・・・・・・・・・・・・・・・・・・・・・2
　ゴットフリート・ヴィルヘルム・ライプニッツとヘレンハウゼン・・・3

I　ヘレンハウゼン大庭園・・・・・・・・・・・・・・・・・・・7
　1. 主役たち：ゾフィー、ライプニッツ、ゾフィー・シャルロッテ・・・7
　2. ヘレンハウゼン大庭園の史的階梯・・・・・・・・・・・・12
　　　1666-1676：城館と庭園整備の始まり・・・・・・・・・・12
　　　1676-1679：城館と庭園の改造・・・・・・・・・・・・・13
　　　改築（1680-1697）と庭園の南側拡張（1697-1720）・・・・・・15
　　　全体レイアウト・・・・・・・・・・・・・・・・・・・19
　　　ハノーファ併合に至る展開史・・・・・・・・・・・・・24
　3. ウード・フォン・アルフェンスレーベンと研究の開始・・・・・28
　4. バロック庭園と風景式庭園の狭間にいるライプニッツ・・・・・32

II　ヘレンハウゼンにおけるライプニッツの活躍・・・・・・・・43
　1. 実用、対話、省察・・・・・・・・・・・・・・・・・・43
　　　桑園・・・・・・・・・・・・・・・・・・・・・・・43
　　　庭園対話・・・・・・・・・・・・・・・・・・・・・44
　2. 運河計画（1695-1696）・・・・・・・・・・・・・・・・45
　　　前史と1695年計画・・・・・・・・・・・・・・・・・45
　　　1696年5月の眺め・・・・・・・・・・・・・・・・・53
　　　1696年5月の覚書・・・・・・・・・・・・・・・・・56
　　　1696年7月－8月：デュモンと協議する・・・・・・・・58
　　　1696年8月、スホタヌスとファン・ペールヴァイクの進言・・・60
　　　運河プロジェクトの挫折・・・・・・・・・・・・・・63
　　　運河プランの間接的な実現・・・・・・・・・・・・・64
　3. 大噴水の象徴学と造営（1701-1720）・・・・・・・・・・67
　　　高くあらねばならぬ・・・・・・・・・・・・・・・・67
　　　過渡期の試み（1704-1706）・・・・・・・・・・・・・70

移設された運河 ・・・・・・・・・・・・・・・・・ 72
　4. 庭園形成へのライプニッツの関与 ・・・・・・・・・・ 73

III　ライプニッツのヘレンハウゼン・フィロゾフィー ・・・・・・・ 77
　1. 識別不能原理 ・・・・・・・・・・・・・・・・・・・・ 77
　2. ヴェルサイユと内在的な無限性 ・・・・・・・・・・・・ 83
　3. 逸脱術（Die Kunst der Abweichung）・・・・・・・・・ 91
　4. モナドロジーの図化 ・・・・・・・・・・・・・・・・・ 98
　　　1696年7月の素描 ・・・・・・・・・・・・・・・・・ 98
　　　図版の共演 ・・・・・・・・・・・・・・・・・・・・ 102
　　　場所はどこか ・・・・・・・・・・・・・・・・・・・ 110
　　　光のパフォーマンス ・・・・・・・・・・・・・・・・ 114
　　　神秘学試論 ・・・・・・・・・・・・・・・・・・・・ 117
　　　宇宙論的遠近法主義 ・・・・・・・・・・・・・・・・ 121

IV　バロック庭園の現代性 ・・・・・・・・・・・・・・・・・・ 125
　1. 風景式庭園の抱えた数々のパラドックス ・・・・・・・・ 125
　　　期待とフィクション ・・・・・・・・・・・・・・・・ 125
　　　混合形態 ・・・・・・・・・・・・・・・・・・・・・ 127
　　　風景式庭園批判 ・・・・・・・・・・・・・・・・・・ 128
　2. 多孔性バロック庭園 ・・・・・・・・・・・・・・・・・ 130
　3. 幾何学の自然らしさ ・・・・・・・・・・・・・・・・・ 134
　4. ルクレーティウスの雲 ・・・・・・・・・・・・・・・・ 136

結び ・・・・・・・・・・・・・・・・・・・・・・・・・・・・ 145
謝辞 ・・・・・・・・・・・・・・・・・・・・・・・・・・・・ 147

付録 ・・・・・・・・・・・・・・・・・・・・・・・・・・・・ 149
　原注　　151
　ファイルLH XXIII, 735の年代学　　173
　参考文献、出典、略記号　　175

図版リスト　189
人名索引　191

訳者後書き　195

序

哲学の場である庭園

　エピクロスが自然に則した生活を擁護することによって、庭園は哲学の上級審(インスタンツ)となった。庭園とは宮廷や町から遠く離れ、自由な思考の諸々の条件を享け合うもののようだ。すなわち憂いのない平静さ、自然と肉体の器にして実用にも適い、戦争を拒否し、専制を軽蔑し、契約に忠実である……。エピクロスの後継者ローマのルクレーティウスは、その教説を長編『自然の本質について（De rerum natura）』によって世界文学のレベルに押し上げた[1]。

　運動、感覚、感情、理性の共和を体感するのにこれほどふさわしい場所はほかにはないだろう。啓蒙主義があらためて哲学の特権的場として庭園に肩入れしたのも、むべなるかな。どこかで庭園は啓蒙主義の成功と運命を決するのである。18世紀の偉大な哲学書がまた庭園対話の装いなのだ。ヴォルテールの箴言「己の庭を耕すを旨とせよ」は、時代の格言である[2]。おそらくジャン＝ジャック・ルソーほどこの箴言に揺さぶられた哲学者はいなかったのだろう、彼の『新エロイーズ』は庭園の原型天の園(エリゼー)の概念を孕み、庭園は逍遥のためのメディアとなり、逍遥は哲学形式そのものとなった。5番目の「プロムナード」はビール湖のザンクト・ペーター島を描写しながら、そこに溢れるあらゆる要素が、庭園は至福の場であり比類ない思想の深まる場であると主張し、ヴァンサンヌ公園では啓蒙主義の進歩待望に背を向ける訣別が起こったのだった[3]。

　このように庭園をめぐる思考は複雑であるのに、庭園史ときたら長きにわたって、問答無用、単純明快であるようだ。風景式庭園が啓蒙主義のメディアと解された、いわばその原簿となったのは1685年のウィリアム・テンプル著『エ

ピクロス庭園』である[4]。彼の言いふらす楽天的特徴は、一見なんの屈託もなくみごとな大団円を描いて自然へと融合し、人工造成された地上楽園としての庭園に結びついていった[5]。彼において現実化したのが、どうやら統治者(スプレマティー)とか搾取ではなく相互共感(エンパティー)を刻印された自然像であるらしい。配列の決まった序列(ヒエラルキー)に対する反対モデルを自然の中に認める、これが風景式庭園の担ったムードである。けれどもだからこそ風景式庭園はイデオロギー上の標的となったのであり、風景式とバロック庭園の間にある様式上の違いは時代の文化葛藤にまで格上げされた。屈曲する道筋の不規則性は自然の自由へ通じ、直線による幾何学構成はアンシャン・レジームの専制政治がお似合いなのだという。アントニイ・アール・オブ・シャフツベリイの定式は言い尽くして余すところがない。「こうした発明のすべては、王侯の気まぐれであり、これを維持したのは、王侯の宮廷依存と奴隷根性である」[6]。ヴェルサイユとは対照的に、たとえばスタウアヘッド庭園の姿にまざまざと実現された風景式庭園が（図86）、自由な自然造形の権化であると自称し、これこそが「リベラルな世界構想の自由さ」だと大見えを切るのである[7]。「自然は共和制である」[8]というスローガンが18世紀末に刻まれたとき、世代を越えて喧伝された価値転換は最高点に達し、その転換のおかげで英国式風景庭園は、自然に対する序列(ヒエラルキー)なき――まるで人間同士のような――平等関係に同じとされた。

　庭園の両タイプはこうした18世紀の基本葛藤を演じて見せる、いわば俳優となり、生活全域に広がるシンボル劇場を支配した。この劇場にヨーロッパの政治的空間感覚を刻印したのは風景式庭園という芸術形式であり、その目立つこととき たら、たとえば中世に主導的システムを届けた遠望のゴシック大聖堂にも匹敵する。長きにわたって圧倒支配したのがこういう説明だったので、庭園は解釈を導く道具というより事柄事態の無条件の前提と見なされたわけだ[9]。ブリテン島に発したとされるこの庭園タイプは、どうやら全ヨーロッパにおけるフランス革命を先取りし、あるいはシンボリックな代替物ですらあった。

庭園史の問題

　風景式庭園が、その形式といい、政治的メッセージといい、未聞の成功を収めたおかげで、内部にひそんでいた矛盾も幾何学的バロック庭園という対照形

態も、視界から消されていく結果となった。しかしこうした風景式庭園の、ひとり勝ちとは言わないまでも圧倒していく史観は、近年の研究の成果によって揺すぶられている。バロック庭園と風景式庭園が相並んで双極フロントを形成するのだということが、史料自体と一致しないのである。オランダ共和国が幾何学庭園を造営している、この事実ひとつとっても、幾何学庭園をフランスの絶対主義だと一方的に片づけることを許さないだろう[10]。加えて、文化地理学的に整理すると、決してイギリス専売と言って棚上げするわけにもいかないのである。それは英国風のやり方なのだと言う、しかし、ザクセンや特にゴータの初期の先例がなければ解釈不能である、なによりそれがなぜイタリア由来であるのかも、相変わらず説明不能のままである[11]。バロックから風景式庭園に至る「庭園革命」は、1720年から1750年の間のイギリスに発し、続く10年に全ヨーロッパに波及していくというのだが、初期に達成された混成形態に直面してみれば、概念は明晰だったにせよ、現実はずっと曖昧模糊としていた[12]、されば様式のフロントもまた多孔質だった。同じくわれわれに再検討を迫る事情がある。風景式庭園は決して幾何学庭園に取って代わったわけではないということが分かってきた。すでに「革命建築」なるものが幾何学を基本形態としているように、風景式庭園の展開していく先は、断じてモダンの反対ではなく、モダンのもうひとつの変奏なのだから[13]。

ゴットフリート・ヴィルヘルム・ライプニッツとヘレンハウゼン

18世紀後半のルソーのステイタスを1700年前後に占めていたのは、ゴットフリート・ヴィルヘルム・ライプニッツだった。ハノーファのヘレンハウゼン大庭園のために彼は、30年を超える期間、造営にとどまらず哲学的省察に携わったのだから、そのプレゼンスたるや近年の研究で遭遇した問題の所在を明快に見せてくれるまたとない実例だった。

この事実がこれまでほとんど顧みられなかった理由は、ライプニッツの命題「モナドには窓がない」[14]の絶対視がある。これにて外界との橋渡し不能な隔壁が設けられ、彼の掲げる思考能力のうちヴィジュアルと触覚による手段が軽視され、そのために哲学そのものの萌芽が剥落してしまったのである[15]。身体と空間をもとにしたライプニッツの思想は、——脳の働きに従って身体外メディ

アと脳の結合が絶対である——**拡張 - マインド - 理論**の始祖と評価されるほどであった[16]。これはなかんずく庭園に対する彼の態度にも当てはまるのである。

ハノーファのゴットフリート・ヴィルヘルム・ライプニッツ図書館に番号XXIII, 735と登録される著作、書簡、スケッチの合本が、この事情の証である。ここに集められた1695-96年および1706年の計画段階に当たるマテリアルは、ライプニッツとその交信相手およびプロフェッショナルな著述家たちのものである[17]。そこではもっぱら噴泉の造営に必要な水圧の問題が検討されている。関心の的は庭園の設備ではなく、庭園の性格定義である。広範に未整理のまま、これまでほんの少数の断簡しか公にされていないマテリアルは、地形探査、水力技術問題に関するメモ、及び通信文を含んでいる。様々に差し挟まれる見解からすると、ライプニッツは作庭術に深い造詣を持っていた[18]。ライプニッツは自律した庭園理論書を著してはいないが、処方にちりばめられた発言からは彼の考えていたことの全体イメージを得るに十分である。

ヘレンハウゼンの城館と庭園は、ルネサンス庭園、バロック庭園、風景式庭園の滑らかな連続の中に整理してしまうと矛盾をきたしてしまう。ライプニッツの庭園観も、同様である。この直線的連続性は当初より歴史資料の偏向した評価と抹消の産物であった。そのゆえである、こうした短絡を糾し、庭園史総体に新たな展開を与える試みをなそうというのである[19]。

本書もまたレームスタッカーダイク滞在中に書かれた。ここから眺めていると、幾何学的造形と風景式造形の間に糢糊として「橋」が浮かび上がってくるのである。

        2012年8月1日　ホルスト・ブレーデカンプ

ライプニッツのアンドレアス・デュモン宛書簡 II, (21.) 7. 1696. 最終頁

図1　南庭園からヘレンハウゼン城館を望む。写真、2012年夏

I

ヘレンハウゼン大庭園

---

1. 主役たち：
　　ゾフィー、ライプニッツ、ゾフィー・シャルロッテ

　ヘレンハウゼン大庭園を庭園史上もっとも重要なアンサンブルとしているのは、奥行き800メートル×幅450メートルの広さに加えて、その植栽の形態、小径の線引き、水力の装置、彫刻群のおかげである（図1）。1700年頃に全貌を現すこの庭園は、ハノーファ大公選帝侯エルンスト・アウグスト妃ゾフィーの意向に従うものである。この女性は家柄、知力ともに当代の並み優れた人物であり、母エリザベス・スチュアートが英国王ジェイムス1世の娘として大ブリテン王家直系であるなら、父プファルツ公フリードリヒ5世もまたヨーロッパ王家の血筋であった。その娘ゾフィー・シャルロッテはプロイセン王フリードリヒ1世の妻として戴冠し、1714年には英国王妃の座についた。

　ゾフィーと娘のゾフィー・シャルロッテのヨーロッパ貴族序列社会における地位は、知的ランキングそのままだった。ふたりながら教養高く、音楽をよくし、科学にも哲学にも造詣があり、ふたりながら庭園への偏愛(フェーブル)で絆を強くした。アンドレアス・シャイツによる1689年の肖像画（図2）によれば、ゾフィーはアーチ建築の前に身を置き、赤い記念杯と背景に明るくスポットを浴びたカリタス像によって枠取られている[1]。黒の下衣に同じく黒の上衣を纏い、レース付きの高く盛り上げた黒の髪型(フォンタンジュ)をしている。黒が強調されているのは、別に弔意のためではなく、彼女自身のファッション・センスだった。こうした上衣の洗練と右手指つきのハイセンスぶりを画家はよく心得て、カルヴァン派

図 2　アンドレアス・シャイツ：大公妃ゾフィー・フォン・ハノーファ、
キャンヴァスに油彩、1689 年

的謙虚さの黒とマニエリスムふうエレガンスとを結び付けたのであった。
　カリタス像はゾフィーの慈愛深い国母としての自覚を映していた。その後ろに姿を見せる庭園と左手につまむオレンジの花は、彼女がオスナブリュックの館の主となって以来ご執心の造園術への情熱を表わすものであった。ヘレンハウゼン城大庭園は彼女のあらゆる勤めの動機となったものだから、80 年の生涯をふりかえった時、これを「わが命」と称したのである[2]。
　ゾフィーは愛人騒ぎを起こす夫にも恭順であったが、その夫以外では同世代でライプニッツほどゾフィーの傍らで過ごした人物はいなかったと思われる。ライプニッツとなれば日毎ヘレンハウゼンのギャラリーと庭園を遊歩して友誼を交わした仲だった。1676 年にライプニッツを図書館司書としてハノーファに招聘したのは、ブラウンシュヴァイク・リューネブルク大公ヨーハン・フリードリヒだった。ライプニッツの姿は、1695 年頃クリストフ・ベルンハルト・

フランケによって描かれた肖像画に見られるように（図3）、生涯身につけたアロンジュ鬘のおかげで現代人の目には古臭いものとなっている[3]。付け柱、柱上部、3条装飾フリース（トリグリフェン）からなる張り出し（エクセドラ）と縦条溝の列柱（ピラスター）の間に歩み出たライプニッツは、たっぷりとした衣裳によって宇宙の構成原理であるあの襞の概念を引き受けようというのだ[4]。襞（ドレープ）と世界形成、このふたつが認識の極と行動の極だったのであり、彼はこの両極の間に自らの思考と働きを挿入した。そうしてこの原理こそ格別に庭園のものなのだ。

　1714年6月8日ゾフィーがヘレンハウゼン大庭園に心筋梗塞で斃れる、これは天命と受け取られる、そしてライプニッツもまたそう受け止めて慰めとした[5]。死後刻印された追悼メダルの裏面に大庭園の代表的な要素が見られるのは、そういうわけだ（図4）。茂みに半分隠れた建物が南角パヴィリオンなのだろうと思われ（図5／後ろ見返しの図）、一方、木々はボスケット区域を示し、

　図3　ベルンハルト・クリストフ・フランケ；ライプニッツ肖像画。キャンヴァスに油彩、1695年頃

図4 ハンニバル・エーレンライヒ：選帝侯妃ゾフィー・フォン・ハノーファの追悼メダル、銀、1714年

図5 ヨースト・ファン・サッセ。ヨーハン・ヤーコプ・ミュラーに基づく。「ヘレンハウゼン館と庭園の全景」大庭園南側からの鳥瞰図、銅版画、1725年頃（後ろ見返しの図も参照のこと）

植物装飾に区切られて四角いフィールドは紋様花壇(パルテレ)のことなのだろう[6]。舞台は地平線の丘陵の後ろに沈む夕陽を浴びている。

　これがライプニッツの図案である可能性はきわめて高い。1684年ゾフィーのために鋳造されたメダルは、沈みつつ光を放つ太陽というモチーフをすでに示していた。彼女に詩を捧げたのはライプニッツであり、また同年祝賀メダルの図案制作者に任命されたからには[7]、このメダルもまた彼によって企画されたというのは明らかである。「我はいささかも変わらず高き軌道を完遂し／わが光は一筋も余さず光輝を保つなり」[8]。この2行詩はその上にさながら追悼メダルのための格言として作用し、「彼女を貫く光より、彼は輝き初める TRANSMISSA LVCE REFVLGET」[9]というモットーとなって、こうした思想を庭園に応用した。記念メダルの図案といい、そのためのモットーといい、ゾフィーの生涯の功績をヘレンハウゼン大庭園の栄光の元に集約しており、これをライプニッツは、ゾフィー、庭園王国、はたまた自分自身との連帯の印であると思っていたようである。

　この三位一体に第4項としてゾフィーの娘ゾフィー・シャルロッテが加わる。ノエル3世ジュヴネットの描く1685年の絵画に、彼女は母の習いとは対照的に暗く際立つ自然の壁を背景に明るい光を受け、豪勢な赤い上衣に、胸元を広げた濃い色の衣裳とレースの白い下衣をつけて、見る者を見返しているのである（図6）。膝におかれた右手には花を添えて、自然神フローラの化身を装い、高く聳える木々の間に光の細い区画線が右手に向かって開けていき、これはまた同様に庭園を指しているのだ[10]。

　ゾフィー・シャルロッテがハノーファに居住する間中、ライプニッツがそのお相手を務めたのも、もっぱらヘレンハウゼンの庭園であった。彼女が選帝侯妃としてベルリンに居を定めた先リーツェンブルク城もまた、ヘレンハウスでの対話の、場所を変えた継続だった[11]。ライプニッツは母と娘にとって、夫たちの苦手な知的方面と音楽方面を補償してくれる存在だった[12]。ヘレンハウスの庭園が特別の性格を帯びたのも、この3人の密接な関係によるものである。

　1866年プロイセンによるハノーファ併合によってヘレンハウゼン大庭園がダイナミックな後ろ盾を失った時、その独自の品格は失われていった。加えて庭園史上で言うならば、幾何学的な整形庭園の後退が始まり、近代を一身に代表する風景式庭園が表に出てくる。つい最近まで支配していた評価によっても、

図6 (推定) ノエル3世ジュヴネット:ゾフィー・シャルロッテ・フォン・ブラウンシュヴァイク・リューネブルク、キャンヴァスに油彩、1685年

ヘレンハウゼン大庭園もまた幾何学的に小径設計をしているゆえに時代遅れというか、歴史的には遠く、自然とは絶交状態にある典型とされる[13]。こういう評価もまたこの庭園のランクを貶めるに与って力があったのである。

2. ヘレンハウゼン大庭園の史的階梯

1666-1676:城館と庭園整備の始まり

　ヘレンハウスの庭園の庭園たる所以は、その生成の歴史にある。すでに存在していたもようの建造物が、1666年から大公ヨーハン・フリードリヒの夏の滞留地として利用されていた[14]。1670年頃に描かれたスケッチは中央の建物と東西翼の北正面を示しており、両翼とも陸屋根(ろくやね)が外に寄っており、中央に向かってなだらかに傾斜している(図7)[15]。平面配置はおよそ5年後に完成され北か

図7 ヨーハン・ヤーコプ・ツォイナー：ヘレンハウゼン北面、ルストハウス全景、素描、ペンとセピア筆、1670年頃

ら南に視線を設定された地図に明らかである(図8)[16]。母屋から南へ向かった、使用人、家畜、わら小屋用のふたつの側翼の前には、開始された庭園の矩形とそれにはすでに存在したふたつの養魚池が接続していた[17]。

巨大な定規のように建物の中央翼(トラクト)から北東・南西の両方向へ走る道は、しかしながらこの障害を越えていく。北に向かっては将来の山上庭園を突っ切り、南側は庭園中央を突っ切って拡大し、ふたつの養魚池を通過して庭園区画を越え、ライネ川にまで続いていく。道の両脇には2列のポプラ並木が整列し、その間を流れる水濠は養魚池に注ぎ込む。こうした木々に縁どられた結合路は、魚槽からライネ川岸にまで900メートルに及ぶ距離と相まって、計画者の目にすっぽり収まる巨大なディメンジョンを際立たせている[18]。

1676-1679：城館と庭園の改造

まず1675年の地図に認められる母屋傍らのヘレンハウスの小作人たちの開墾地が、次の年に別の土地に移されたときに初めて城館と広範な庭園施設の改造プランが変更可能となった[19]。1676年から1679年に組まれた予算のおかげで景気のいい企てが許されたのである。

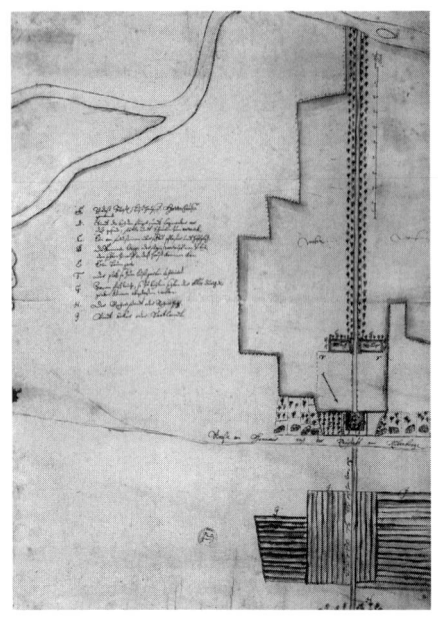

図8 作者不詳：ヘレンハウスのルストハウスの平面図、素描、ペンと緑筆、1675年頃

　城館と庭園に必要な建築のためには以前デンマークで活動していた噴泉設計家マリウス・カダールとイタリア人建築家ヒエロニモ・サルトーリオがあたった。これにアウグスブルクのグロッタ設計家ミヒャエル・リッグスが加わる。彼らがどういう手立てを尽くしたか、1708年の彩色銅版画の断片に印象を得ることができる（図9）。手前、北に向かって、大公ヨーハン・フリードリヒのもとに始められた半円に閉じた表敬庭(エーレンホフ)が完成し、2階建ての城館は、中央に5列の窓をそろえた3階建てのリザリートになっている。南にくだる、細い、同様に2階建ての側翼をめぐってはマリウス・カダールによって1676年から1678年に設置された平屋の増築部分が置かれ、その屋根は鉛が葺かれ遊歩可能な陸屋根(ろくやね)をしており、庭園を見晴るかすことが可能である。その前面には西側にカダールとリッグスによって造成されたグロッタ、東側にカスカーデ（階段状落水）を備えて、今日なお庭園に至る接続建造物となっている[20]。そのイタリアにおけるお手本は、たとえばフィレンツェはボボリ庭園のグロッタ、あるいはティボリ・デステ邸のカスカーデ[21]。

　同じ方向で紋様花壇(バルテレ)の平面が、境界線を1443メートルの生垣によって形成

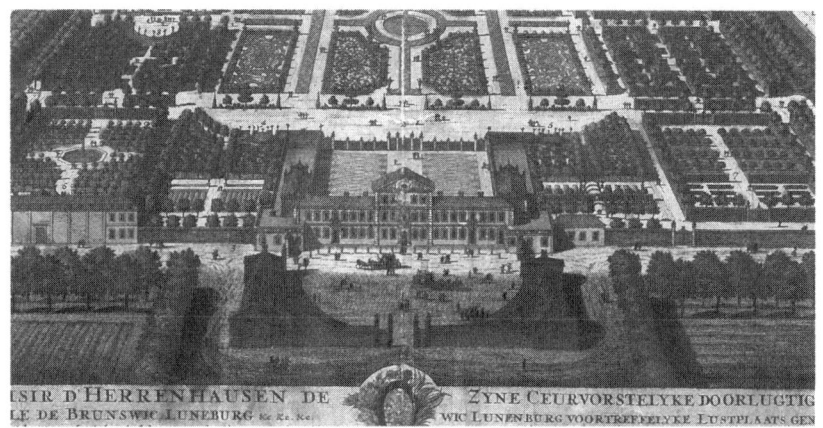

図9　ヘレンハウゼン城館の陣容、1708年頃の状態

している。さまざまな図面から、1675年に雇われた宮廷庭師アントン・ハインリヒ・バウアの統括の下、フランス人庭師アンリ・ペロネとイタリア人庭師ピエトロ・メカジェの協力を得て、母屋と養魚池の間に16の複合紋様をした花壇が設置された。その真ん中には4体のトリトンに囲まれた水盤が陣取り、噴水が高く吹き上がっていた。それは独自にカスカーデを備えた38の水盤で枠を飾られている[22]。紋様花壇(バルテレ)はさまざまな種類の豊富な木からなる樹木ゾーンに包まれていた。それらはハンブルク、いやそればかりかアムステルダムやフランスから移植されたものなのだ[23]。

　庭園の改築・改造についてこの段階の要素を数えてみると、さらにふたつのプールがあった。これは北西にのぼる土地にある庭園の向こうにあって1676年から1677年にかけてカダールの指揮のもと撤去され、地固めされた[24]。南側からの庭園景観図(ヴェドゥーテン)はその圧倒的広さを目の当たりに見せてくれる（後ろ見返しの図）。

改築（1680-1697）と庭園の南側拡張（1697-1720）

　1679年12月大公ヨーハン・フリードリヒの死後、大公エルンスト・アウグストが1680年10月に後継者となり妻ゾフィーを伴ってハノーファへ来臨するが、これにともなって庭園が彼の要望の焦点となった。フランス人庭師マルタン・シャルボニエの1683年の召喚は、彼のブラウシュヴァイクのいとこにし

てライヴァルのアントン・ウルリヒによって造営されたザルツダールムの巨大な庭園を凌駕せよ、という合図だった[25]。ベルリンにてプロイセン王が王らしい権威を得るにつけ都の城の建設を伴ったように、ヘレンハウゼン大庭園はエルンスト・アウグストにとって1692年に到達する選帝侯の地位にふさわしい紋章となったのだ[26]。1695年と1696年、庭園をじっくり検討した結果、シャルボニエに命じてその用地を南へ倍増するという決定が下された。

　その拡張された平面図は紋様プランを1651年のアンドレ・モレの庭園帳から取っているが（図10）[27]、それは一般にはこちらがお手本と見なされていたヴェルサイユに先行するものだった[28]。モレの計画が提供した大枠は、城館より庭園に比較的自律的なステイタスを与えるもので、隅々まで形態を管理するものではなかった。モレはルネッサンスにまで遡って庭園史上のモチーフの山

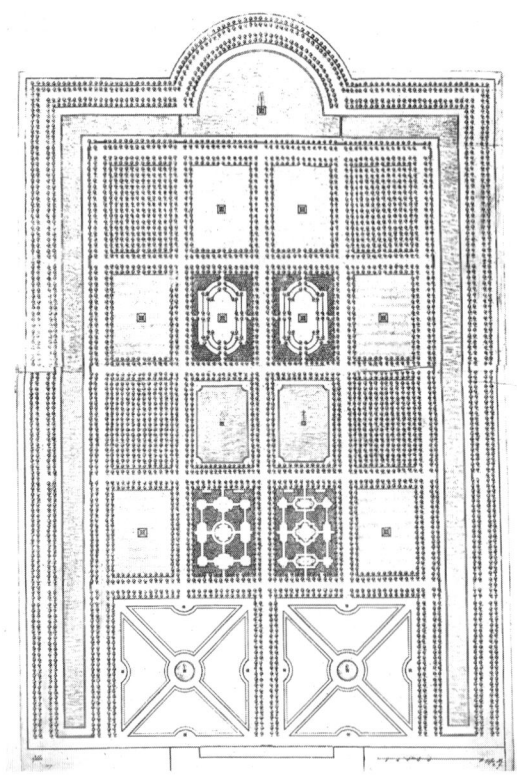

図10　アンドレ・モレ：ある庭園の紋様プラン、銅版画 1651年

をひとまとめにしたが、このことがそのモデル案のあらましを実現するようゾフィーの心を動かしたのだろう、さらにその諸モチーフをアレンジし、もっとさまざまに要素を付け加え、まとめて一緒に独自の価値に達しようというのだ。

　1708年の彩色銅版画はヘレンハウゼン大庭園を完成した理想形で示している（図11／前見返しの図）[29]。運河とそれに隣接する古代ローマふう水道橋に囲まれた広大な一帯は、異なる広さの6つのゾーンに分かれている。第1ゾーンは城館と並ぶ平面にあり、分割庭園の列から形成され、そのうち城館の東西の側翼の隣にふたつずつ設置されている。これら独立した庭は建物の直接隣にふたつ相称形（シンメトリー）に配置され、それぞれまず手前から2列の樹列が並び、花壇がひとつ、樹林の区域がひとつを備え、庭園のミクロコスモス的な集約を表現している（図52）。東側の造園は主君の私的庭園として花々で顕彰してあり、さら

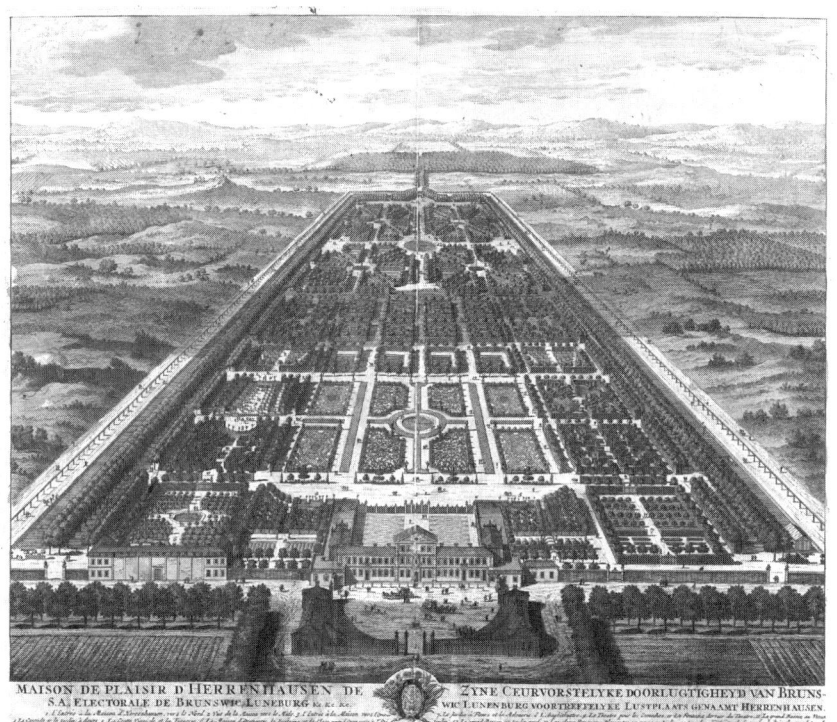

図11　ブラウンシュヴァイク・リューネブルク公のヘレンハウゼン館と庭園の北からの鳥瞰図。彩色銅版画、1708年頃（前見返しの図も参照のこと）

に東隣りに桶に植え込まれた夏のオレンジ樹が栽培された。それはギャラリー建築の前に位置しているが、この建物は 1694 年から 1698 年までヴェルサイユの鏡の間を凌駕する大祝宴ホールとして、イタリア人画家にして建築家トマゾ・ジュスティが設計したものだった[30]。城館西側にはイチジク園が、それに接続するエキゾチックな果物のための実用園ともども、広がっている[31]。

　分割庭園のゾーンをしりめに、さんさんと陽を浴びながら、第 2 ゾーンとして円形噴水と 8 つの矩形フィールドを持った紋様花壇(パルテレ)があり、南側は 4 つの養魚池と境を接している。紋様花壇(パルテレ)は 1676 年後に進言された最初の形成のときよりも、建物の構造と建物から強烈に引かれるイマジネールな直線に関連付けられている。中央路とふたつの併走する側路は主翼の中央リサリートと前方へと広げた両腕を受け止めており、16 の区画の前には 8 個の花床があり、それらは縦方向に向いた矩形によって紋様花壇(パルテレ)を城館から出ている軸線へと合致させられている[32]。

　しかしながら、こうした庭園要素の見事な整頓ぶりから逸脱するさまが、南へと広がるギャラリー建築のフィールドに見られるのである。オレンジ用地はヴェルフェン家系の彫像群を展示する、前に広がる王の茂み(ケーニヒスブッシュ)と刈り込み劇場に結びついており、3 つの関連する祝祭庭園の独自の世界を生み出している。ダイナミックに設定された王の茂みは、ゲオルク・フォン・カーレンベルク、エルンスト・アウグスト・フォン・ハノーファ、ゾフィー、それに息子のゲオルク・ルートヴィヒ 4 体の彫像によってヴェルフェン家系のハノーファ係累をスチュアート家のそれと――この血統が 1714 年以後ジョージ I 世としてロンドンで統治していた限り――結びつけた[33]。南方へと接続する生垣劇場は、1689 年から 1692 年にヨーハン・ペーター・ヴァハターによって作られ、格別に洗練されたもので、金を被せられた 27 体の鉛像が林立していた[34]。西部にある紋様花壇(パルテレ)の向こう、および養魚池の向こうの、その他の区域は第 3 ゾーンにあたり、雲が影を落としていてボスケット領域となっており、王の茂みと生垣劇場はギャラリーの建物と関連を保っている。

　残りの区域には新たに光線を発しつつ明るむ南半分の第 4 ゾーンが見える。1697 年から 1708 年まで遂行されたこの拡張によって、これまで存在した庭園総体が同一平面に南西へと倍増したのであり、それはまさに南側から全体を眺めた印象深い眺望となって表れている（後ろ見返しの図）[35]。1725 年頃の図ら

しいが、鳥の眼差しで焦点を合わせた先は、1720年に新しい四角形の中央に落成した巨大噴水である[36]。庭園の南半分は中央軸および2本の大きな対角線に分断され、それらは先端に位置する正方形の中を交叉していた。こうして32の三角形フィールドが生じ、そのうちの5つが生垣のボスケットを形成し、これがそれぞれに独自の自立した小径と空間案内とを生み出した。

シャルボニエがヒントを得ようと研修旅行したオランダは、大公妃ゾフィーが幼年時代を過ごした土地だった。庭園全体を囲む、航行可能な掘割の存在だけでもう、イタリアのお手本と並んでオランダの運河を思い出させ、全体としてもオラニエ家居城ヘット・ロー(グラハト)の自律的印象を与える大きな正方形の平面がお手本の機能を果たしたと思われるのである[37]。南庭園では大きな部分が有用植物に指定されているという事情もこうした特徴を強調したものなのだ[38]。

第5ゾーンとしては、内側は1列の、外側は2列の菩提樹に守られた幅広の道が、全体を圧している。最後に東、南、西のエリアは第6ゾーンとしての20メートル幅の圧倒的な掘割で完結する。その幅と深度からするとこの掘割は豪華ゴンドラ級の驚異的に巨大な船が航行可能だった。

オラニエ家の庭園の諸要素を受容することになったのは、モレの紋様プランを採用したのと同じで、ヴェルサイユを模範とせず、四角形によって組み立てよう、掘割を周囲にめぐらした庭園を採用しようと決意した結果だった。この様式についてはオスナブリュックですでにゾフィーが実現済みということもあった[39]。ヘレンハウゼンの大庭園は振り返ることによって自分独自のスタイルを展開しようとしていたのは明らかである。

全体レイアウト

ヘレンハウゼン庭園の著しい特徴は、それに所属する城館に対して庭園が通常の関係を逆転しているところにある(前見返しの図)[40]。庭園の主軸は城館側から決定されているにもかかわらず、それぞれのシーンの構成が絶対優先なので、決して庭園が建物に従うのではなく、建築が庭園に従うことになった。ヨーハン・フリードリヒ・アルマンド・フォン・ウッフェンバッハのような訪問客が「ヘレンハウゼン城自体はなるほど大きな館でありますが、趣味も豪華さも備わっておらぬのです」との発言があるが[41]、このような印象は庭園の素晴らしさによって埋め合わせることができた。適切にも選帝侯妃ゾフィーは

1713年にこう周知したのである。「ヘレンハウスに庭園あればこそ、われらの誉れ」[42]。

平面図は確かに中央軸の母屋および東部のギャラリー建築に向かって設定されているが、これらふたつの建築は巨体の上の小さな頭のようなもので、こうした全体イメージは、ピエル・ニコラス・ランデスハイマーの1735年の大判の平面図においても目にすることができる。これは1708年ごろの銅版画（前見返しの図）の視点とも一致して、北から南へと広がっている（図12）[43]。せり上がっては脇へと落ちていく水流やその他の噴水同様鳥瞰的に描かれる中央落水（カスカーデ）と紋様花壇（パルテレ）に対して、母屋とその前で半円に囲む表敬庭（エーレンホフ）がわれこそはと主張するのはすでに難しい。庭園の南部分は教会のコーラス主要部のように境界線を越え出て巨大広場となっているが、その大きさときたら、対面する建物がまるっきり小模型のように見えてしまうほどだ。これに相乗して効果を発揮しているのが、ルイ・レミ・ド・ラフォスによる南側の庭園角に1707年と1708年に設営されたふたつの円蓋パヴィリオンであり、際立ったコントラストの効果を生み出している[44]。

この大判の地図の第2ヴァージョンはストックホルムの国立博物館に保管されており、違いはほんのわずかだが（図13）、西側運河北端の水中に設置されたゴンドラ収納庫（グラハト）が欠けている[45]。この地図の特長は、庭園に造られた建築群が、赤色の強調によって上手に処理されているところにある。上側の地図の末端部では、二つのコーナー・パヴィリオンが南部庭園全体に配された噴水同様はっきりと認めることができる。庭園北半分にある中央噴水も東部左側に強調された生垣劇場も、同様にはっきり認めることができ、とくに生垣劇場は赤く記された岩の形の内部にさまざまな彩色の力で植生の緑を目立たせている。北部末端部の建築体は、東から西へ走る壁、建物前広場の桶に植えられたオレンジ、前庭つき城館、西側のイチジク・ハウスが、平面図の線だけで性格づけられている。

建造物に注目すれば、それだけ大庭園の支配力が際立つ。庭園の過大比重は、南方向から鳥瞰する銅版画（1725年頃）の地図を逆さまにすると、とりわけ明瞭になるだろう（図14）。両方の描き方では上方に前庭と城館が登場し、鳥瞰なので、執務の建物が単に庭園のお楽しみのためにあるという印象を呼び起こす。この印象は東部右手にそびえるギャラリー建築によって補償されるが、

I ヘレンハウゼン大庭園 21

図12 ピエル・ニコラス・ランデスハイマー:「王室・選帝侯ヘレンハウゼン庭園、大庭園平面図、下方が北、上方が南、素描、ペンと筆、1735年頃

図13　作者不詳:ヘレンハウゼン城館と庭園、セピア・インク、緑、赤、灰、黄の水彩、1710年頃

I　ヘレンハウゼン大庭園　23

図14　1725年頃の銅版画（図5／後ろ見返しの図）と、上下をひっくり返した平面図（1710年頃）を並べる。

この建築があるゆえに、とくに王の茂み(ケーニヒスブッシュ)も生垣劇場も独自の重みを発展させているからこそ、整列感が傍らに追いやられる。

　総体の印象は、大庭園を南北方向に突っ切る3つの主軸によって規定されている。こうした縦方向の組織化には、紋様花壇の養魚池(バルテレ)とかそれに接続するボスケット・ゾーンとか強くアクセントを置かれた横断路とか、水平要素が対照をなしている[46]。南部庭園全体は累加的対角線によって城館への動線集約をいわば揉み消している。総じて幾何学的組成は自分に集中するアンサンブルなのであって、その内的緊張はギャラリー建築から始まる重点の移動によって強化されていく。城館はその規模では誘導線の集約点というよりはむしろ付けたしのように映る。

ハノーファ併合に至る展開史

　建物の本来の様子が長く変更されることなく残ったのだから、ヘレンハウゼン大庭園は幸運だった。その第1の理由は、選帝侯ゲオルク・ルートヴィヒが1714年同君連合にてジョージ1世として大ブリテン島とアイルランドの王に即位したことにあった。王がロンドンの居城から移ってくる、あるいは息子のゲオルク・アウグストがジョージ2世として後継者となり、1755年まで2、3年ごとに断続的にヘレンハウゼンを訪れ、避暑にやってくる。1735年に宮廷庭園管理局長に就任したフリードリヒ・カール・フォン・ハルデンベルクが、1744年の英国旅行で初めて風景式庭園の形態を評価学習したが、ヘレンハウスの設備は新しいスタイルには合わなかった[47]。むしろ庭園の状態は——ここではとくにエキゾチックな果実にあてられた分離庭園の一帯がそうなのだが——王と選帝侯の来臨にかなう枠組みを提供するには著しく費用がかさんだ[48]。

　同じことが城館についても言えた。計画史において1690年頃ただ一度だけ、この控えめな城館設備をヨーロッパ・タイプの基準に移行させることが議論された。ストックホルムの国立博物館にある第2プランはすでに庭園の1696年の決定的南側拡張を促しており、城館を両脇へと伸ばして庭園の全幅を活用しようと考えた（図15）[49]。それは確かに影のように薄い描線であるが規模において圧倒的で、絵図下端に北限の全平面にわたって翼を張った城館建築が描かれている。線は薄いが完結した石のファッサードを示しており、建築体と

図15 作者不詳:ヘレンハウゼンの城館と庭園に変更を加えた平面図、鉛筆にセピア・インク、1690年頃

しては幅600メートルを超え、ヨーロッパ城館建築のファースト・クラスに格上げするものとなっている[50]。北面から見た記念碑的正面によって全体を決定する重心が誕生することをもって、城館はいわば庭園に対し一発逆転を仕掛けていたのだ。庭園の平面図には北半分と南半分の蝶番の位置に卵型が眼に入る

が、これはここの半円形を補い、緊張のモメントを生み出しているのだ。このプランは、しかしながら、庭園部分も城館部分も実行に移されることはなかった。

　1704年から1706年にかけて母屋のファッサードはジャコモ・キリーニとトマーゾ・ジュスティの指揮のもと、漆喰の化粧塗りを施された。1725年には建築家トビアス・ヘンリー・リーツが漆喰を新たにし、これは木組み構造ではなくどっしりとした建造物がそびえているのだというイリュージョンを強化した（図16）[51]。しかし彼は基礎工事には手を付けてはいない。擬古典主義と革命建築美学をもって様式変更はもくろまれたが、むしろ建造は表に出るよりは改めて控えられ、そのために総体の性格は変更されないままに終わっている。1725年の化粧漆喰が耐久性に劣り、さらに擬古典的な趣味変更もあって、ファッサードは宮廷左官ヨーハン・ゲオルク・テンツェルの提案に基づいて、滑らかな漆喰に至るまで取り除かれたのであった（図17）[52]。

　宮廷建築師ゲオルク・フリードリヒ・ラーヴェスが城館建築を1819年から1821年にかけて改築、新築した時も、本来の控えめな性格を維持した[53]。改築方針は英国王ジョージ4世の1821年の訪問に合わせ、そのご家族定席を念頭に置いてのものだった。それはさらに建築構造のバロック的リズムを取り戻し、中央リザリートの5列の窓を3列に減らした（図18）[54]。同じときに軒蛇腹の設置とアッティカの付設を施して立体感をはっきりさせ、革命建築のスタイルに応じた水平の統一化をやり遂げた[55]。これにはまた、南に拡張した側翼をラーヴェスが1階分切り詰めて、母屋蛇腹と同一の高さにしたことも貢献した（図19）[56]。この構想の胆は、歴史的再現を試みて、いわばネオバロック建築を新たに構想したのではなく、むしろ今ある複合建築を注意深く保存しておいたところにある。ラーヴェスはパトスを避けてこそ建築効果が上がることを明らか

図16　ヨーハン・ディートリヒ・ホイマン：ヘレンハウゼン城館の正面、1725年にトビアス・ヘンリー・リーツによる正面装飾、水彩とペン画、1764年　（部分図）

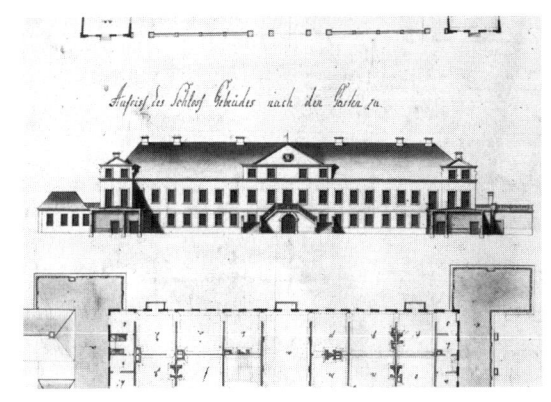

図17 ヨーハン・ゲオルク・テンツェル：ヘレンハウゼン城館の
修復計画、水彩とペン画、1780年（部分図）

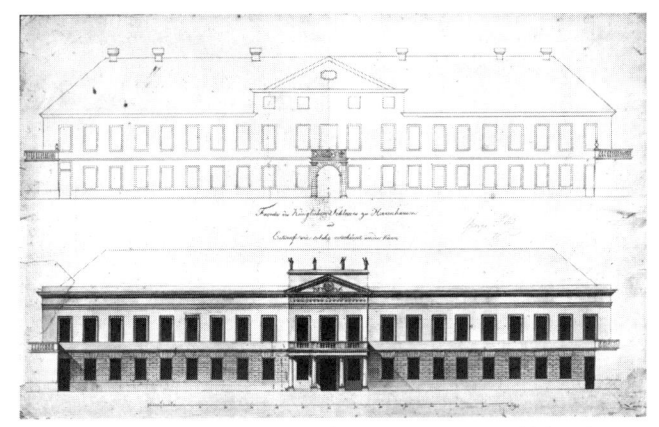

図18 ゲオルク・フリードリヒ・ラーヴェス：ヨーハン・ゲオルク・テンツェル
による北正面図（上）とその改築案（下）、水彩とペン画、1818年

に承知していた[57]。

　城館のこうした注意深い改築のおかげで、ヘレンハウゼン大庭園は造園術史上特別の地位が保証されたのである。母屋の、また側翼の2階からは、とりわけ増築部分の鉛葺きの陸屋根からは、庭園の紋様花壇(パルテレ)全体と境界を接するボスケット区画の壮大な眺望が開けている（図44）[58]。この立場からすれば庭園は城館に対して出発点の関係にある。庭園からすればむろんさまざまにディメンジョンが移動していく。すでにギャラリー建築が付け加わった時にもう中央軸

図19 ヴィルヘルム・クレッシュマー：ヘレンハウゼン城館正面、リトグラフィー、1858年

の意味は害されていた。そうして設備の規模、水平な横断軸、視軸拒否の戦略、全注意を惹きつける巨大噴水、南庭園の大規模な円形花壇、さらにまたボスケット区画の厳密幾何学の椀飯振舞、これだけそろえば自動的に大庭園は晴れ舞台に上るのである。

こうした性格は1943年10月18／19日夜の空襲による広範囲にわたる施設破壊に至るまで保持された。城館の再構築によって初めてこの緊張はふたたび力を回復した（図1）[59]。庭園はその歴史のいかなる瞬間にもこの建物の付加物であったことはない、断じてその超自我だった。ここに、造園術の歴史にとってそのパラダイム的存在価値があるのである。

3. ウード・フォン・アルフェンスレーベンと研究の開始

プロイセンによるハノーファ王国併合のあと1866年に大庭園の維持補修が試みられたが、ヴァイマール共和国では大した手だてがなく、たとえば紋様

花壇のような多くの区画が植生と樹木を失ってしまった[60]。その結果、この施設は公衆の感覚に訴えるものを失っていった。

学問的研究はようやく1929年に公刊された学位論文によってはじめられたが、その著者はしかるべき注目に値する。1897年古い貴族の血筋の所領地ヴィッテンモール・バイ・スタンダルに生まれたウード・フォン・アルフェンスレーベンは、就学期間後、ブランデンブルク／ハヴェルの騎士アカデミーに第１次世界大戦全体の初日に参加し、戦後は教職と農業経営学を収め、父祖の土地を経営するかたわら、芸術史研究に従事した。ヴァールブルクの文化史図書研究に魅了されて、ハンブルク大学芸術史教授エルヴィン・パノフスキイのもとで勉学を終了しようと決心した。1926年作庭師アンドレ・ル・ノートルの仕事と影響で学位論文を提出しようという計画をパノフスキイとともに検討したとき、師はヘレンハウゼン大庭園にテーマを絞るよう勧めた。アビイ・ヴァールブルクとエルヴィン・パノフスキイの圏内で学位論文を仕上げる作業はフォン・アルフェンスレーベンにとって殊の外精神的な経験となり[61]、パノフスキイもまた彼のことを生涯高く買っていた。師はフォン・アルフェンスレーベンが1933年４月彼と家族を人里離れた代々の所領地ヴィッテンモールにかくまい、政治的展開をしばらくやり過ごすよう申し出てくれたことを、一度たりと忘れたことはなかった[62]。

フォン・アルフェンスレーベンは学位論文によってヘレンハウゼン大庭園の初の専門家となった。テーマ選択は「どう見てもラッキーな思い付きで、選ばれた対象はまだテラ・インコグニタだったし、初期様式段階を維持した重要な庭園という類例なき例証だった」[63]。なるほど独自の原典研究は無きに等しいが、文書と図版に残された出版物を徹底的に解明することによってフォン・アルフェンスレーベンはヘレンハウゼンの建造物と庭園の最初の歴史のみならず、全体のアンサンブルを庭園史に組み込むことも明らかにしてくれたのである。

1934年、ヘレンハウゼン大庭園はブラウンシュヴァイク・リューネブルクの領有に戻され、ハノーファ市がこれを1936年に新旧の所有者を対象に競売にかけたとき、外見の補修の問題が浮上した（図20）[64]。フォン・アルフェンスレーベンは外部専門家として召喚されたのだが、すべてのディテールとはいわないが、1700年頃の状態の基本を守ることに大いに貢献した[65]。上級市長アルトゥーア・メンゲの計画は、大紋様花壇を掘り下げ、中央軸に大運河を掘ろ

図20　ヘレンハウゼン庭園北側からの空撮、1936年の修復以前の状態、写真、1935年頃

うというものだったが、委員会によって頓挫させられた。フォン・アルフェンスレーベンは日記に市長のことをそっけなく「町の独裁者」と呼んでいた[66]。フォン・アルフェンスレーベンが1937年の庭園再開に臨んで出版された祝賀記念冊子でメンゲの前言につづいて大庭園の中心記事の文責者であることは、再構成への彼の参画を証するものである[67]。彼は個々の部分 区　画（コンパーティメント）の多くの改変にもかかわらず（図21）、「歴史的美的理由を慮って、庭園の歴史的イメージをほぼ手つかずで残した」ことに満足だった[68]。

　フォン・アルフェンスレーベンがかくも強くヘレンハウスと一体化したのは、かつてこの場所とハノーファ宮廷顧問官にしてマグデブルク聖堂参事であったカール・アウグスト・アルフェンスレーベンが彼の家族史に結びついていたからである。こちらのフォン・アルフェンスレーベンは才能に恵まれて1685年にハノーファ大公エルンスト・アウグストに仕え、そこで1697年に亡くなるまでライプニッツと密接な親交があった。ふたりの共通の関心は、とりわけヴェルフェン一族の歴史——これをまとめるよう1685年に注文を受けたのがライプニッツ——と外交条約の歴史だった[69]。

I ヘレンハウゼン大庭園 31

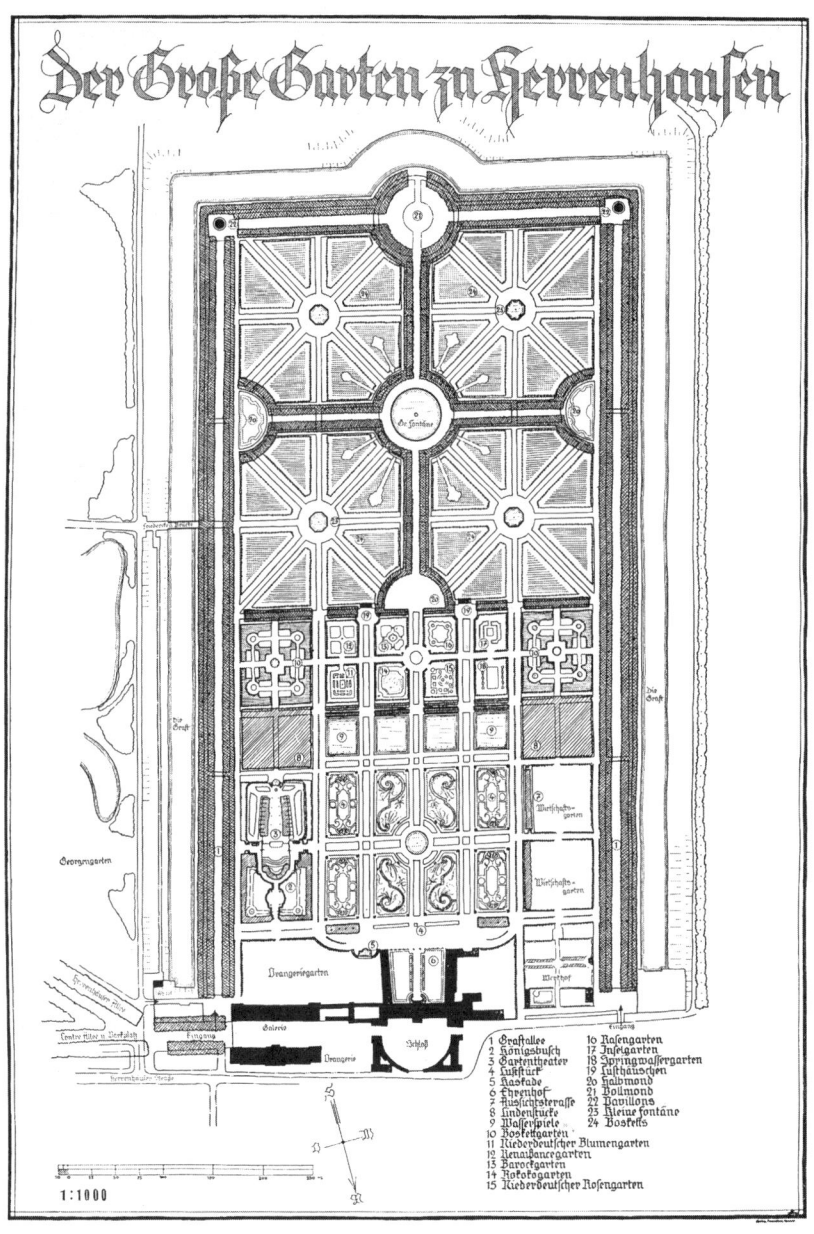

図21 ヘレンハウゼン大庭園の平面図、修復後の落成式、1937年6月

哲学もまたライプニッツとアルフェンスレーベンを結びつけた。ヨーハン・アウグスト・エーバーハルトが1795年にこの偉大なる哲学者の伝記を発表したとき、ドレスデンの芸術家ヨーハン・ダーフィト・シューベルトの銅版画が添えられており、それには腰を下ろした大公妃ゾフィーとふたりの官女、それにライプニッツとカール・アウグスト・アルフェンスレーベンがヘレンハウゼンの大庭園に描かれているのだった（図22）[70]。若い貴族は2枚の葉っぱを手に持ち、ライプニッツの——自然界にはいかなる同形のものも存在せず、無限差異の原理のみが存在するのだという——テーゼを葉っぱの比較で試そうとする図であった。銅版画は事実とは時を隔ててしまったので実景であることを望むべくもないが、貴族、知識人、造園術の協働する一種の寓意画を後世に残してくれた[71]。ウード・フォン・アルフェンスレーベンが学位論文によって結びついたのは、この伝統なのであり、それはまた以下の試論のライトモチーフとなるのである[72]。

4. バロック庭園と風景式庭園の挟間にいるライプニッツ

1795年の銅版画（図22）はライプニッツ再評価時代のものであり、画像中央におさまるのが選帝侯妃ゾフィーではなく哲学者であるのも、そのせいである。18世紀後半には競ってライプニッツが顕彰され、さかんに記念碑建立キャンペーンの目標とされた。ハノーファのライプニッツ記念堂の落成をもってこの運動は目的を達成する（図23）[73]。宮廷顧問官ヨーハン・ダニエル・ランベルクによる1787年から1790年にかけてのプランに基づいて生まれた円形聖堂は神像安置所なしの単独堂（ツェレ）として建立されたという特徴がある。列柱だけで支えられたそれは、18世紀の真円聖堂（モノプテロス）を代表するものである[74]。クリストフ・ヒューイットソン（c.1737-1798）の手になる胸像はもともと真ん中に安置され、ライプニッツを顕彰する単独堂の条件が奈辺にあったかを鮮やかに示している（図24）[75]。その重要性は、カール・ゴッタルト・ラングハンスがフリードリヒ大王顕彰堂の1797年のプランによってコンペの第1位を獲得したことからうかがうことができる。これはライプニッツ記念堂のあられもないコピーだったのである（図25）[76]。

ライプニッツ記念堂の形はウィリアム・ケントが1720年頃に建てたストウ

Ⅰ　ヘレンハウゼン大庭園　33

Leibnitz behauptet, daß nicht zwey Blätter einander völlig ähnlich seyn.

図22　ヨーハン・ダーフィト・シューベルト：「ライプニッツ曰く、2枚の葉っぱが完全に同一であることはない」銅版画、1795年

図23　ライプニッツ聖堂、ゲオルク庭園、写真、2003年

図24　ライプニッツ聖堂、クリストフ・ヒューイットソンによるライプニッツ胸像が安置される、1938年10月10日の写真

図25　カール・ゴットハルト・ラングハウス：フリードリヒ2世のための顕彰堂案、イオニア柱頭ふう、素描、ペン、セピア水彩、1797年

のヴィーナス聖堂に帰せられる。その設置環境はのちに風景式庭園に改められていく（図26）[77]。この雰囲気もまたライプニッツ記念堂が受け継ごうと試みたものである。本来これはハノーファの空隙地(アンビエンテ)のエンドに設置されていて、その位置関係は、ここからそれほど離れていないライプニッツが影響した王立アーカイヴとの関係を示すものであった（図27）[78]。これはむしろ都市の枠内に建っていることを思わせるが、空隙地(エスプラナード)と稜堡壁の間の狭い帯状地は小ぶりな樹林の展開を許し、記念堂はそれを背に佇立する。

　銅版画師ユリウス・フランツ・ザルツェンベルクのスケッチには、その二重性格が街を囲む掘割のこちら側のポジションから写し取られている（図28）[79]。そこには茂みがびっしり描き込まれ、記念堂は愛らしい環境(アモエニッシュ)に置かれているが、しかし、その基底はかつての王城の掘割とモノリスふうの壁によって決定されていた。記念碑の公園はこの塁壁の防御的幾何学に基礎を置き、加えて地元の者なら木々の向こうに開ける練兵場を連想したものだった。

　しかしながら、ウォータールー広場に至るこの一帯の造成はそのポジション

図26　ウイリアム・ケント：ヴィーナス堂、ストウ、風景式庭園、写真

の牧歌的要素を奪い（図29）[80]、その結果1835年になって初めてこれをゲオルゲ庭園区域に移し替えようというアイデアを生むことになった。この庭園はヘレンハウゼン大庭園と1720年に造営された新しいヘレンハウゼン・アレーの間をたくみに介在する風景式庭園として構想される。1856年以前のプランに示されるこの一帯の造成の第一段階は、大事な部分は造園師クリスティアン・シャウムブルクの平面図に基づいて実行された（図30）[81]。ライプニッツ記念堂の移設はけれどもようやく1935年になってからである。それは丘の上にそびえ、前景に広がる湖に隣接し、現在に至るも著しくピトレスクな視角を提供している（図23を参考に）。

　本来、町なかにあった単独堂(モノプテロス)に愛らしき環境(アモエニッシュ)を与えようというのは善意の配慮であったし、もはや風景式とは見えないにせよ新たに造営された風景式庭園

Ⅰ　ヘレンハウゼン大庭園　37

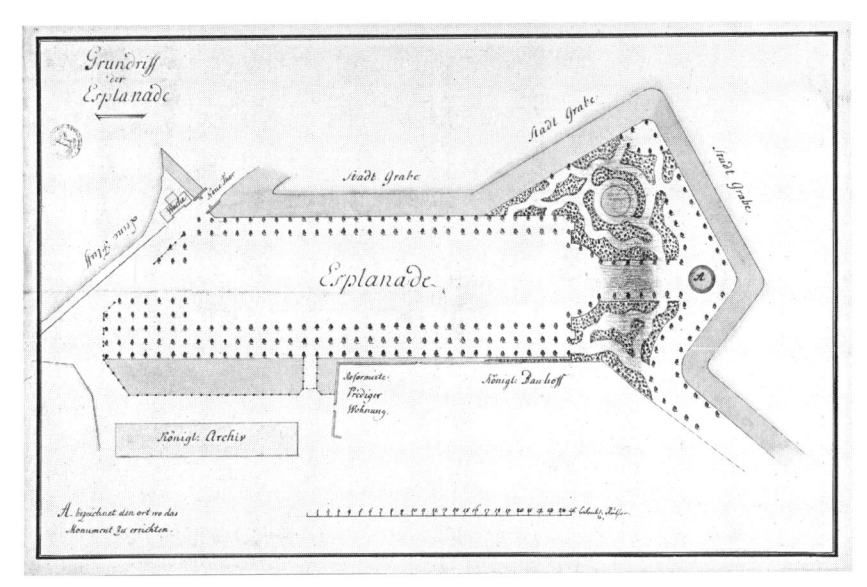

図27　ヨーハン・ダニエル・ランベルク、エスプラナーデの平面図、彩色素描、1787年(?)

図28　ユリウス・フランツ・ザルツェンベルク、「ハノーファに面したライプニッツ・モニュメント」彩色素描、ペン、墨、1810年頃

図29　ゲオルク・ヴァイコプフ：ライプニッツ記念堂、ウォータールー広場、鉛筆

へと移設することは、こういう処置の当然の帰結であった。こうすることで栄誉の像は風景式庭園が象徴する「リベラル・モダン」の額縁に入れられたのである。すでに一瞥しただけで、ライプニッツ記念堂の今日の場であるゲオルゲ庭園は、なるほど、ヘレンハウゼン大庭園の幾何学構造とはまさに対蹠のものとして描かれる。バロック庭園の直線と円形の基本形に対して、20世紀になってライプニッツ記念堂が置かれた風景式庭園の柔らかな曲線ほど、際立った対照をなすものは考えられないだろう。こなたには定規で引かれた線分とコンパスで描かれた円形があり、かなたには手で描かれた伸びやかな曲線が、右手コーナーの硬直ぶりとは対立するようである。ここに反映しているのは、庭園造営だけでなく歴史的なホルトゥス（庭園）研究によって今日に至るまで刻印された根本的葛藤である。というわけで大庭園とゲオルゲ庭園の間の形態的相反は、ライプニッツ哲学においては強化されているのだろうか、もしくは撤廃されているのだろうかという問いが生まれる。先鋭な問いで言い変えよう。ライプニッツは彼の記念堂を風景式庭園に設営することを歓迎したろうか、それともこれ

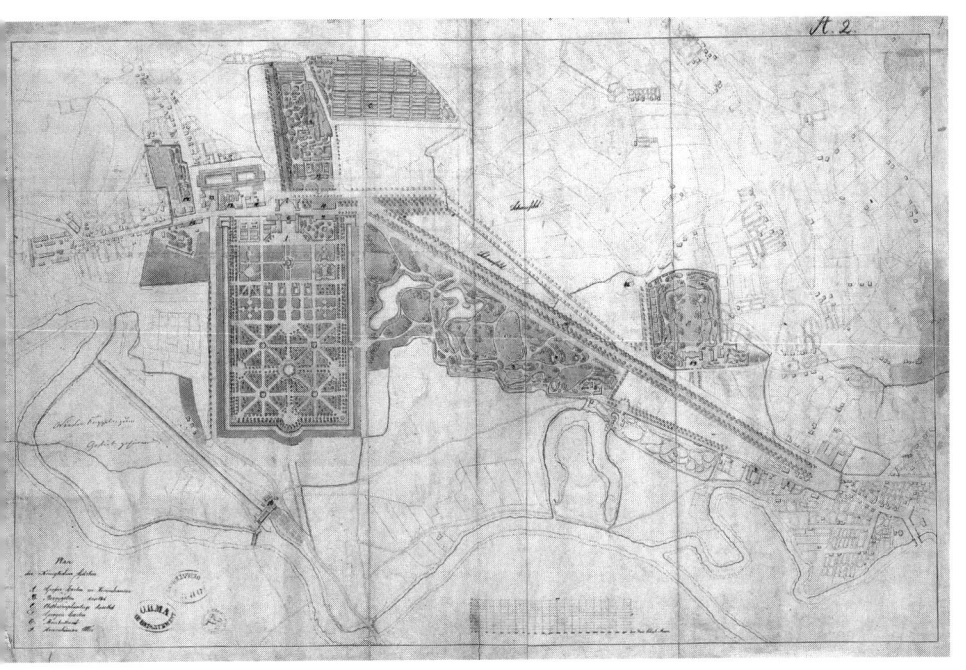

図30　不詳：ヘレンハウゼンからハノーファに至る王領の地図、1856年以前

を歴史上の人攫いとして拒絶しただろうか。
　ライプニッツと非幾何学的風景との結合はすでに1795年のエーバーハルトによるライプニッツ伝記の一部となりおおせている。それはこの哲学者を大公妃ゾフィー、カール・アウグスト・フォン・アルフェンスレーベン、およびふたりの官女を大庭園の鋭く剪定された樹木列の前に並べて示しているにとどまらず（図22）、ライプツィヒ近郊ローゼンタールの森の地面に身を横たえる人物として描いている（図31）。ライプニッツがここで決定的状況に置かれているのは、あらためてヨーハン・ダーフィト・シューベルトによって仕立て直された銅版画のタイトルに明らかである。「ライプニッツは新旧の哲学の間で選択する」[82]。選択のモチーフが暗示しているのは、仁徳（Virtus）と欲望（Voluptas）、あるいは寛容（Magnanimitas）と吝嗇（Avaritia）の間で決定しなければならない「分かれ道の哲学者」という範例である[83]。ただしここで起こっているのは、哲学と数学の相克であり、地面に開かれた2冊の本がそれを

表している。事実、ライプニッツはその伝記に写された手紙の中で、自分は古代の哲学と数学との葛藤を経て後者に与する決心をしたと述べている[84]。

しかしながら、ヤヌアリウス・ツィックの 1770 ／ 71 年頃に制作された絵画は啓示の瞬間のルソーを示しており、この先行作品を前にすると第 2 の意味が浮かび上がる（図 32）[85]。涙の染みたシャツを見つめる哲学者がヴァンサンヌの苑の樹木に寄りかかり、左手にメルキュル・ド・フランス誌を持つ姿は、まるで鏡像である。ここに描かれているのは「科学と技芸の改良は道徳の掲揚に有用なりしか」というディジョン・アカデミーの課題である。啓蒙の哲学は肯定的答えのなにがしかを期待するが、ルソーはこれに対し己の時代の深淵をのぞき込み、この設問には否定的に答えざるをえないと見抜いて震撼している。

図 31　ヨーハン・ダーフィト・シューベルト：「ライプニッツは新旧の哲学の間で選択する」、銅版画、1796 年

この瞬間は、啓蒙主義の自信に訣別を果たした瞬間なのである[86]。書物に対するに、内部と外部の自然がある。どちらをとるのか。庭園にて「手に取り、読め」を経験したアウグスティヌスの回心を、苑に横たわる哲学者ルソーは反芻しながら、その身振りにて自らアカデミーの設問に対する答えを体現するのである[87]。

　同じことがライプニッツに当てはまる。2冊の書物のどちらを選ぶのか、一段と強調されるのが、愛らしい風景（アモエニッシュ）という額縁であり、決定が下されるのはこの枠の中なのである。啓示の視線は両書物のどちらにも向けられず、自然を向いているのだから、おのずと答えは出ているのであり、その自然は「新哲学」[88]である数学の場なのである。とはいえここには風景式庭園のムードが数学と結びつくという逆説的現象が生じている。数学は伝統的考えからすると風景式庭園とは真っ向から対立するもののはずである。シューベルトの両銅版画は、幾

図32　ヤヌアリウス・ツィック：「ルソーの啓示体験」銅版画に油彩、1770/71年頃

何学的人工性のうちに自然の個性を、気ままな自然らしさのうちにモダン数学を表象している、であるからには、すでにその相互性にこそはっきり見てとれるだろう、この数学と自然という両極端は対立項ではないのだ、互いに共演を解発するリリーサーでありえたのだと。

II

ヘレンハウゼンにおける
ライプニッツの活躍

1. 実用、対話、省察

桑園

　バロック庭園と風景式庭園は宥和しがたい仇同士として考えらるべきかという設問の鍵は、ライプニッツ自身にある。

　ライプニッツの庭園への関心は、養蚕に期待されたような実用性に限られるというのが、これまでのもっぱらの通説であった。1690年代以降、彼は膨大な需要に答える絹産業を科学アカデミーの財政を支えるとりわけ格式ある企業と見なした。なかんずく彼の設立したベルリン科学アカデミーを、自前の絹生産によって資金繰りをしようというのだ[1]。それには絹糸を吐く芋虫を養うための桑園が不可欠だった。

　ハノーファのエギディエン門前にライプニッツは18世紀初頭以来自分で桑園を所有しており、ヘレンハウゼン城館北面にもどうやら彼のイニシアティヴによってベルクガルテンに桑園を1704年から設置していたもようである。その後10年になろうとする頃には、その葉っぱを蚕の餌にできるほどに木々が茂るようになった。蚕は小姓館とギャラリー建築の屋根裏部屋に飼われた[2]。城館の向こう、地平線を越えると、ヘレンホイザー・アレーの北方に位置する桑園の小さな森が、南から北を鳥瞰する1725年の図版上端に認められる（後ろ見返しの図）[3]。純粋にライプニッツに帰せられる幾何学的に設定されたプロジェクトは、共同体の実用と研究に役に立てようというのである[4]。

庭園対話

しかし庭園の哲学的定義は、有用性を越え出るものである。ライプニッツは1676年に代数結合術に関する初期のテキストをすでに庭園対話という形式で著わしている、その意味するところは、これによって彼は暗号的に庭園哲学の定義に踏み込んだということなのだ。対話の冒頭、エピクロスの伝統に棹さす庭園とは強制なき交歓の場であると示される。「国家の最初の男たちに属するアエタエウスの庭園には、教養ある、短い会話で時を過ごす慣わしの、いくたりかの友人たちが、たまたま顔を合わせるということがあった」[5]。その中の一人、数学の才能を備えたカリヌスがライプニッツの分身として登場する。「カリヌスも居合わせた。彼は赫々たる科学業績に数学の著しい見識を加えた人物だった」[6]。ライプニッツがこういう幕開けを用意したのは、明らかにローゼンタール・バイ・ライプツィヒ苑(ハイン)で数学を究極選択したということの暗示なのだ。

ライプニッツが1676年の終わりにハノーファの顧問官兼図書館司書という地位に就いたとき、庭園は彼にとって常なる省察と実証の場となった。1680年3月には大公エルンスト・アウグストとゾフィーがハノーファへ移住してくるが、その前にまだライプニッツはオスナブリュックの彼らの常客となっていたので、その折、大公妃がそこに造営させた庭園を見学していたのは疑問のないところだ。ハノーファにライプニッツとゾフィーが同時期に逗留するときにはいつも、ヘレンハウゼンではその庭園で友好を暖める慣わしとしようというのだ。大公妃はライプニッツに、誰にも邪魔されることなく仕事ができるようヘレンハウゼンに客室を用意させたようである[7]。

1969年の最小限の生活報告においてライプニッツは、ハノーファにおけるファースト・クラスの話し相手としてはゾフィーが唯一である、とくに彼女の自分に対する態度は決してフォーマルなものではなかった、と強調している。そうした彼女の態度を用意してくれた枠組みが、庭園なのだ[8]。ライプニッツはゾフィーとの哲学対話を娘のゾフィー・シャルロッテ、すなわちプロイセン女王と、リーツェンブルク城内で継続し、『弁神論(テオディツェー)』の前書きで、本書はなかんずくゾフィー・シャルロッテとの対話におかげを受けていると、強調したのであった[9]。

確かにそれは数日のことだったのだが、皇帝ピョートル大帝(ツァーリ)との対話を見ればなおのこと彼女の影響力が後を引いていたことが分かる[10]。対話は1716年5

月と 6 月の間にバート・ピュルモントでもヘレンハウゼンでも行われ、後者ではツァーリは 3 日を過ごした。その折ライプニッツがツァーリとのちのピョートル科学アカデミー所長となるラウレンティウス・ブルーメントロスト（1692-1755）に対して講じたのが、パリで固めた畢生の構想であった。ライプニッツはこの時、ヘレンハウゼン大庭園を背景としても証人としても利用したのだろう[11]。核心は、科学・技芸の発展のために「自然と人工の劇場」を設置することにあり、蒐集室（クンストカマー）兼自然と工学のための包括的研究所としての普遍世界ミュージアムと並んで庭園を維持しようというのである[12]。ツァーリはそのアイデアをことごとく肯った[13]。

2. 運河計画（1695-1696）

前史と 1695 年計画

　ヘレンハウゼンのライプニッツにとって噴水術こそ、実践課題の中心だった。なぜなら選帝侯エルンスト・アウグストのために庭園の噴水仕掛けを適正に配備することは、彼の公務上の主要課題となっていたからである。彼は総計 4 度以上にわたって噴水術、および庭園の南側拡張全体についておびただしい手段を講じた[14]。庭園とライネ川との近さを継続的かつ評判のいい噴水施設のために活用するというプランが、どれほど彼の関心の中心を占めていたか、1691 年に鋳造させた記念メダルに明らかである。裏面を飾るのは、ふたつの噴水で規定される庭園と城館であり、これには「分かつべく、なぜ（HAURIT UT DISTRIBUAT）」というモットーが掲げられ、両噴水に水を配給する水車を前面に大々的に讃えている（図 37）[15]。図案の下縁が付加的に強調するモットーによれば、ここに表現されているのは、象徴として機械の隠喩を利用する君主政図像学の寓意像であり、あたかも土地を灌漑するガニュメーデスが機械による作法を発見したかのごとしと：「改良されたる巧緻によってわれは流れ出だすなり（MELIORI SORTE REFUNDO）」[16]。妻ゾフィーが 1684 年の自分の記念メダルと結びつけてきた光の隠喩法に対するに、その対像を形成すべくエルンスト・アウグストの方はあたかも水というエレメントの図像学を使ったかのように見える[17]。

　1691 年の記念メダルは、自分に課した義務表明のようなものである。灌漑

技術的に満足できる解決を求めてきたが、これまで成果が上がらなかった試みには構わないことにしよう、という。すでに 1686 年、効率のいい水力仕掛けという目的を達成するために豊富な研究がなされていた[18]。1686 年 5 月、噴水技師カダール、指物師ブラント・ヴェスターマン、棟梁ディートリヒ・ハイムゾーンからなるコミッションが結成され、ブレーメンにて直径 12 メートルの水車を見学してきたのであるが、それは数百軒に上るブレーメンの家々にヴェーザー川の水を配給する力を持っていた。コミッションは 1686 年 6 月に、庭園に 15 メートルに届く水車を、庭園南側に位置するライネ島に配備すべしと提案した。ハルツ山に従事する鉱山技師ジークムント・シュミットがあらたに追加召集され、特別監査によって揚水車の設置に要する費用がかかりすぎるという結論を出すに至った[19]。シュミットが代案としたのは、ハノーファ市西外にある狩猟館(イェーガーホーフ)あたりでライネ川を堰き止め、これによって力をためた流れを運河によってアルター・ライネ川につなぎ、最後に庭園にまで導いて、そこで揚水車を動かそうというものだった。庭園の完成前にライネ川に連なるアレーはもう設置されており、これに沿って流し込んだ水を南へと戻すように導くのである（図 8 を参考に）[20]。

　これら統一不能のプランに対するさまざまな代案は、1686 年 11 月、ヘレンハウゼンの庭園の近隣でもっとも高い場所、南西に 7 キロメートル離れたところに位置するベンター山が、必要な水を届けることができよう、そこから水を 4 つの池へと集め、リンマー村近くでライネ川の下を導管で運河へ、それから庭園へと導こうというのだ。土木工事には兵士を動員するといいだろう[21]。ところが、このプランの実行を受注したカダールは改築に成功せず、1689 年 8 月に解雇された[22]。

　この計画を実現しようとしたがうまくいかなかった試みをあげると、1694 年のイースターにパリの噴水技師ピエル・ドニがハノーファへ呼ばれるのだが、問題を解決するには至らなかった[23]。1686 年に提案された、庭園南に揚水車をライネの川中に設置する、もしくはハノーファの西に流れるライネ川を狩猟館のところから運河で引き入れるという両代案は残った。

　1695 年、つまり南への庭園拡張が決まらないうちから、ライプニッツは助言者として移住してきていた。ハノーファのゴットフリート・ヴィルヘルム・ライプニッツ蔵書の冒頭にふれておいた合本は、この機会のものであり、これ

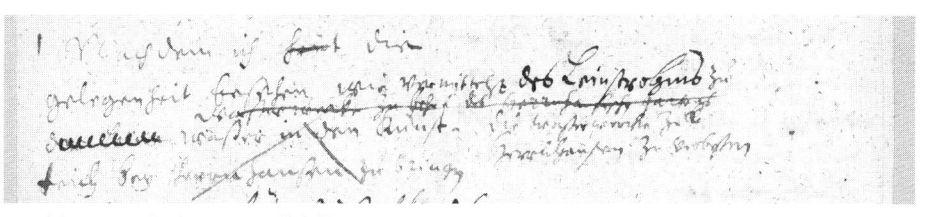

図33 ライプニッツ：選帝侯エルンスト・アウグストのためのヘレンハウゼンに通じる灌漑施設のための覚書、1695年 （部分）

にはライプニッツの照会文、手紙、メモが集められている。最も初期の資料は1695年の覚書(デンクシュリフト)きで、正式の書式ではないが、草案として伝わるものである[24]。第1行にはのちに抹消されているが「本日」と記載され、この考察が巡察の夜に書きつけられたことを示している（図33）[25]。おびただしい抹消線と書き込みが特徴の、手探りの筆跡は、ライプニッツとしても非常な混沌ぶりである（図34）[26]。

ライプニッツの計算は、ハノーファの古い街並みの西側を囲むライネ川のミューレンラウフとヘレンハウゼン城庭園の間の用地に集中していた。完成形はどうやら一連のスケッチに用意されており、そのスケッチはハノーファとヘレンハウゼンの間に横たわる土地を包摂するが、灌漑のためのライプニッツのアイデアをすでに採用しているわけではない。フィールドの大きさの記入からして、それらは1695年の最初の計画の先駆けであると判断できる。

これら一連の書類はまずディテールが記入されている[27]。それらは2葉にまたがってまとめられ用地北部を東から西へ眺望した平面図に記入されている。書面36番の左端には中央に、1657年に初めて言及される狩猟館が記入されており（図35）[28]、そこからは古くからのヘレンホイザー・アレーが右下へと続き、上端にはライネ川が右へと湾曲している。ここに開けたフィールドにはライプニッツが区画(コンパーティメント)の大きさを補助線の物差しによって測り数字を付けている。

フィールド調査の第2部は、この右側に続く紙面上の西側一帯を追求している（図36）[29]。紙面下端ではアレーが城館区域に向かって折れ、その区域では庭園の矩形、城館と右下の隅に書き込まれたふたつの貯水池が認められ、そしてここでもフィールドの大きさが数字の付記によって補足されている。右の図面端に記入された細々したものは、水盤らしき別の四辺形、燭台か花瓶めいた代物、および屋敷らしいが、これまで場所を特定できてはいない。

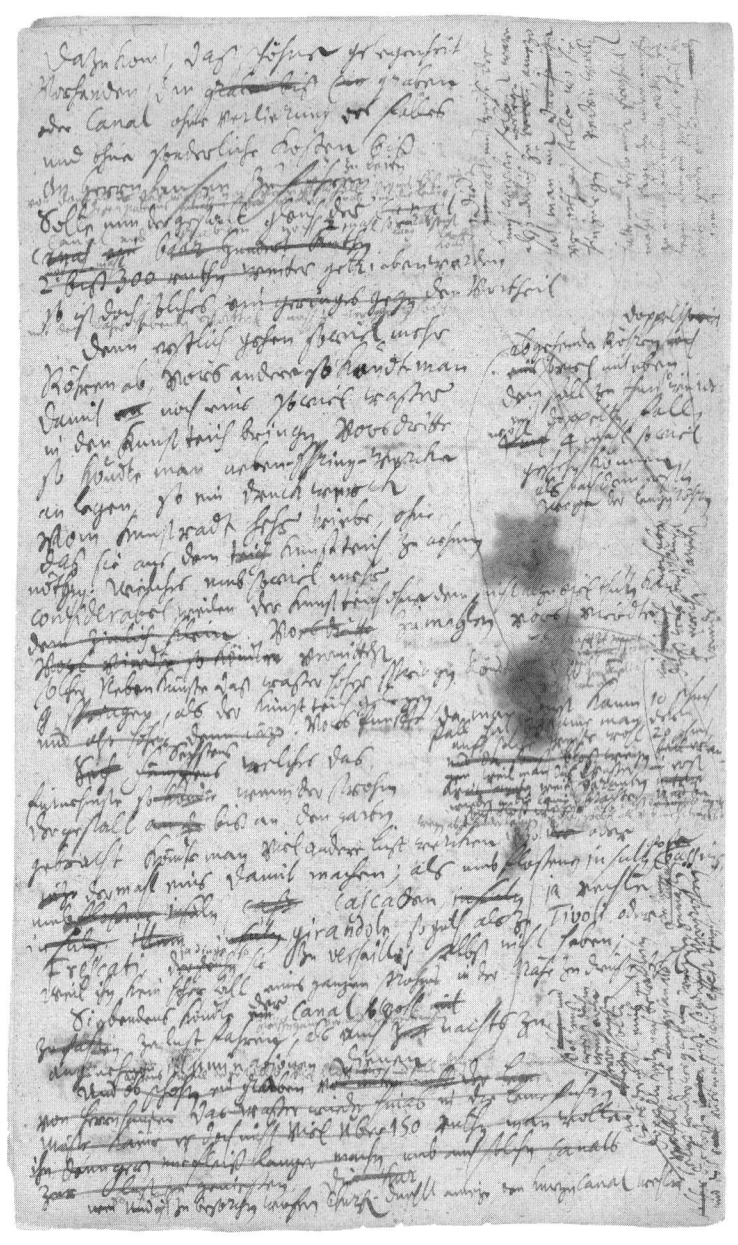

図 34　ライプニッツ：選帝侯エルンスト・アウグストのためのヘレンハウゼンに通じる灌漑施設のための覚書、1695 年

注目すべきは、点線による線分であり、これは図面の左端から右に向かっておよそ全体の3分の2の高さに至り、四辺形庭園の右辺を伸ばした先で終わっている。この記入によってライプニッツは初めて、運河をハノーファから西へ向かって庭園の南端にまで引っ張るというアイデアを視覚化した。これに接続するもう1枚（図35）には、まだどのような思考痕跡も読み取ることはできない。

　このスケッチと関係する1695年のメモ書きに記したライプニッツの基本構想は、ハノーファの西を迂回して比較的穏やかに流れるライネ川のミューレンシュトラングとヘレンハウゼン庭園の間に運河を設け、その水流が庭園の噴水仕掛けへの圧力を著しく上げてくれるだろうというもので、これを言葉でまとめたのも初めてだった。こうして彼は1686年の鉱山技師シュミットの特別所見を自分の工夫の出発点とした[30]。準備された用地調査だけで分かることだが、それは検討過程で徹底的に独自の性格を帯び、とくにこの巨大プロジェクトの性格を決定づけ貫徹するときの視野の広さが目立つ。

　エルンスト・アウグストを顕彰する1691年の記念メダルは、ライプニッツがこのプランの確たる基盤を確信したのがこの機会が初めてではないということを示している（図37）。なるほど中央に示された建物は理念的城館であって、直接ヘレンハウゼンにちなんではいないが、その前に広がる紋様花壇（パルテレ）とそれに接続する水流は——これを揚水車が噴水に必要な水を揚げる——ライプニッツが提案することになる基本状況に一致している。

　1695年の覚書の第1か条にライプニッツは水車を設置するライネ川のシュトラングをそこから水が運河へ押し出される堰の始まりと記載している[31]。導管による給水に対する運河の利点についてはこう結論している、導管は故障しやすくとくに泥がたまりやすいのに対し、運河工事の費用は少なくてすむ[32]。貯水池からの給水をそれほどあてにしなくてもよいよう水車の助けで付設噴水を維持できるよう[33]、水を運河からライネ川に戻す掘割を深くして水の落差を2倍にすべしと[34]。

　続く論点は庭園の実用に専心していることによって、あらゆるその他の工夫のために切り詰めた形をしているにもかかわらず、基本的に重要である。まずライプニッツは、運河経由の水による新しい種類の水路と水仕掛けの導入を検討している。「こうして水流を庭園にまで持ち込むことに」なれば、「もっとも

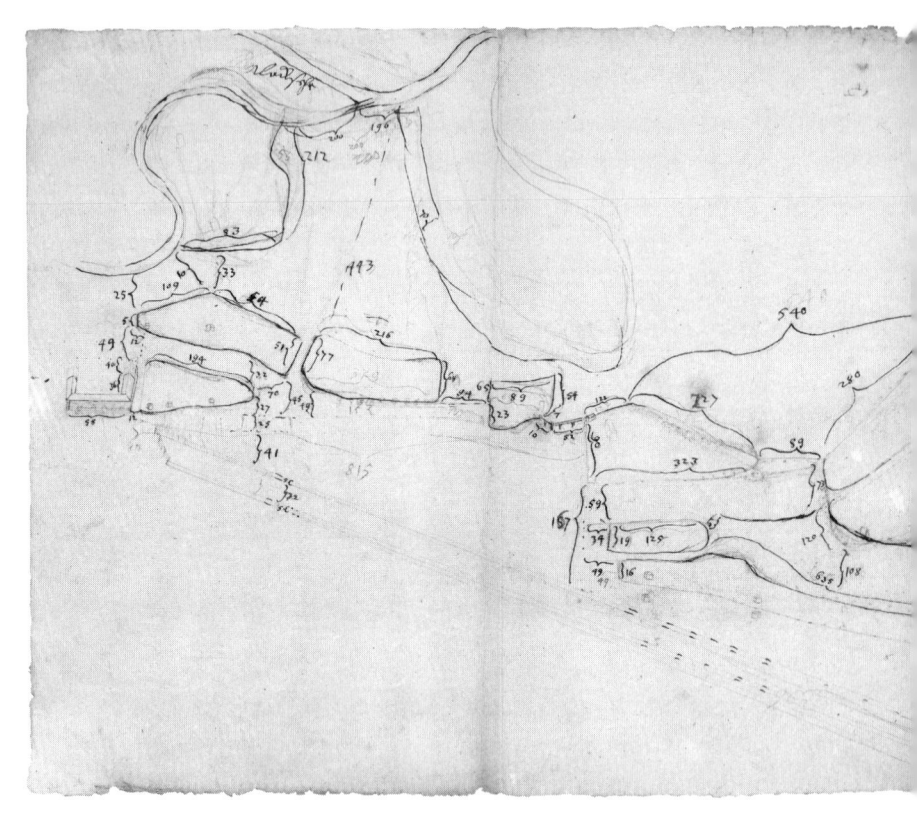

図35　ライプニッツ：狩猟館西の敷地、素描、鉛筆、セピアのペン、1696年春

高貴な」諸要求に答えることができ、やがて「流れの只中の島、大水盤、階段状落水、いやそれどころか本物の噴流集束」「その他にも多くのお楽しみ仕掛け」を構想できるだろう[35]。
　ここで続く議論は、ヘレンハウゼン庭園にいわば水力仕掛けの花火を作ろうという、選帝侯のご執心のテーマだった。どこと比較しようがヨーロッパにいかなるライヴァルも恐れるに足らずという心意気であったのは間違いない。ヘレンハウゼンの水力仕掛けは、「ティヴォリ、あるいはフラスカーティ、否、ヴェルサイユのそれにもおさおさ劣るまじ」[36]。なかでもティヴォリはその険しい急坂を使って泡立つ噴流を実現した庭園であるゆえに、格別に挑発的お手本であるに違いなく[37]、ライプニッツがヘレンハウゼンに同じ階段状を設けた

Ⅱ　ヘレンハウゼンにおけるライプニッツの活躍　51

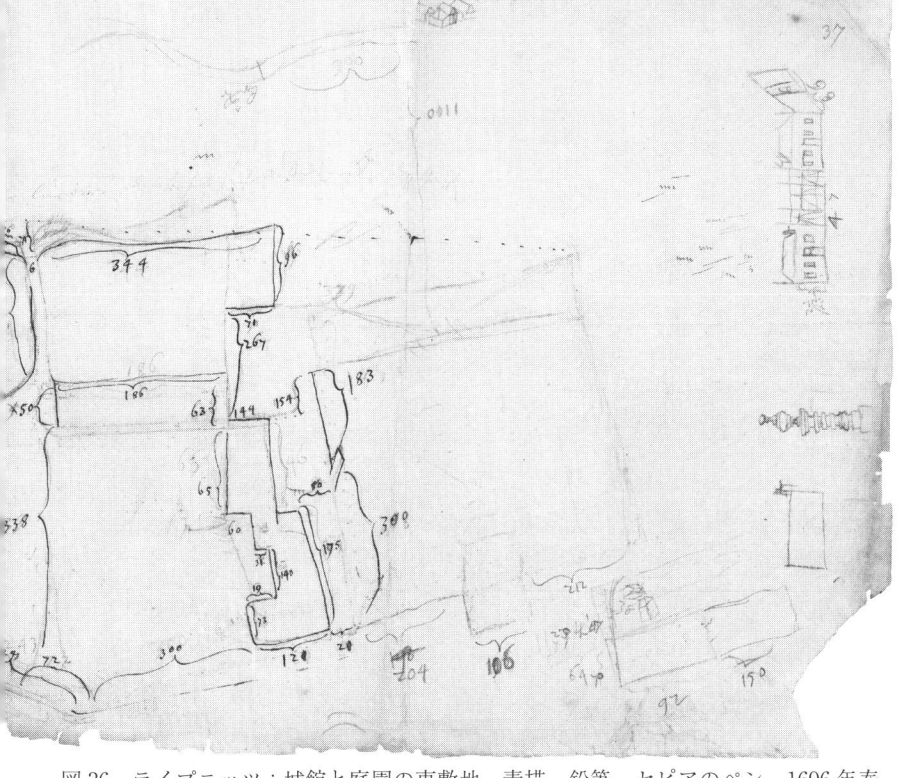

図36　ライプニッツ：城館と庭園の東敷地、素描、鉛筆、セピアのペン、1696年春

図37　レヴィン・ツェネマン：大公エルンスト・アウグストの水力仕掛けのメダル、1691年、表側

のは、ヘレンハウゼンのような平地に設置された庭園にしてみれば比類ないことを目指したのはあきらかだった。これをもって彼がヘレンハウゼンの水力仕掛けによってヴェルサイユを負かそうとしたと解された。理由は、ティヴォリではアニエネ川の落下する水量によって保証される水圧が、ヘレンハウゼンではライネ川の堰止めによって達成できたのであり、それに引き換えヴェルサイユでは「全水流のいかなる高低差も近隣に利用すべくもない」からであった[38]。

続く論点は、ライプニッツがのちに繰り返し口にする、運河をゴンドラの航行のためだけでなく、夜に光の演出を見せるのにも役立てようという希望に関わる。「第7に、運河は舟遊びだけでなく、夜にも楽しい光学劇場(イルミナツィオン)の舞台に役立つ」[39]。

運河に沿って水車を追加することが可能なら、最後の論点も有用と見なされる[40]。マルジナリアに結局ライプニッツが提起していることによれば、専門職をハルツ鉱山から呼び寄せ、水をバケット・コンベアー、揚水車、ポンプ、あるいは揚水スクリューを経由して揚げられるだろうかという問題を検討させようという[41]。

このコンセプトが初めてライプニッツの運河プランの全体印象を明らかにしてくれる。それは彼の改造計画に必要な技術水準ばかりか、彼の定義の複合した可能性にも関わっている。第1に来るのは、既存の、これから設置される噴水、および島、水盤、落水形成のための小径と掘割の協働に要する技術工学上の彼の業務である。フラスカーティ、ティヴォリ、ヴェルサイユと比較することによってライプニッツはイタリア、フランスの庭園文化の最も有名な代表を引用し、これを越えてヘレンハウゼン庭園のための最高の要求水準を定義するのである。

劣らず重要なのは、運河によって評価の高められた庭園を実用化しようというライプニッツの考え方である。舟を入れるという可能性の検討は、ゴンドラを導入することでヴェニスの気分をハノーファへ持ちこもうという実践をすでににらんだものであり、光の演出の見込みについては、じきに示すように、ライプニッツ独自の哲学に関わっていたのである。

最後にようやくライプニッツは、運送手段としての運河が水車の導入によって見込む実践的経済的利点に関心を向けている。これはついでの考え方であってコンセプト自体に純粋に属する考えではなかったが、選帝侯の実現欲をくす

ぐるに十分だった。こうした実現序列はさらなるプロジェクト形成を規定するのである。

1696 年 5 月の眺め

　1696 年 2 月公にされた新たな論考をもとにライプニッツがスケッチをひとつ作成したが、それは全域を鳥瞰する図としては最も古いものであった（図 38）[42]。図の左端は準備しておいたスケッチどおりの狩猟館が示され、そこからは 1 列の並木に両脇を固められたアレーが水平に右へと連なっていく。右斜め下へは 2 列の樹木に伴われ、城館へと屈折する旧来からのヘレンハウゼンのアレーが続いている[43]。既存の南側翼は省かれ、それに対し前庭の壁がスケッチ風に描かれているのが分かる。城館前には 1679 年に拡張された高垣に囲まれた庭園がある。庭園南には初めて描かれる、ひとつの塔を戴いた配水塔がそびえている。そこから右へ連なる古代ふう水道橋は庭園に添って屈折し、わずかに離れたところにある貯水池へ接続されている。平面図と鳥瞰図を入れ込むことでこの素描は、2 種類のパースペクティヴをひとつにし、敷地を庭園景観図（ヴェドゥーテ）とも地図化の対象とも捉えることを可能としている。

　この紙面はさまざまなテクニックで覆われている。下方、黒鉛で記入されたパートは、一部は平面図の書き込みであるが、狩猟館と城館の区域では鳥瞰の視点からの描き方となっている。建物は非遠近法的描法によってつたなく見え

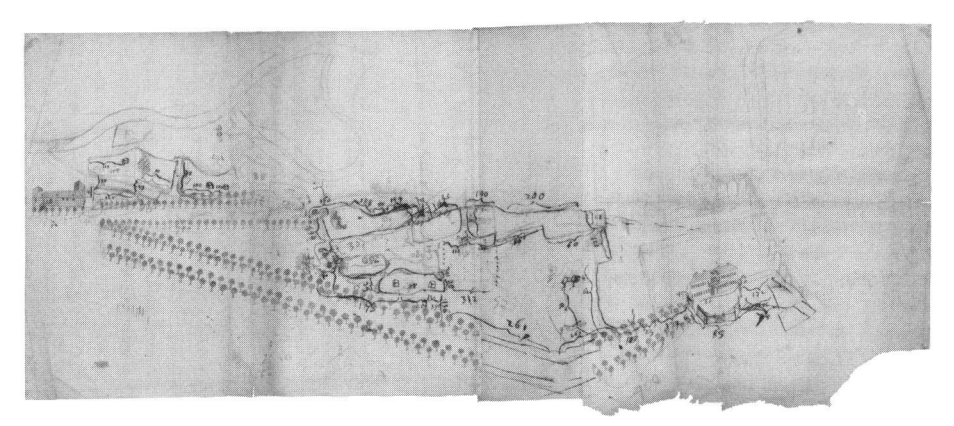

図38　ライプニッツ：ヘレンハウゼン庭園と狩猟館の間の敷地、および配水館と水道管、素描、鉛筆、セピア筆、1696 年春

るので、芸術家の補助があったとは考えにくい。メダルと墓碑のデザインで示されるライプニッツの自由で軽いスタイルは、さしあたって確認できないが[44]、他の紙面では建造物の大きく引かれた棒線と几帳面に細部を写した線の同様なつなぎが見られる。それらのひとつは3棟の木組み建築で、おそらく最も古い狩猟館再現図と思われるものが示されている（図39）[45]。明らかにライプニッツは敷地の大判の写しのときには、まず木々、建物、下層の線分を同様に黒鉛にて記入した。それからペンで土地測量のデータを、力強い素早いディテールにはこだわらないスタイルで書き加えた。両スタイルのつなぎ方は、城館区画に表れている。ライプニッツはつたないぶん細部にそれだけ正確であろうとする一方、前庭も水盤も水道橋に一部重なりながらも、その軽いタッチを示している。この筆致については、ディテールに忠実に再現するのではなく、単に粗描きの場合に常用のものだった（図40）。

このスケッチに基づいてライプニッツは、報告書「ヘレンハウス水力仕掛けの方法」の公式版の付録をなす素描を制作した（図41）[46]。ここでも樹木の並び方、建物、紋様花壇中のカダールの噴水の事細かなこだわりとライプニッツの自由な筆跡とは好対照である。あらためて素描家ライプニッツの手になればこそ、建物群のスタイルもありうるのである（図39と40を参考に）。

図39　ライプニッツ：狩猟館、その他の建物、素描、鉛筆、1696年春

Ⅱ　ヘレンハウゼンにおけるライプニッツの活躍　55

図40　城館、庭園、および配水館と水道管プロジェクト、
　　　38図の部分

　書面の左半分に描き込まれた図解、および素描に書き込まれた文字は、ライプニッツの熟考するところを明らかにしている。まずライネ川 CC の支脈は勝手に形成された川床 DD から市街区の水車の駆動へと枝分かれして、J 点で堰き止められ、運河 KK へと導入させようという考えだ。実測の地勢図に従うなら起点は南側ずっと上方になければならなかっただろう。のちのより正確な地図と比較すればわかることだ（図30）。示唆的なことにライプニッツは実際に要求されたよりもずっと少ない屈折で描き込んでいる[47]。運河が運ぶ水はポンプハウスまでにどれほどの圧力を媒介しなければならないかというと、まず水車仕掛けによって揚げられ水道橋 NN を経て、図の右端水盤 BB へと注ぎ込む力がなければならない。ポンプハウスについてライプニッツは水圧強化のために配水塔 P を付加的に構想している。導管 Q はポンプ仕掛けから庭園に設置されたファーマ噴水に達するようにし、その扇状に散水する半球体と圧倒的な噴泉とに水を届けよう。水道橋と並んでこれが庭園区画の最も目立つ目玉である

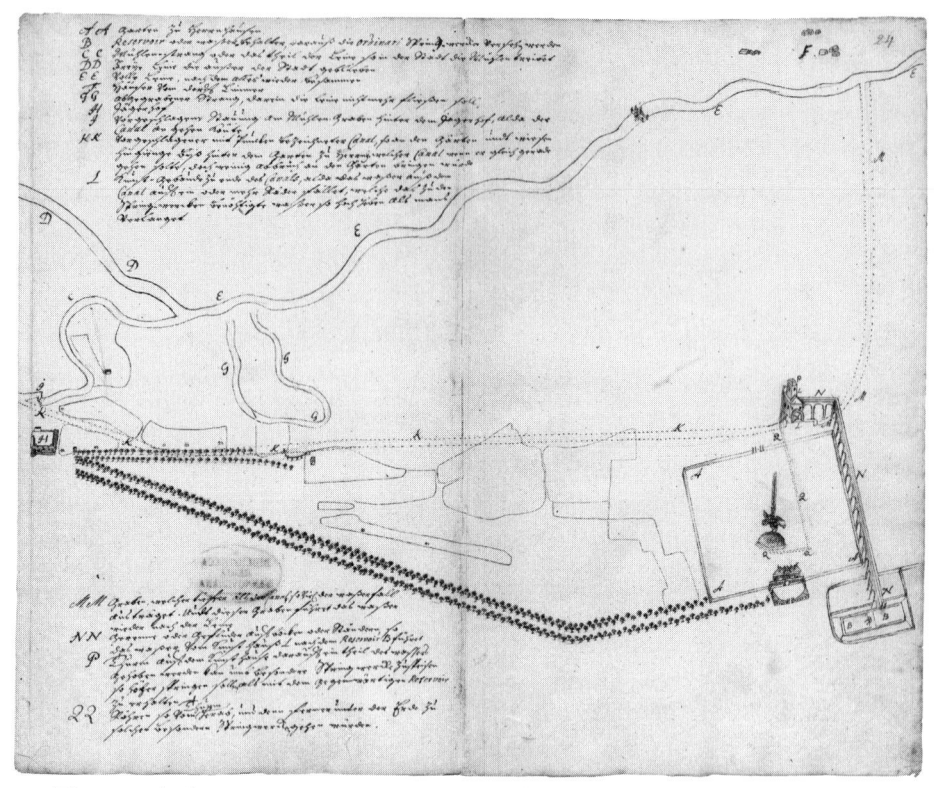

図41　ライプニッツ：ヘレンハウゼンの灌漑施設図、素描、鉛筆、セピア・ペン、
　　　1696年5月

なら、それはエルンスト・アウグストの水芸術偏愛(フェーブル)に大舞台を用意したのだ。

1696年5月の覚書

　浩瀚な覚書でライプニッツは自分のヴィジョンを解析し、得失の勘案を試みている。第1行目、すでに施設全体を念頭に、「最も有益なのは、ライネ川の運河を狩猟館後ろを通ってヘレンハウゼンの庭園まで導き、水流に高度と水平さを保ち、ライネ川が町からたとえばリンマー村まで維持するだろうほぼ全落差を獲得することである」[48]。その水を運河から掘割へ落とし、これを通って南のライネ川へ戻す。こうして水を揚水車によって運び上げる力を生み出すのである。「こういう強い落下力を介してひとつならず車を回し、それによって必要な

だけの水を必要なだけ持ち上げ、噴水仕掛けに伝達することが可能となる」[49]。

ライプニッツは選帝侯を説得しようとして、運河、船舶昇降機、掘割の造成にかかる膨大なコストを、長期的には著しい利益資産として説明している。短期的な銭惜しみをしていては、長期展望にもっと豊富な資金を費やすべき理由が、後世には分からないだろうから、「一気に最善を尽くす」には、「効果、実利、快楽と維持」を視野に納めることが「お勧めである」[50]。

1686 年に初めてライネ川自体に船舶昇降機を構築するという代案は危険を伴っていて、洪水あるいは流氷のような極限状況での不規則な川の流れが、仕掛けにとって危険が大きすぎるだろうという[51]。劣らず深刻な問題は、必要な水圧を生みだすためには導管の直径が小さすぎるし、道のりは長すぎる、これを克服しなければならないということにあった[52]。加えて、導管を高度 15 メートルのところを走らせねばならず、それに比して運河から貯水池への流れはただおよそ 10 メートルあれば水圧には十分なのである。将来、貯水池がより高く設置されるならば、運河ではより高い浚渫工事をすればよく、導管システムでは荷が重いだろう[53]。高められた水圧はその上、配水塔を設置することによってもポンプ仕掛けに届くことができるだろうし、ポンプ仕掛けは貯水池より高いところへ置かれればいいのである。バケットや同様の器械を追加的に導入することによって配水塔の水はおよそ 15 メートルの高さに揚げることが可能となる[54]。

技術問題を詳細に語った後でライプニッツは運河プロジェクトにどれほどの多様な利用価値があるか、あらためて選帝侯の気持ちを動かそうと試みた。手始めは実用価値、「木材、石材等々馬車を使わず簡単にハノーファからヘレンハウゼンへ輸送することができます」[55]。しかし彼の主要論点は、エルンスト・アウグストのヴェニス愛を直撃することにあり、この人工川の安定した流れにまかせて、「皆様はゴンドラやその他の舟に乗り」お楽しみあそばすよう[56]。その他の舟という指示は運河のオランダ趣味（グラハト）を呼び起こしているのであり、オランダに長期滞在したことのある選帝侯妃へのアピールでもあった[57]。1695 年にすでに先取りされていた見解も同じことで、運河から庭園へ水脈を分枝させ、追加の水盤や池を設置してはどうか。夜には光学劇場（イルミナツィオン）はどうか、とあらためて提言された[58]。

運河の掘削、およびのちの拡張などのために兵士を投入すべしという提案は、

このオペレーションのコストを切り詰める試みであり[59]、続いて強調することには、水を運河経由で導くプランは素描と合わせればこれ以上はないほど「明快に理解できましょう」。

1696年7月-8月：デュモンと協議する

しかし次の段階になると、選帝侯の態度が明らかになる。工夫を鉱山関係の技術革新に転用しようというライプニッツの試みがうまくいかないと見て、ほかの専門家たちと契約するよう要求したのである[60]。ライプニッツがこの成り行きをわが身を軽んずる身振りと感じたに違いない様子は、陸軍少尉にして技師アンドレアス・デュモン宛ての手紙から覗うことができる。多くのヴァージョンで起草されているこの手紙は、1696年7月21日付けデュモン宛てとなっており、ライプニッツの手によってその写しに追加注釈が書き込まれている[61]。

その冒頭にライプニッツは、灌漑の問題を話題にするのは、すでに前年に選帝侯エルンスト・アウグストに提案を請われていたことからすれば、いささかの困惑を覚えざるを得ないと主張している。ハルツ山では数年にわたり水力学の問題に携わったライプニッツが、わがことにあらずと言うからには、情念を抑えたレトリックにほかならない。「選帝侯陛下が御自ら過ぐる年にヘレンハウゼンの灌漑に関してわが存念を述べよとお命じでなかったのなら、わがことにあらざることに関して述べるなど、むしろご遠慮申しあげることでありましょうに」[62]。

名宛て人の専門知識にアピールしながらライプニッツは、デュモンが自分の提案に賛成してくれるよう、たたみかけて希望を表明する。「出費がかさまぬよう私の提案しておりますものと比較して他の方法では効果が薄いと、分かっていただけるものと思います」[63]。ライプニッツは直接的に代案に反対しているのだから、デュモンの専門判断に身を委ねるという申しようは、ご挨拶なのだ[64]。

これに続く説明は、あらためての覚書の性格を帯びている。ライプニッツが検討するのは基本スタンスであり、いうなれば序文のようなものだ。「費用が度を越さないという前提で、著しい効果を発揮する方法をひとつ選ぶのが、偉大なる王侯にふさわしいことではないでしょうか。ヘレンハウゼンの噴水は現在ある噴水のうちでもっとも美しいものでありうるとわたしには思われるので

II　ヘレンハウゼンにおけるライプニッツの活躍　59

す。効果大でもコストは度を過ごさず、どうしてそこから実利を得なかったのかとゲストたちが訝しがるほど望ましい状況が築かれているのですから」[65]。エルンスト・アウグストとその子息の選帝侯としての風格、および英国王冠が見込まれるステイタス、これに対して庭園がふさわしいものであるには、美と驚きという判定基準を満たすのがいい。これは以下に続く論考の導きの糸となる。

あとでもっとコストをかけるくらいなら、今、十分に投資することが必要だという検討を繰り返しながら、ライプニッツは代案を3つ提示している。第1は、すでに1686年のコミッションによって提案されたもので、ヘレンハウゼンの南側ライネの川中に水車を設置し、配水塔へ揚げた水を導管経由で庭園へ配水するというものである[66]。第2案は、水車をハノーファのノイシュタットに設置し、この区画にも水を供給できるようにするというもの[67]。しかしライプニッツは両案に対して、必要な水圧を生み出すのに十分な高さの水位を達成できないことを難じている。加えて、ライネ川から庭園へと敷設されなければならないのだから、導管の長い道のりははっきりとした弱点をさらすことになる[68]。

町から、あるいはハノーファ近郊から庭園まで通じる運河——これにより水を庭園へ引こう——という彼独自の案をライプニッツは第3プランとして展開しており、これが彼のお気に入りであることは疑いもない。手持ちの手段に関してこのプランは、使用可能なお金次第で柔軟に対応できるという理由から、考慮に値するとされている。わずかな資金しか用意がない場合、小運河に縮小して、これで水車を動かし、実用効果を得る。しかし「美化と快適化のために実用以上のことがテーマとなるなら」、ただちに、あるいはあとでもいいから運河を拡張し深くすることができるだろう[69]。

5月の覚書にすでに表明されていた、兵士を事業に投入するという意見は、南側を通過するライネ河畔のリンマー村へ排水運河を通すという総合案に至る[70]。この運河なら設備損傷の危険は、永遠に変貌する自然の流れより少ない。これまで何度も考察してきたことだがと但し書きしつつライプニッツは5月に起草された案を受け入れ、水圧を庭園へ伝えるふたつの手段を説明する。水を導くのに直接になのか、貯水池へと水道橋を経由するのか、そこからは一度集約された水を使って圧力をさらに共同体に受け渡していくことも可能である[71]。

以前には口にしなかった詳細にふれながらライプニッツは、運河を通してなら可能になる演出を立て続けに讃える。「噴泉の集束やその他の美化も可能と

するでありましょうが、運河手段を使わないと、それもはるかかなわず、運河あれば、ゴンドラも使える、庭園のための水盤も、ヘレンハウゼンに向けて必要物資を運ぶことも、光学劇場にその他のお楽しみと応用も可能となりましょうに」[72]。続いての文章はさらに、再度、運河を交通手段とし、可能な水車の立地を語り、以前にもふれた「その他の利益」への言及で終わっている[73]。

デュモンの折り返しの返事は、手紙の内容についてライプニッツと現地でお話しできますようにと希望している[74]。まず彼が強調するのは、ライプニッツの提案のうち第1のものにずっと与してきた。水は庭園の真向かいにあるライネ川との接点から引いて、運河を経由して水盤に導き、庭園を支えることになるというものである[75]。町から引いてきた導管を使って水を運ぶという第2提案は非難され、それをもってライプニッツに同意しつつ、最小限の言葉を費やすのみである。

それだけいっそう際立つのだが、デュモンは、ライプニッツお気に入りの第3プランを支持して言葉を尽くしている。「この案を完全に支持します。なぜならそれは問題なく一番美しく、ゴンドラで遊ぶべく庭園にはもっともふさわしいからです」[76]。しかしながらその実現には幾多の困難が待ち受けていて、地質は極端に保水性がなく砂地で、同じことは運河の法面(のりめん)にも当てはまり、そのために運河は石と防水帆布あるいは別の方法などで止水工事されねばならない。加えて、運河の入口は、川が毎冬流れを変え、結果として取水点を破壊しかねないゆえ、安全策と固定法が必要である。最後にデュモンは彼の目から見て必要と思われる方策を挙げている。総計45メートルの幅は、15メートルの運河、それぞれ10,5メートルの両側のアレーとそれぞれ4,5メートルの同様に縁取る堤防で組み合わせましょう[77]。

この往復書簡は技術将校デュモンの人柄もあり、ライプニッツ・プランの影響力ある代弁者の役目を買って出て、狩猟館から引いた運河によって必要な水圧を生み出し、これに加えて実用的な運輸手段のみならずお楽しみのメディアまでも可能にすると説いた。デュモンの声ひとつで決まるものなら、ライプニッツはこの運河計画を実現できたことだろうに。

1696年8月、スホタヌスとファン・ペールヴァイクの進言

デュモン以外にライプニッツは、さらに水の輸送と水力学問題のふたりの専

II ヘレンハウゼンにおけるライプニッツの活躍　61

門家、レーユヴァルデンのベルナルド・スホタヌス・ファン・ステリンハとアムステルダムのバルタザール・ファン・ペールヴァイクと意見を交わした。彼らはオランダで優れたバケット・エレヴェーターを組み立てて名をなしていたのだ[78]。彼のプロジェクトが4点にまとめられたのも、ふたりのオランダ人スペシャリストに基本情報を提供するつもりだったのかもしれない[79]。

　ふたりとの会合についてはライプニッツの日記が教えてくれるが、これは枢密法律顧問官、すなわち最高の国家公務員職のひとつに命ぜられた日に始められた日記である。その最初の日付である8月13日に、彼は用地調査とそこから導き出される提案とを記述している[80]。まず彼は官房長官フリードリヒ・ヴィルヘルム・フォン・ゲルツを訪問し、オランダ人の、騒音の少ない風車を使って膨大な量の水をきっちり5メートル揚げる提案について話し合った[81]。ふたりしてヘレンハウゼンの用地を視察し、水車を導入するがよろしかろうという結論を得た。「彼らの提案は、水を風の力にて15シュー（訳注：1シュー＝約30cm）の高さの掘割へ揚げ、庭園とヘレンハウゼン城館をめぐらせる、そこから残りの高さを貯水池まで馬を使い圧力仕掛けを通って揚げるという」[82]。

　このプランの弱点は、揚水器が風をあてにし、庭園のポンプ仕掛けにおいては馬に頼っているという点にあった。ふたつの書面にライプニッツはコメントを残しているが、それによると風は実用に耐えず、馬を使うのは経費がかかりすぎる[83]。

　次の日スホタヌスとファン・ペールヴァイクは改良案を提示して曰く、風による揚水力は断念するとして、水車の力だけで日におよそバケット10万個分の水を運んでみせると。これだけの水量を低い水道橋を通って庭園まで導き、そこで4乃至5フース（訳注：1フース＝約30cm）の落差を通すことで必要な圧力を作ることができると[84]。ライネ川の水をまず持ち上げ、庭園に運んでから再び落下させるというこの代案は、しかしながらライプニッツにとっては複雑すぎるように思われたので、1969年5月の自分の案に戻った。「ヘレンハウゼンでポンプを動かす水車に水を運ぶのは、機械によらず運河によるのが」まさっている。「私の頭の中は、運河から腕を1本ヘレンハウゼン庭園に沿って村まで伸ばすという考えで一杯です。そこの貯水池すぐそばで落差を設けるのです。そうすれば水道橋はなくなり、ただ小さな水路（ゲレンネ）があればいいのです」[85]。

　おまけにこのアイデアには、ライプニッツによって次々にかさんでいく費用

をライネ川に敷設する水車で回避するという利点があった。日記にはこう書かれている。こうしたすべてを同日のうちに自分はふたりのオランダ人エキスパートと官房長官と選帝侯皇太子の面前にて説明し、皇太子ははっきり同意を示されたと[86]。

8月14日のこの討議についての調書は、装飾文字で記され、ライプニッツによる提案と問題提起がそれぞれ8か条にまとめられている。最初の「ヘレンハウゼン水力仕掛けのための公平なる意見」というタイトルのテキスト[87]は、「ヘレンハウゼンの水力仕掛けに関する卑見」というタイトルの第2文書にまとまる考案の簡潔版になる[88]。1696年5月の覚書と一致するこの両文書はライプニッツの基本アイデアを8つのナンバーを打ってまとめられている。導管による水の供給は実施可能ではなく、ライネ川から庭園へ運河を通す方があらゆる利点に恵まれ、これには「光学劇場(イルミナツィオン)などのお楽しみにも使用される」ことなども含まれている。加えて長期的にはコストをかけないですむ。水車の助けで水は貯水池に揚げ、こうして水槽に揚げられた水は水道橋を通って貯水池に導くことができよう。運河のどこにでも水車を設置することが可能。施設全体の技術的問題はハルツ山のスペシャリストに諮問しよう、揚水といった個々の技術的問題の検討のためには、その他の専門家に意見を求める態勢がとれよう。

第3ドキュメントとしてこうした討議を一項ずつまとめた議定書は、基本的姿勢は運河設置で一致しているという書き出しで始まっている。運河は必ずしも直線である必要はなく、屈折も可能であるが、肝要なのは長く使用に耐えるという点である。揚水車、バケットなどの手段で水を揚げるべきかどうかについては、なお検討されねばならないが、配水塔から個々の灌漑技術によって直接配水することは当然のことである。水道橋を使えば貯水池への水補給は何とかやり遂げることができるので、これを芸術的に高い水準で設計するといいだろう。水車の設置についてはその立地を視野にライセンスが与えられることになろうが、これは差し迫った問題ではない。専門家に諮問することを急ぐべきで、全体プロジェクトがそれだけ速やかに手分けすることが可能となろう[89]。

諸点は日記に書きとめられた論点とおおまか一致する[90]。ライプニッツは日記にとどめたようにモデルとして実験をスタートさせたいと望んだほど、討議に基づく彼の計画に自信があった。数年かけてハルツ鉱山で手に入れた経験は[91]、ついに結実を見込まれるところにこぎつけた。坑道ではないが、庭園の

広々とした空のもとに。

運河プロジェクトの挫折

　ライプニッツにとっては満足すべき意見交換のあとだっただけに一層痛棒だったにちがいない。翌週採択されたのは、別案だったのだから。8月20日の日記には「陸軍少尉デュモンに手紙、ヘレンハウゼンの灌漑の件」とある[92]。合本735に組まれたこの書簡は、まぎれもない苦痛一杯の、ヘレンハウゼン庭園史にとって最重要の報告を含んでいる。

　デュモンにヘレンハウゼン訪問中会えなかったことの悔やみ[93]のあとでライプニッツは1686年の代案が採択となったことを伝えている。水は庭園南でライネ川から汲まれ、そこから必要なポンプ力を得るべし。川中に直径15メートルの水車を建設し、水の力で導管に送り、水盤にまで到達させよう。運河はなるほどもっと効力が大きいだろうが、それを工事する資金が目下不足である[94]。

　彼の提案が顧慮されなかったことについてライプニッツは多言を弄せず記している。「庭園は拡大が予定され、運河はそれに障る由」[95]。この報告には目を見張らされる。それはライプニッツの運河が庭園を南に拡張する計画のために犠牲になったということを明らかにしているのだ。だからこそライプニッツが手紙の最後に、人工的な水流はどんなプランの掘割にも適合できるではないか、自分の運河プロジェクトが庭園南側拡張に犠牲にされる謂われはない、と主張しているところ、絶望の響きである[96]。

　しかし決定は下された。そう決定されたのは、すでにふれたようにザルツダールムのライヴァル、アントン・ウルリヒ・フォン・ブラウンシュヴァイクの巨大庭園に匹敵するものを設置することが、選帝侯エルンスト・アウグストの目的だったからである。人工の川は南に向かって拡張した庭園をふたつに分断することになっただろう、そうするとすでに大筋を認可された運河プランが退けられたのが8月13日から20日までの間だったことの主な理由は、やはりここにあったに違いない。

　とはいえ下された決定では問題自体が解決しないだろうとライプニッツは恐れるのだ。ライプニッツは言う、プロジェクト自体は悪くはない、しかしそのプロジェクトを挫折させる自然要因があるのだ。自分が運河案の方を選ぶに至った自然要因が、すなわち冬の水位上昇や流氷、および「自然の自由」状態

にある川の流れに対して、水車は抗する力がない[97]。さればいつか運河が再評価され「それが生み出す麗しくも偉大な効果のために」讃えられる日が来るなら、告知されたプロジェクトの出費は浪費となる[98]。なるほど今は運河の4分の1のコストかもしれないが、中期的には無駄な投資となろう[99]。庭園の拡大はそれゆえ運河と矛盾してはおらず、運河を補う掘割が予定されていたのならなおのこと、加えて、たとえコストがかかろうと、水車の導入によって著しく手段が増えることになるならなおのことである[100]。

　8月末の郵便による返信ではデュモンは、選帝侯皇太子の側に経費に関してとんでもない情報がいっていたのではないかという恐れを口にしている。これに関して自分は選帝侯皇太子にも噴水設計師ドニにも訊ねてみるつもりである[101]。デュモンいうところの未熟で「情けない若者」[102] には完全に否定的なあまり、彼の手紙はライプニッツの運河プロジェクトに味方することの紛れもない証である。しかしすでに1686年に提案されていた代案を新たに引き受けた人物こそ、デュモンが言及した、1694年に噴水技師として招請されたドニなのだった。ドニの前にあったモデルは、水車設計士ハンス・リンセンと水力技師シュミットが査定したものだった[103]。シュミットは官房宛ての証明書で、ライプニッツとデュモンと同じネガティヴな判断に至り、もう一度すでに1686年に発表していた、基本的にはライプニッツののちのプランと一致する運河建設プランを支持していた[104]。

　ライプニッツ、デュモン、シュミットの否定的な声にもかかわらず、1696／97年の冬、注文を受けたのはドニであり、大庭園の南、必要な水量を巨大水車を使ってライネ川から汲み上げ、導管を通って水盤に押し出すことになる[105]。おそらく比較的短期間に水圧問題の解決に達する見込みが決定打となったのだろう。なるほどこのプロジェクトは選帝侯の1698年1月の死去に至るまでに終わらなかったが、庭園の拡張は彼と結びついていたのだから、ライプニッツの運河プランの事実上の終焉を意味した。

運河プランの間接的な実現

　ヘレンハウスの庭園の南側拡張は、なるほど実現しなかったライプニッツ案の解消案であるが、同時に彼の練ったことがまったく無に帰したわけではない側面を持っていた。つまり彼の運河プロジェクトはなるほど水圧造成の機能と

Ⅱ　ヘレンハウゼンにおけるライプニッツの活躍　65

しては見込みはなくなったが、社交的な流体の場としては彼のアイデアの実現だった。すでに 1697 年夏には、第 3 ストックホルム案が特別にご執心であったように（図 42）、新たに計画された区画全体を今や東、南、西を囲むよう、

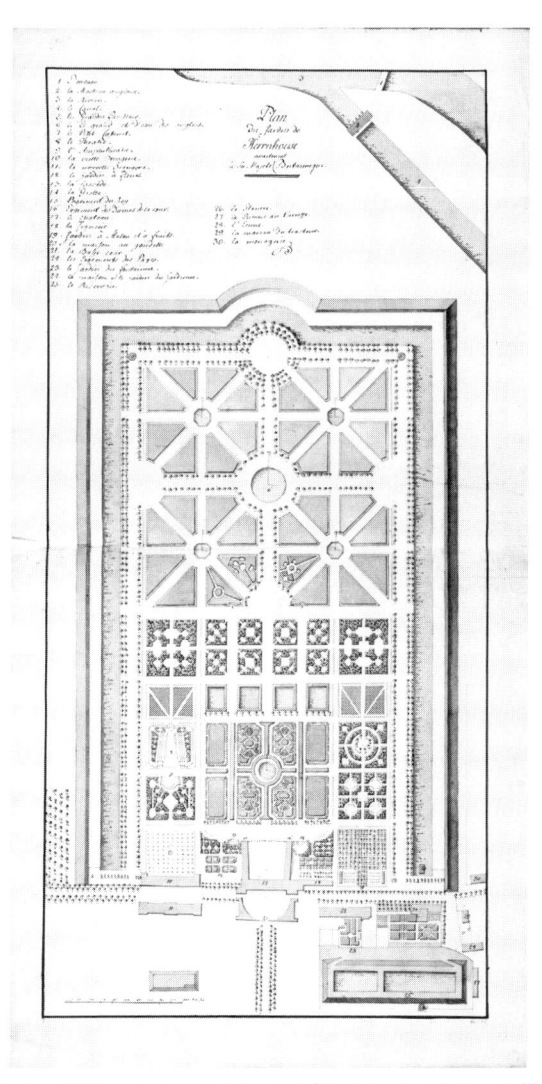

図 42　不詳:ヘレンハウゼンの城館・庭園図、素描、鉛筆、
　　　灰インク、緑・赤・灰水彩、1720 年頃

兵力投入によって濠を築く工事が始まった（前見返しの図）[106]。人工川が庭園全体の中心的モチーフとなった主な理由は、それが例のオスナブリュック庭園、大公妃ゾフィーが城館の側翼に接続した島として設営させた庭園（図43)[107]を思い出させてくれることにあったにちがいない。ヘレンハウゼンはこのようにしてゾフィーがかつての結婚時代の幸福な時と結びつけた庭園を拡大した形となった。島の性格は、フィレンツェのボボリ庭園のイゾロットのようなイタリア式庭園を暗示していた[108]。オスナブリュックとの関連で決定されたとい

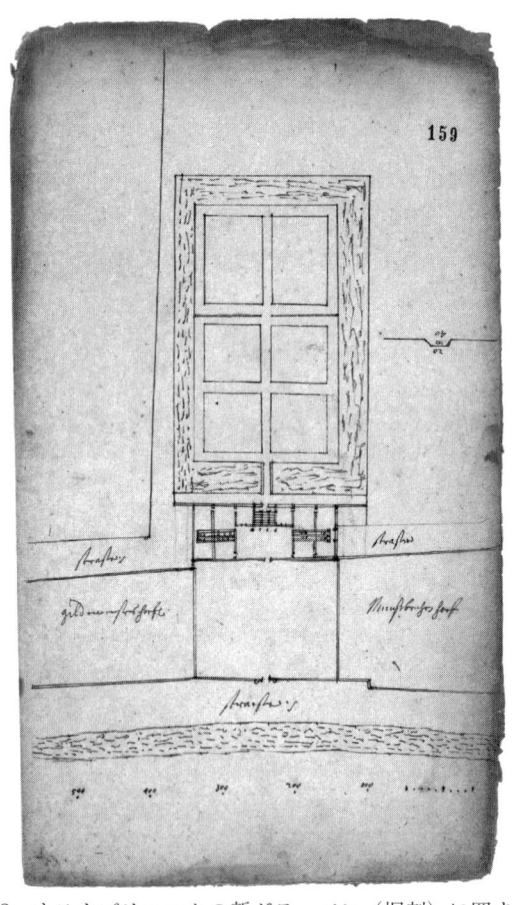

図43　オスナブリュックの新グラーベン（掘割）に囲まれた
　　　庭園と城館の平面図、素描、紙にインク、1668年頃

うなら、ヘレンハウスの庭園の基本プランは1651年のモレの理想庭園にならったということかもしれない（図10）。これもまた人工的な水流に囲まれているが、その外側にはヘレンハウゼン庭園と違って2列の並木に挟まれたアレーが続いていた。

　土地の膨大な掘削によって回りを囲む土手を作り、これを同時にライネ川の洪水の危険に対する堤防とした。南側からの鳥瞰図は、影を投げる堤防が特にはっきり認められる（後ろ見返しの図）。左上には城館に接してゴンドラ・ハウスが見え、庭園の南丸屋根を数隻のゴンドラが過ぎていくところである。堤防を盛り上げることで庭園のより高くからの眺望が可能となり、これまでは板塀が目隠しをしていたのに取って代わったわけである（図41）。こうして庭園の境界線は、ヴィジュアルな境界撤廃を経験させてくれた。これを目の共同体（コムニオン）という。のちに風景式庭園において塀には頼らずに境界を可能とするよう掘割を造成することになったが、このモチーフはこの時ここで大々的に先取りされていたのだ。

3. 大噴水の象徴学と造営（1701-1720）

高くあらねばならぬ

　ザルツダールム庭園の広さと競おうとか、カールスベルクの自然円形劇場を改装したカッセルの大規模さと競おうなど、見込みのないことなので、エルンスト・アウグストの息子ゲオルク・ルートヴィヒは、唯一無比の噴水に賭けることにした。彼はライプニッツが展望したとおりのことを、もくろんだ、つまり竜の水盤から最高27メートルの水を噴き上げることができたヴェルサイユを凌駕しようというのだ[109]。

　無駄な長い年月を経てようやく1720年にこれは完成した。1725年頃の鳥瞰図は、この噴き上げる巨大な水が庭園の南半分を圧しているさまを示している（後ろ見返しの図）。同じ頃ちょうど反対側から見ると、並ぶものもない水の柱が、両隅のパヴィリオンをはるか遠くに従えて、ひとり天にそびえている（図44）[110]。

　こうして少なくとも1701年に遡るプランが実現されたのである。これは、あるメダルの裏面に噴水の理念型が現れた年だった。メダルは皇太子ゲオルク・アウグストの成人に際してメダル師ライムント・ファルツによって刻印された

Entrée in die Mittelste Alleé des Kö- / Entrée a la grande Alleé du milieu au
niglichen Gartons zu Herrnhausen. / Jardin Roial.

図44　ヨースト・ファン・サッセ：J.J.ミュラーの素描に基づく、城館正面外階段の眺め、南面して大庭園を望む、銅版画、1725年頃

ものである（図45）[111]。あらためてここにライプニッツの著作権が推測されるだろう[112]。とりわけこのメダルの図像学について独自の思想をとりあげたのが、またしても彼であったのは明らかなのだから。ピエル・ル・モアヌが1666年に出版したのが「われには一人のお方で足れり Mihi sufficit unus」というモットー付きの寓意図集であり、大地を照らす太陽がルイ14世スタイルの太陽支配という印象的なモチーフを生み出していた（図46）[113]。ライプニッツはこの図式を1697年に翻案し、バイナリイ・コード0／1からのみなる二進法の計算法を図化するのに用いた。彼は自分の意図に合わせて文字列をこう代えた。「無から全を導くためには、1で足れり OMNIBVS. EX. NIHILO. DVCENDIS SUFFICIT. VNVM」（図47）[114]。ここでは太陽が大地の暗がりを照らしているのではなく、二進法のふたつの表がさながらモーゼの十戒石板の権威を帯びて

Ⅱ　ヘレンハウゼンにおけるライプニッツの活躍　69

図 45　ライムント・ファルツ：ヘレンハウゼン大庭園の大噴水、選帝侯皇太子ゲオルク・アウグスト成人記念メダル、1701 年、裏面

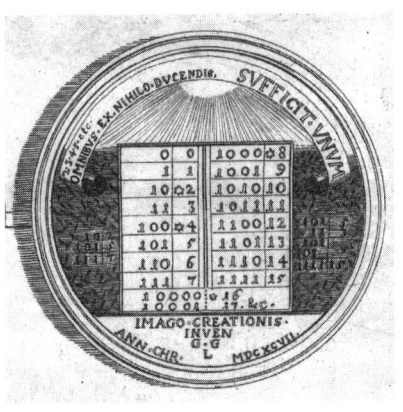

図 47　ルドルフ・アウグスト・ノルテ：ライプニッツによる 2 進法寓意図に基づく、銅版画、1734 年

図 46　ピエル・ルモワヌ：ルイ 14 世のための図案モットー、銅版画、1666 年

「創造のイマーゴ IMAGO CREATIONIS」として黒い無の上にそびえ、自らの光によって太陽と呼応しているのである[115]。このアイデアを先鋭化しているのが、皇太子ゲオルク・アウグストのメダルである（図45）。1はここでは数字ではなく、噴水の柱であって、太陽の光と対峙する。書き換えは目にも鮮やかである。ここで天空へと迫るのは、上からの太陽光ではなく、内的な力なのである。「創造の力が高みを目指す VIS INSITA DUCIT IN ALTVM」。

このモットーが政治的意図を孕んでいたのは、ハノーファ側の英国王座請求のシンボルとして解釈可能だったからである。こうしたエンジニアの技術力の偉業たる水力装置は表には見えないのだから、自分の土地で大地の力を支配するのにヴェルフェン家はなんの苦労もないのだと見せたかったのである。高々と発射される水の確たる柱によって、太陽王のエーテルめいた光線とははっきりコントラストを見せようというのだ。

ライプニッツはハノーファ・ヴェルフェンの血筋の連続性を歴史的外交的に守ることに主導的に関わった。とはいっても英国王冠を受諾する覚悟はゾフィーにおいても息子のゲオルク・ルートヴィヒにおいてもとりあえず限定されたもので、なぜならハノーファ・ヴェルフェン一族のみにこれが差し出されているのは、英国の再カトリック化の脅威を退けるためだと、重大な難事が待っているのだと、ふたりは知っていたのだから。メダルに刻んだ図が自分の力から出た印だというのは、こういう状況だったからなのだ。最高に有名な噴泉として大噴水は独立存在のシンボルとなり、寓意図案は噴水の上昇力を強調した。それゆえ図像にすでに実現された大噴水のプロジェクトは、いわば憂いを流し去る予祝の性格を帯びたのである[116]。

ライプニッツとゲオルク・ルートヴィヒにはほぼ接点はなかったが、水圧創出のための技術を発展させようという点では一致していた。選帝侯がすべてに抜きんでる噴水を大庭園に噴出させようという目的をどのように達成しようとしたかというと、落差圧を導くことだけでなく、パワーアップと移送するための新しいマシンの助けを加えることによってだった[117]。

過渡期の試み（1704-1706）

この計画を知って目下カッセルで活動中の技師ドニ・パパン（1647-ca.1712）が、蒸気機関導入によってこの目的を実現してはどうかと名乗りを

上げてきた。1704年12月24日ライプニッツに手紙をよこしたのは、このためである[118]。しかしライプニッツはライネ川から必要な水量を得る努力の大変さをもって控えめな返答とし、このあと火を動力とするマシンの可能性に関する問い合わせのやりとりが1707年9月まで続くが、とくに蒸気機関の組み立てがこの年失敗したとあっては、パパンの就職には至らないのであった[119]。天才的だが運のないパパンにヘレンハウゼンへの道が閉ざされたということは、自分も大庭園での一連の失敗を受け継ぐことになるのではと心配されたのだった。そうではあるが、ライプニッツとのやり取りは、初期蒸気機関の歴史のための重要な原資料となった。

　ゲオルク・ルートヴィヒはパパンの代わりにイギリス人トーマス・セイヴァリイ（1650-ca.1715）を蒸気機関の第1設計技師のひとりとしてヘレンハウスに招請し、実際的成功を期待した。しかしこの望みも1705年に砕け散る[120]。

　こういう困難に直面すると、在来の可能性に戻って、噴出へ必要な力を落差圧によって行使するほかなくなる。噴水マイスター、ドニの1696年と1697年に始まった計画、庭園南ライネ川に水車を設置して直接に流れから必要な水圧を狙うという計画は完遂できなかったのだから、必要な水をハノーファからヘレンホイザー・アレー沿いに北へ城館をめぐって貯水池まで導く代案が提出された。

　技術大佐メルト・ド・フルトンはこの解決のために技術上、および財政上のあらゆる明細に至るまで練り上げた。こうした工夫について1706年にライプニッツは、これにはとてつもなく長い導管が必要なことに対する批判を残しており、同2月初めの報告書も、ド・フルトンのプランの詳細を引用しているにとどまらず、異様に厳しい批判を加えているのだった[121]。

　ライプニッツの報告によれば、ド・フルトンは、町の下半分、政府庁と厩舎の間の区画にライネ川の全水流を堰によって狭め、圧力を高め、これにて発生する落差によって圧力を得よう、それを水車を経て導管に通そうという。水道とならんで配水塔を建て、そのふたつの水盤に8つの缶状ポンプで水を交互に注ぎ込ませよう。そのうちのひとつはノイシュタットの泉に、もうひとつはヘレンハウスの貯水池へ導管を通して配流し、その際、ノイシュタットへの導管は1本、大庭園への導管は2本つなぐといい[122]。取水は川からではなく、町の掘割から行われるべきで、理由は鉛等の物質からなる導管より比較的澄んだ

水の方が、害が少ないだろうから。さまざまな導管を通ってノイシュタット市場のパルナス噴水も、ヘレンホイザー・アレーの貴族たちの庭園も、ヘレンハウス城館のふたつの水盤も面倒をみてもらえることになろう。

こうした計画の詳細にライプニッツの批判が続く。それは支払や契約義務に始まり[123]、計画の細部に及んでいく。まずド・フルトンはどこに水力仕掛けを設置するのか明らかにせねばならない。町中のミューレングラーベンか、外のライネ川支脈の結束地点か。さらに専門家に諮問すべきは、所期の堰が既存の水車から水を奪うことにならないかという問題。とりわけ、堰の木組みは激烈な流れや流氷に瓦解させられるかもしれないという問題が生じている。すべては企業者の負うべき問題なのかどうか、これとて堰建設の専門家に諮問しておかねばならない。早い流れの処理に経験ある者にも意見を求め、そのような者が見つからぬときは、建設をあきらめねばならない。予定される水量がテストに耐えぬ場合も同様である[124]。ライプニッツは大庭園に導入される可能な水量をよくよく考察したうえで、ド・フルトンを追査したのだが、その測量値はいささかも検証に耐えないと結論付けた[125]。

こうした基本的批判を展開したにもかかわらずライプニッツは貫徹できなかった。理由は狩猟館から引いた運河を経由して水を引っ張る彼の代案が庭園の南側拡張のためにもはや実現不能となったことにあったのだろう。だからといってさしあたって提示されているのはなんとかド・フルトンの解決案だけなのだ。1706 年にそれは書き換えられた。配水塔はライネ川へと突き出した水車上方にて設置され、彼の提案の通りそこから 2 重導管がヘレンハウスのアレーに沿ってカダールの手になる高水盤にまで通じている。その導管はストックホルムの計画図では下方右に（図42）、南側から反対方向へ向けられた地平線への鳥瞰図では特にはっきりと認めることができる（後ろ見返しの図）。

移設された運河

この点でもライプニッツの論難は正しかった。ド・フルトンの処置では欠乏する水の流入を決定的に改善することはできなかった[126]。拡張された庭園の反対側への考察が事改めて飛び出してきたのには、理由があったわけだ。ライネの川中に設置された巨大水車によって必要な水量を揚げ、得られた水圧で噴水を働かせるために、1696／97 年に定めた例の地点に、諸案を新たに動かし

てはどうか。ライプニッツが 1696 年に狩猟館から導く運河のために提案した流体の技術的工夫のあれこれが、今や新たな状況に転用される。

ライネ川が繰り返す氾濫と冬に恐れられる流氷によって、直に流れの中にある堰が水車もろとも破壊される事態を避けるために、1718 年 6 月から 1720 年 10 月まで運河が掘り進められた。ライネの人工水路によって水のコントロールをやり易くしようというのである。その最も早い時期の図と思しいのが 1717 年の銅版画、左下にあるハノーファと右上に位置するヘレンハウゼンの間の一帯を示している（図 48）[127]。こうした人工の、ぴったり 1 キロメートルになる水路の計画といい、実現といい、どれほどの声望を集めたか、運河の圧倒的な幅に読み取ることができよう。地理学的により正確に 1856 年以前の地図が、まるで定規で引いたかのように大庭園南西角をかすめる人工水路を示しており、その南の始まりは圧倒的な堰が赤色に記入されている（図 30）。強烈な落差が、そのレベルといいテクニックといい新しいタイプの転換室水力マシンによって配水され、そこから軽く輪郭を描きながら庭園の南半分の大噴水に導管が通っていった（図 42）。あまたの失敗にもめげず 1720 年 9 月の竣工のあとに絶大な圧力にまで高めることに成功し、それまでのヨーロッパの噴水最高記録を更新して 33 メートルに達したのであった[128]。

選帝侯ゲオルク・ルートヴィヒの記念メダルの裏面に彫られたライプニッツのモットー「正しく立つものに栄誉あり IN RECTO DECVS」は、大噴水を念頭に置いたものに違いなく（図 45）、これにて実現を見たのである。1695／96 年に提案した運河の力によって水力仕掛けに恵まれたヘレンハウスの庭園を唯一無比の場所となすことに成功したのだから、その満足はいかばかりであったか。何千人もの兵士を投入して運河を掘り進めるべしという彼の提案すら、採択されたのだった[129]。ヴェルサイユは、この瞬間、場所を変えて実現した運河構想によって、事実、凌駕されてしまった[130]。

4. 庭園形成へのライプニッツの関与

1695 年からライプニッツはヘレンハウゼンの水力仕掛けの構築に没頭していた。狩猟館から西へ向かう運河を庭園敷地まで通すという彼の基本構想は実現しなかったとはいえ、計画の決定的な段階には参加していた。彼の熟考の

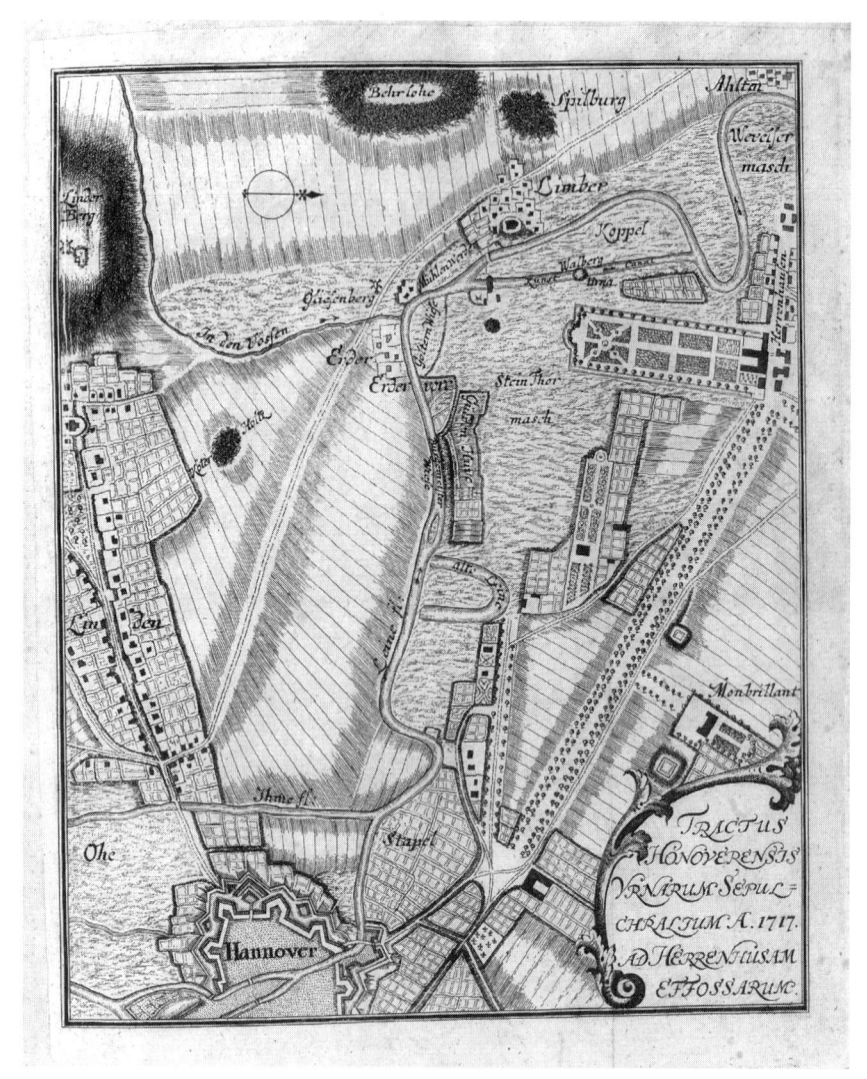

図48　不詳：ハノーファ／リンバー間の敷地見取り図、銅版画、1717年

数々が明かすところでは、彼は庭園のさまざまな目的と様式的特徴について
はっきりとした概念を持っていた。彼のプランのすべてにおいて、運河プロジェ
クトに培われる水力仕掛けの芸術テクノロジー上の独自さと表象価値の協働ぶ
りが際立っている。鉱山発展のための研究を通してライプニッツは水力学と水
圧の問題に通暁し、その結果、大庭園プランは彼の考えからすれば技術進歩の
先端を担うことになった。名前の挙がったお手本たちと比べたとしても、ライ
プニッツによって理念的に構想されたヘレンハウゼン庭園がその水力仕掛けに
よってとびぬけた地位をヨーロッパ庭園芸術に占めることは、疑いもないこと
だった。

かく構想された庭園の圧倒的クォリティに、これこそが文化だと、バロック
自身「椀飯振舞いの芸術 Kunst der Verschwendung」の大見得を切ってみせ
る[131]。巨人的運河プロジェクトは己の技術力を誇って、島々と池を可能とする
平地と水路を縦横に配置し、そして噴水、階段落水、その他の水力仕掛け三昧、
こういうものがひとつとなって、その余のあらゆる庭園を出し抜くのだ。大地、
水、そして芸術テクノロジーの惜しみない投入に、祝祭的舟遊びと夜間光学
劇場(ナツィオン)という運河利用が付け加わった。

ライプニッツの構想になる運河は、ハノーファ-ヘレンハウゼン間の物資輸
送を著しく円滑にし、ミューレンでの手形発行による大幅な税収も見込んだこ
とだろう。しかし運河の特筆すべき点はそこにはない。実用思考はまず、ベル
クガルテンに桑を植え、絹産業を円滑に動かそうという提案にこそある。それ
に対し大庭園には遊戯の無用さから最高の喜びと表象の権威形式を勝ち得る
もっと高度の目的が支配した。こういう枠組みの区分けはライプニッツのヘレ
ンハウゼン庭園プランの最も際立ったエレメントとなっている。

庭園を巡る掘割こそ、ライプニッツの運河構想が別の目的に移され拡張した
形態となって実現していった第1要素であった。この人工水路によってライプ
ニッツはゴンドラ遊びに繰り広げられる社交形態を実現したし、そのおかげで
彼は大庭園のエッセンスを形にすることができた。つまり掘割こそが、園の外
にいる者たちにもヴィジュアルな参加を可能にした。庭園の境界は塀や木組み
でできているのではない、そうではなくて庭と訪問者を映し出す水面からなる
のだ。

より直截には、ライプニッツの運河プランはライネ川の人工水路の形に読み

替えられ、巨大噴水のポンプを動かすために彼の死後に実現された。支流を掘り起こすことによる自然の流れの抑制、つまり支配は、彼の基本アイデアであり、当代最高の噴水を高々と噴出させることを可能にした。

　ライプニッツが庭園に媒介しようとした主要エレメント：水を巡る技術、美しさ、そしてエピクロスふう人の交わり。彼の運河建設プランは挫折したけれど、ヘレンハウゼン大庭園が決定的にヘレンハウゼンらしさを発揮するようになったのは、彼のプランのおかげである。ライプニッツはこうしたすべての計画と配置をベースに、大庭園を哲学の反射鏡として生かすことになる。

III

ライプニッツのヘレンハウゼン・フィロゾフィー

---

1. 識別不能原理

　ひとつの逸話を様々に変奏しながらライプニッツは、ヘレンハウゼン大庭園が哲学史上独自のステイタスを獲得するよう演出した。それによると彼は哲学的基本認識のひとつをこの庭園の経験から獲得したというのである。それが識別不能原理 Indiszernibilien Prinzip、お互いに識別不能であるあらゆる物は同一であるはずだという原理である。とはいえ創造された世界はあらゆる物が適所を占めているゆえに、その他の物とではなく自分とのみ同一であり得るという特性を持っているのだから、あらゆる物と個体が相互に識別可能であることから出発することが当然だという[1]。

　1692年秋、ヘレンハウゼン庭園にてライプニッツが散歩中に選帝侯妃ゾフィーと交わした会話において、識別性とは何かという問題に話が及んだが、ライプニッツに捧げられた銅版画に残されているのが、この場面である（図22、S.34）。腰を降ろしているゾフィーのかたわらに侍る官女が、魔法にかかったようにライプニッツの左人差し指を見ている。それはカール・アウグスト・フォン・アルフェンスレーベンが差し出している二枚の葉っぱのうちの一葉である（図49）[2]。この出来事についてライプニッツは『ヌーヴォ・エッセ』において観察者の距離感で語っている。「とある日、庭園を散策中に繊細な心の持ち主であらせられる大公妃がこうおっしゃった。二葉の完全に同じ葉っぱがあるとは思われませぬと。散歩に同道の頭脳明晰な紳士がひとり、そのようなものを探すのは簡単ではありませぬかとおっしゃるが、いかに見つけようと努

図49 左からカール・アウグスト・アルフェンスレーベン、ライプニッツ、官女、図22の部分

めても、結局、自分の眼こそが違いに気づいてしまう証人となってしまうのだった」[3]。明らかにライプニッツは葉っぱの形態と構造について研究済みであり、のちに指紋の場合に気づいたことと同じように、どの一葉とて他の一葉と同じではないことを発見していた。

　ライプニッツが葉っぱのエピソードに繰り返し立ち戻っているところからして、この洞察の重要なことは明らかである。すなわち彼は選帝侯妃ゾフィーに対して1705年のこの場面を思い起こさせ、こう結んでいるのである。「したがって、存在する固体の群れにおいては絶えずアクチュアルな識別とヴァリエーションがあるのです」[4]。しかしライプニッツは死の直前1716年6月2日交信相手のサミュエル・クラーク――ライプニッツとニュートンの激しい争いにおいて後者側に立っていた――に宛ててこう書いている。「別々のものなのに区別できないふたつ、といったものは存在しません。わが友人中、頭脳明晰な人士がヘレンハウゼン庭園にて選帝侯妃御前に私と議論しました折、このご仁はふたつの完全に同一の葉っぱを見つけることができるというご意見であった。選帝侯妃はこうおっしゃった。ならば、やってごらんなさいと。そのようなものを見つけ出そうと彼は長い時間をかけましたが、空しいことでした」[5]。

　ここに始められる議論は、エピソードを軽く報告している装いであるが、次の瞬間には、息を飲む闊達さで宇宙論へと旋回していくのだ。まず、ライプニッツは徹底的に異なる葉っぱの例を、水とミルクというふたつの滴で置き換える。滴は一見同じように見えるが、顕微鏡を使うと違いは歴然である。ライプニッツは、こうして深度を無限に深めていく事物の差異化をもって、分割不能の究極のアトムという信仰も、真空の仮説とかコスモス外に想定される空間説をも、否定する。今ある世界は以前にも生まれることはできたというクラー

Ⅲ　ライプニッツのヘレンハウゼン・フィロゾフィー　79

ク説は、駄目である。なぜならふたつの同一量間の時間的距離は馬鹿げているのだから。あらゆる物の恒久的識別は、その存在の究極形なのであると[6]。

　大庭園の葉っぱは、時間と空間の基本条件に関する考察の出発点であり、隠れた反ニュートンの議論となった。ここには種の個別性と種それぞれの固有形態の、植物学の上に築かれた研究が脚光を浴びているのであって、それこそザンクト・ペーター島のルソーが命尽きる日までに植物だけでも把捉できたらと夢見た研究なのだ[7]。物の無限識別可能性(ウンターシャイトバールカイト)の原理こそが特別の関心事であるかのように、ヘレンハウゼン庭園の銅版画家はこの点ライプニッツに追随する。この不等性原理(ウングライヒハイツ・プリンツィプ)のことさら印象深いヴィジュアル化を、ギャラリー建築前の王の植え込み(ケーニヒス ブッシュ)を描く1725年に製作された銅版画が果たしている（図50)[8]。建造物は石積みのようにそびえているが、壁の様子は形態の徹底した偶

図50　ヨースト・ファン・サッセ：J.J.ミュラーの素描をもとに。王の植え込みとギャラリー建築、銅版画、1725年頃

然性を開示している（図51）。銅版の彫り師はいささかも緩むことなく、いかなる繰り返しも避けることに成功している。ここで既に、バロックの形象言語は相称形(シンメトリー)と幾何学のみに還元されはしないということが、明快なのである。細部にはむしろ自由な多様性(ヴァリアビリテート)が展開し、直線によってはっきり区切られるからこそ強烈な効果を発揮している。幾何学的に決定された平面の規則性はヴァリエーションの連続を本質とし、その結果、剪定された生垣のミクロコスモスは、規則と無限自律運動の合作を生むのである[9]。

あらゆる自然が個別の姿をしているという事実に直面したライプニッツは、形態の充満とは、ダイナミックに形成される世界のスナップ・ショットであると理解したのである。無限に差異化していく区別こそは、普遍的能力(デュナミス)の働きなのであると。自然総体のダイナミックな深層構造の認識が庭園と関わるのは、偶然になのか、いやむしろ必然的になのか、という格別な問いは、彼が精力的に『モナドロジー』において答えたところである。サヴォイ公プリンツ・オイゲンの——彼をライプニッツ哲学へと導いたのはゾフィー・シャルロッテだった——懇請に応じて起草されたこれらの著作が、ライプニッツ、ゾフィー、ゾフィー・シャルロッテが交わした議論の一大集成なのだと言われるのは、彼らのやりとりする夥しい文言が個々のパラグラフに編み込まれているところか

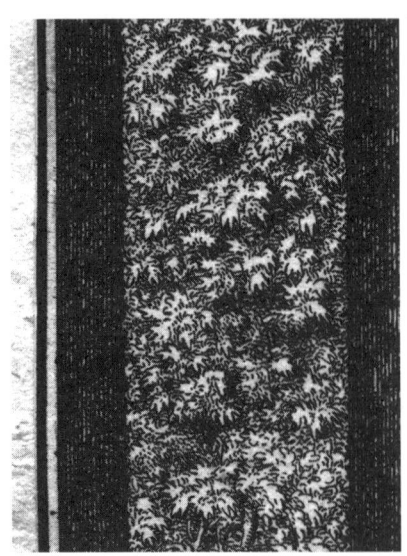

図51　王の植え込みの生垣の葉っぱ、図50の部分

らも分かる[10]。

　ライプニッツの自然概念において庭園が占める位置は、決して周縁ではなく、中心である。『モナドロジー』パラグラフ65では彼はまず無限の、ダイナミックに発生する物質の 分 割 可能性(ウンタータイルバールカイト)の原理を持ちだしている。「自然の創始者はこの神技の無限の驚異の芸術作品を作ることができた。なぜなら物質のあらゆる部分はすでに古代人が認めていたように無限に分割可能であるばかりか、実際に果てしなく分割可能だからである。あらゆる部分が部分へ、そしてそのひとつひとつがまた固有の運動を起こしている。さもないと物質のすべての部分が全宇宙を代表することなど不可能なのだから」[11]。この発言はライプニッツの自然概念の中心性格を表しているが、続くふたつのパラグラフが認識の基盤として庭園を引き合いに出しているのは、特記に値する。「それゆえ、被造物の、命あるものの、生物、エンテレキー、魂の世界が、最小の物質の部分においてすら存在するのが分かる。／そしてこの物質の部分は植物で一杯の庭園とか魚で一杯の池として理解することが許される。けれども今度は植物の枝のひとつひとつが、生物のすべての肢体が、その体液の一滴一滴が、そのような庭園、あるいはそのような池なのである」[12]。

　ライプニッツがここで葉っぱや養魚池に言及しているのは、ヘレンハウゼン大庭園での選帝侯妃ゾフィーとの対話の反映であるだろう。あらゆる物の 識 別 可能性(ウンターシャイトバールカイト)の原理を有名にしたのは、ヘレンハウゼンにおける葉っぱ探究の一場面であり、さらにいくつかの例に応用されるうち、なかでも養魚池は大庭園の4つの池を暗示していたと思われてくる[13]。だからといってこの庭園がライプニッツの生き物の生命概念を定義した場であったということに尽きるわけではない。むしろこのパラグラフは、自然の構造を記述するのに造園術の概念を使ったというところが眼目なのだ[14]。なるほどライプニッツはあらゆる被造物の個別の形態を、いわば無限へと多様化する庭園になぞらえているが、その庭園は力学の幾何学的規則ではなく、あらゆる自然のもののダイナミズムのメディアとして評価されているのだった。

　すべての力学のこうした経過性格が明らかにするところに従えば、ヘレンハウゼン大庭園の地政学的構造はライプニッツにとって数学的幾何学の原理よりは襞-原理(テオレマ)のダイナミックな概念と結びついていたに違いない。城館脇、東と西にある私的庭園がこの原理を体現し、すでにひな形として庭園イデーを十全

に満たしているのだった（図52）[15]。1708年頃の北側からの鳥瞰図と比較すれば、このことはよく分かるだろう（前見返しの図）。下方を一列ずつの並木に縁取られた小道には中部領域として紋様花壇(パルテレ)が、それにはさらに密集した植生の植え込み(ボスケット)ゾーンが続く。このように繰り返し全庭園が反映されているのだ[16]。

ライプニッツが関わっていたのが、なかでも北庭園区域のボスケット・ゾーンの生垣に囲まれた小さな空間、およびとりわけまた南庭園区域の32の三角形だったようで、それらはなるほど全体的に幾何学的構成になっているが、北側中央軸に沿っては、装飾造形のあらゆる同形性と直線性に挫かれることなき個別性が展開している（前見返しの図、後ろ見返しの図）。こうした多様性は、紋様花壇(パルテレ)の開けた明部からボスケット・ゾーンに開く内部空間の親密な暗部にまで届く光の劇場によっても印象深く演出されたことだろう[17]。それに劣らず眺望地点の設定の仕方もまた遊戯的で深い印象を彼に刻んだことだろう。その遊戯を可能としているのが、「王の植え込み」、および円形劇場と彫像劇場という両要素からなる生垣劇場という3つの自然空間である[18]。ライプニッツが庭園に無限の入れ子(アインシャハテルング)原理の装置を見たとすれば、これは同時に、のちに風景式庭園の特徴とされているもののことを言っている。すなわち個人(インディヴィドゥエレ)の自由である。

戦争による破壊後、1959年から1966年に紋様花壇(パルテレ)の改築が行われたが、これはライプニッツの基本構想に深く反するものであった。バロックとは、「余すところなく権威的制限受諾」[19]の身振り、あらゆる個性的なものを撲滅する身振りであるという誤解のもとに、1946年から1968年にかけてヘレンハウゼン庭園の管理官であったカール・ハインリヒ・マイヤーは、花床を設営するに事欠いて、個別の効果を均し、それぞれ単一色絨毯のような印象を作り上げて

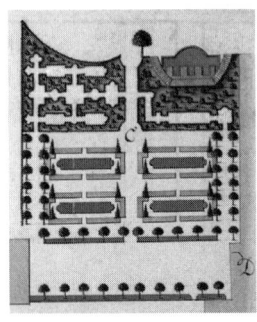

図52 ヨーハン・ヴィルヘルム・タッター：城館東翼隣り王のプライベート庭園、ペンに筆、1767年（部分図）

しまった。個別のモチーフはすべて抑圧したので、ミニマムの抽象原理と馴染んだ光景が出現した。こうして反個性は抽象的な色彩平面の召喚と相まって、バロックとは超個人的幾何学的様式である、などという解説に追従した[20]。もはやパロディーの域ではないか。

2. ヴェルサイユと内在的な無限性

ライプニッツには見えていたに違いないエッセンスから、風景式の庭園コンセプトがどれほど遠ざかってしまったか、いくつかのさらなるモチーフが明らかにしてくれる。これはまた幾何学庭園の一般評価とも一致しないものである。バロック庭園を直線に走る放射線は、想定消失点に収斂するのであり、無限性を告知するものと、常に見なされてきた[21]。ヘレンハウゼン大庭園もまた無限性の略記号と解されてきた[22]。

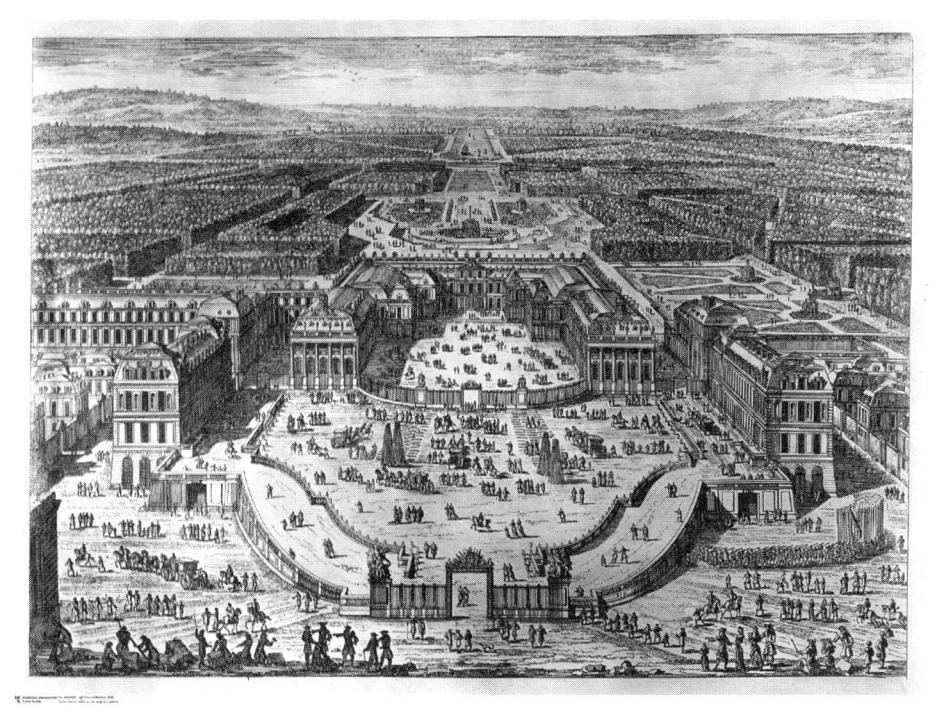

図53　アダム・ペレル：ヴェルサイユ宮殿と庭園の鳥瞰図、銅版画、1699年

こういう眼差しの前代未聞のお手本が、ヴェルサイユなのだ（図53）。1699年以前の様子をとどめるアダム・ペレルの銅版画では、眼は先ずパレード広場と入り口の内庭に発し、中央の館を経由して、西方に位置する庭園に及んでいく[23]。そこでは下っていく広い平坦面の紋様花壇（パルテレ）、そして遠ざかっていく運河へと目差しは誘われていく。中央軸の左右には剪定された森が広がり、平面として分割されている森の様子は、さながら地上へ移された製図板である。とりわけ右方面の一画では対角線の交差点に、囲われたような空き地が形成され、鋭い幾何学による図形と輪郭線がはっきり見える。

この幾何学紋様は消失線によって構成されており、全体の一望（coup d'oeil）を可能にしている。理念的にはこの眼差しが一瞬にして風景全体を掌握するのである。こういう空間観は鼻っから政治的なものである。城館からの視線は絶対君主の構成的造形力として機能した。王の太陽光線は庭園全体を隈なく、それこそ一望するごとくに、明るませる[24]。18世紀バロック庭園がアンシャン・レジームのシンボルとなったのは、こういう政治化を介してだった。幾何学の秩序は太陽王のベールとして攻撃対象とされ、一方、自由世界は制御されざる自然へと同一化することになった。

けれどもこういう対照のさせ方は、そもそもバロック庭園を誤解しているだろう。バロック庭園の幾何学では無限成長する絶対権力が要求されているわけでは決してない、なぜなら中心軸はイマジネールに無際限に伸びて行きはしない、むしろ不動の最終地点に注いでいくからである[25]。1668年ヴェルサイユへのピエル・パテルの眼差しは二つの丘陵の連なりによって両側を限られた一帯を見つめている（図54）。中央軸はなるほどはるか遠方へと通じていくが、無限への空間拡張の可能性は山々によって閉じられていることは疑いもない[26]。

1685年の銅版画（図55）ではヴェルサイユの庭園区域が両脇を山によって囲まれているので、その境界線がよりはっきり見て取れる[27]。けれども何と言っても中央地平線、まさに舟を浮かべた大水盤が想像上の海へと開かれるところに、丘陵が柵となって高くさえぎる[28]。太陽王を神そのものから区別する、それは重要な境界なのである。君主理論からすれば、君主が無制限に権能を保持するのは、ただ自分の自由になる限定された領域でのみ。普遍的権威要求は、君主制が帝国的独裁へと一変する代価を払う時のみ。大洋が拡張していくのは政治図像学の比喩として有効であるが、大洋は決して無限へと拡散していくこ

図54　ピエル・パテル：ヴェルサイユ宮殿と庭園眺望、キャンヴァスに油彩、1668年

とはなく、自然の限界に縛られている。賢明なる支配者の理論（図56）に則すれば、こうなるはずだ[29]。

　こうしたバロック庭園の幾何学ラインを拡張限定の印として理解するやり方は、ヘレンハウゼン大庭園に維持されている。北方から、つまり城館側から展開する1708年の彩色銅版画（前見返しの図）の鳥瞰図が示すのは、イマジネールな無限性への越境ではなく、むしろ自閉し守護された一帯の囲い込みである。〈無限の拡張〉と言うトポスに従えば、南方の湾曲部の向こう側に続くラインは少なくともイマジネールにはずっと続いていくはずである。しかしそれは3重に制御される（図57）。まず大きな森林部に飲み込まれ、その向こうには2本の長い樹林ラインを枠とする空き地が開け、その空き地は新たな森林にさえぎられ、最後に連なる山々がバリケードのように反発的に働いているのである。庭園の隠喩学は新パラダイスという**閉じた庭** hortus conclusus として意味を持つことができるからには、限界があるということはなおのこと肝要なのだ。

図55　不詳：「ヴェルサイユ宮殿と庭の眺望」ヴェルサイユの謁見庭、宮殿、庭園の眺め、銅版画、1685年

図56　飾り縁絵「神の祝福を」(断片)。ヨーハン・ウルリヒ・クラウスの王のタピストリーより、アウグスブルク1687年

　見渡せば、四方を閉じられた一帯である。内へ内へと向かう入れ子状態がいっそう洗練された展開を見せる（前見返しの図、後ろ見返しの図）。ヘレンハウゼン大庭園は内向きの無限性を演出しているのであって、外に向かって果ても知れぬ遠方へと広がるのではない、内部組織にとどまってヴァリアントの最大多様性を追求しているのである。この点、ライプニッツがその個別性を認識した葉っぱを拡大すると、ヘレンハウゼン庭園と構造類似になる。幾何学はただただユークリッドふう秩序を創設することに役立っているのではなく、平面に展開した〈襞〉の考えられる限り大きな多様性の実験検証に有用なのである。

　内部に向かって畳み込まれる無限性原理のためにヴェルサイユは、プログラムに従った特別な場所を用意している。〈鏡の間〉と庭園一杯に広がる森林の両翼の間に割り込む紋様花壇(バルテレ)である。イスラエル・シルヴェストルによるヴェルサイユ全体プランはこの西庭園の区画を、きちんと切り分けられた四辺形として示しており、その4隅は4つの円形水盤が当てられている。これらが中央で同様に丸い大きな水盤と組み合わされると（図58）、水からできた一種のクローバーが生まれる[30]。

　シャルル・ルブリュン工房によるスケッチは、城館の1階に定めた視点に

III　ライプニッツのヘレンハウゼン・フィロゾフィー　　87

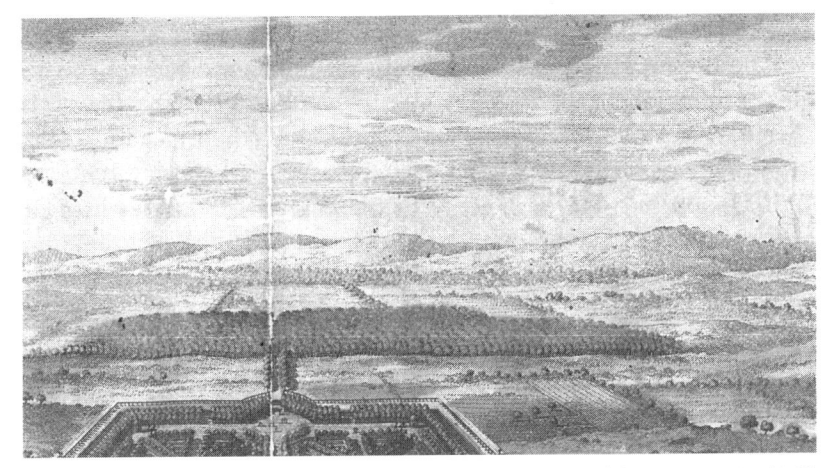

図57　ヘレンハウゼン大庭園の境界とその一帯、1708年　（前見返しの図の部分）

よってこの紋様花壇(パルテレ)四辺形の眺望を伝えている（図60)[31]。真ん中寄りの中心にはパルナッソス山とともにアポロ神とミューズの神々が佇んでいる。これに従う4つの水盤は、スケッチでは少なくとも暗示的に見える彫像群によって全体プログラムに複合的に組み込まれており、プログラムの個々の要素は要素で、4つの常数からなっていたように思われる。

　4つの水盤に割りふられているのは、四辺形アンサンブルのそれぞれ別個の観念であるだろう。すなわち気、火、地、水の四大(しだい)、多血質、胆汁質、憂鬱質、粘液質の四気質、春夏秋冬の四季、朝昼夕晩の4時間帯、ヨーロッパ、アジア、アフリカ、アメリカの4大陸、同じく抒情詩、英雄叙事詩、パストラル（牧歌）、風刺詩といった4つの文学ジャンル。内的にも外的にも二つずつの追跡場面が提供されているのではないのか。すなわちエウローパの掠奪、あるいはオウィディウスの変身譚によるプロセルピーナを追うプルート―。これらの暴力的な、しかし豊饒な実力行使の例は何を明示するのかというと、化学的物理学的全過程の、欲望される、野生の基本状態なのであり、これはさらに次のステージにおいて変換状態(トランスフォルマツィオン)へと通じ、安定化していくのである[32]。

　こうした多様な意味世界は、四大と四気質の相互連関する教説を基本としていた[33]。ところがこの自然学をルネ・デカルトが無力化し、四大は機械的に活動する群体であると論証されてしまった。豪勢な世界のシンボルだった四大

図58　イスラエル・シルヴェストル：ヴェルサイユ全図、素描、1680年頃

は、こうして時代遅れとされ、水の大花壇（パルテレ・ドオ）の設置が実現しなかった理由も、こういうことだったのだ[34]。水のクローバーは1680年頃のイスラエル・シルヴェストルによる大判平面図がなお思い描いていたものを（図58）、その場所には1683年以後水鏡の形態をしたふたつのプールが取って代わり、その場所から本来の核心メッセージを奪うことになった（図59）[35]。合理化の波が君主翼賛の図像学に勝利してしまったのである。

　とはいえヘレンハウゼンの紋様花壇（パルテレ）には、ヴェルサイユではもはや担われなくなったコンセプトに従うという現象が生じているのだ。シルヴェストルによるヴェルサイユ・プラン（図58）と1708年頃に得られたヘレンハウゼンの鳥瞰図（前見返しの図）を比較すると、この領域での相違点は、水盤の中心円のあたりに設置されているのが、決してさらなるプールではなく、4つの断ち切られた矩形であり、これは4つの外側の矩形に補われている、という点のみである（図61）。しかし基本構造は同じである。加えて、ヘレンハウゼンでは彫像が一帯を満たしているが、これはヴェルサイユでは計画のみで、もはや実現されなかったものである[36]。実現しなかったヴェルサイユ・プランをヘレンハウゼンのプログラムが大規模に借用したことによって、大庭園紋様花壇（パルテレ）はルブリュンの企ての遅れて来た読み替えの姿を明らかにしているのである（図60, 61）。

図59　今日の水の花壇（パルテレ・ドオ）の眺め、ヴェルサイユ、写真

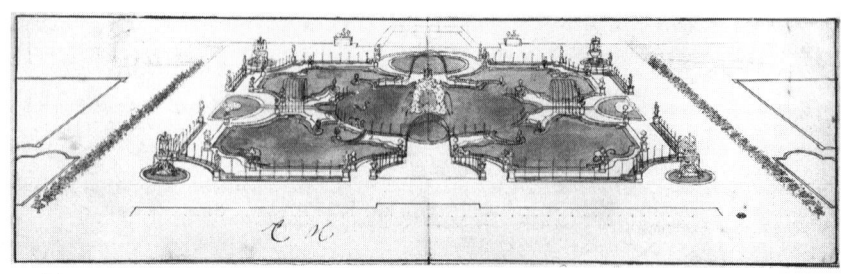

図60　ルブリュン工房：パルテレ・ドオの遠近法図（ヴェルサイユ）、1672年

図61　ヘレンハウゼンのパルテレ（紋様花壇）、（前見返しの図の部分）

　この区画の角は4つの大陸に充てられ、斜軸と西側の交差線は、水、気、火、地の四大を決定した。四季のうち夏は再構成できないのだが、冬と春は上方、南の際に、秋は下方、北の境界に位置づけられる。東の十字矩形も同様に4つの季節が割り当ててあるが、ここではこの季節が完全に再構成できる。詩文もまたヴェルサイユのときと同じく現存しているので、悲劇と喜劇が季節の近くで人格化して同様に外側の境界に、ウェヌスとヘラクレスといった神話上の単独像がエロスと剛力の形象として登場している。ヴェルサイユとの関係は、結局、内側の水盤の縁にある4つの追跡場面、すなわちヘルメスとプシケー、アポロンとダフネ、パンとシュリンクス、プルートーとプロセルピーナでは証明は無理である。ヴェルサイユ・コンセプトに対して、4つの日分け時間のみが欠けている[37]。ヴェルサイユにおいて構想され、実現しなかった普遍宇宙学原理は、ヘレンハウゼンにおいては実現を見、ルイ14世にとっては、見過ごした可能性を鏡に突き付けられたようなものだった[38]。
　ヘレンハウゼンの紋様花壇(パルテレ)は、しかし、フランス国王ならもはや流行遅れと

見なしたであろうプログラムにこだわり過ぎだ、という非難も投げられたかもしれない。ライプニッツは、それでもこれに返答したであろう。1666年に出版された『アルス・コンビナトリア』の幾何学図譜(ディアグラム)は、四大、及びその特性の結合と対照によって普遍原理の基本型を示しており、ヴェルサイユの紋様花壇(パルテレ)コンセプトもヘレンハウゼンで実現されたものもこれにのっとっていた（図62)[39]。それは四大の図式を表すべく西側の十字路にぴったり適合していた。四大の協和から生まれる普遍原理を紋様花壇の庭園に割り振ることは、選帝侯妃ゾフィーにもライプニッツにも抵抗なく受け入れられたのは明らかである。この点に内在的な普遍性原理の強化があったようであるし、ライプニッツがモナドロジーにおいて互いに入れ子状態になった庭園原理と定義したのは、この原理のことだった。

図62　ライプニッツのエレメント・シェーマ、1666年

3. 逸脱術（Die Kunst der Abweichung）

マクロコスモスを庭園に集約する考え方は、普遍性の図像学的記号を超え出てライプニッツ著『弁神論』(テオディツェー)に展開されているが、その確信するところによれば、圧倒的ハルモニーは、四大の互いに組み合わさってできた累加構造から生まれるのではなく、結合具合の不調（Störung）、および諧調のなかの破調（Unordnung）から飛躍転回（Umsprung）するところから生まれるのである[40]。

1670年代パリ時代のライプニッツは、ひっかきまわし（Störung）、びっくりさせる（Überraschung）原理こそが思考刺激の決定的モメントであると評していたが、その彼がヘレンハウゼンの大庭園に、同範型のその他のあらゆるバロック庭園と異なる鬼っ子ぶりを認め歓迎していたらしいのである——この庭園は正四角形にはあらず（図63）。城館から出口へまっすぐ降ろした対照軸が、それを受ける辺に対して2.8°傾いていた[41]。造園の立場から木々や生け垣を設置し刈り込むことを考えると、2重の軸線を徹底することは、大変な経費を意味したので（図64）、次々にかさんでいく出費にもかかわらずこの原理を貫徹するにはよほど強固な意志が必要だったにちがいない。

　こういう事情から推測されてきたのだが、これほどの贅沢な企ては選帝侯妃ゾフィーとライプニッツが手に手を取って構想した、もしくは少なくとも了解済みであったろう[42]。この軸線の傾きはすでに北側部分の造園時期から始まっているので、少なくとも年代記的理由からすればライプニッツのイニシアティヴで始まったとは言えないだろう。とはいえ、彼がこの種の傾いだ形こそ自分独特の考え方の実現であると思っていたのは、いくつか証言のあるところである。

　1675年パリで著わされた目覚ましいテキスト『思考遊び』は——生涯、彼の手元を離れず[43]——サムエル・ホーホストラーテンが描写したような投影劇場のアイデアも含んでいた（図65）[44]。この劇場は、舞台上で俳優が動き回ることによって伸び縮みする影を命としていた。加えてアナモルフォーゼ（歪像）についてのメモもあり、ライプニッツはその驚異を思考刺激としようというのだ[45]。ライプニッツのこういう思考からすれば、何しろ傾いだ軸線は入れ子状態となった庭園の総和として演出された自然の仰天（Stupor）なのだから、軸線の変位を熱狂的に迎えたにちがいないのである。幾何学的な同型反復の印象であるのに、感覚的には感受可能であるとはいえ、ただ歩測や再測量や思考沈潜によってのみ再構成される障害（Störung）が仕組んであるのだ。

　この造形原理が文学形式を見出したとしよう、すなわち永遠の震えのシンボルであり、あらゆるマテリアの可動的拡散(ディフーゼン)のシンボルである文学を見出したとしよう、するとそれはルクレーティウスの古びることなき教訓詩『物の本質について』なのだ。そこではアトム論の枠内で目的設定のための、力学のための、**作用反作用**の交互原理のための代案が展開されるが、それを体現するのが

III　ライプニッツのヘレンハウゼン・フィロゾフィー　93

図63　1735年のヘレンハウゼン大庭園全図（図12）の倒立図、および（次ページ）ハンス・ゲオルク・プライセルによる傾斜角再構成図を並置、2003年

94

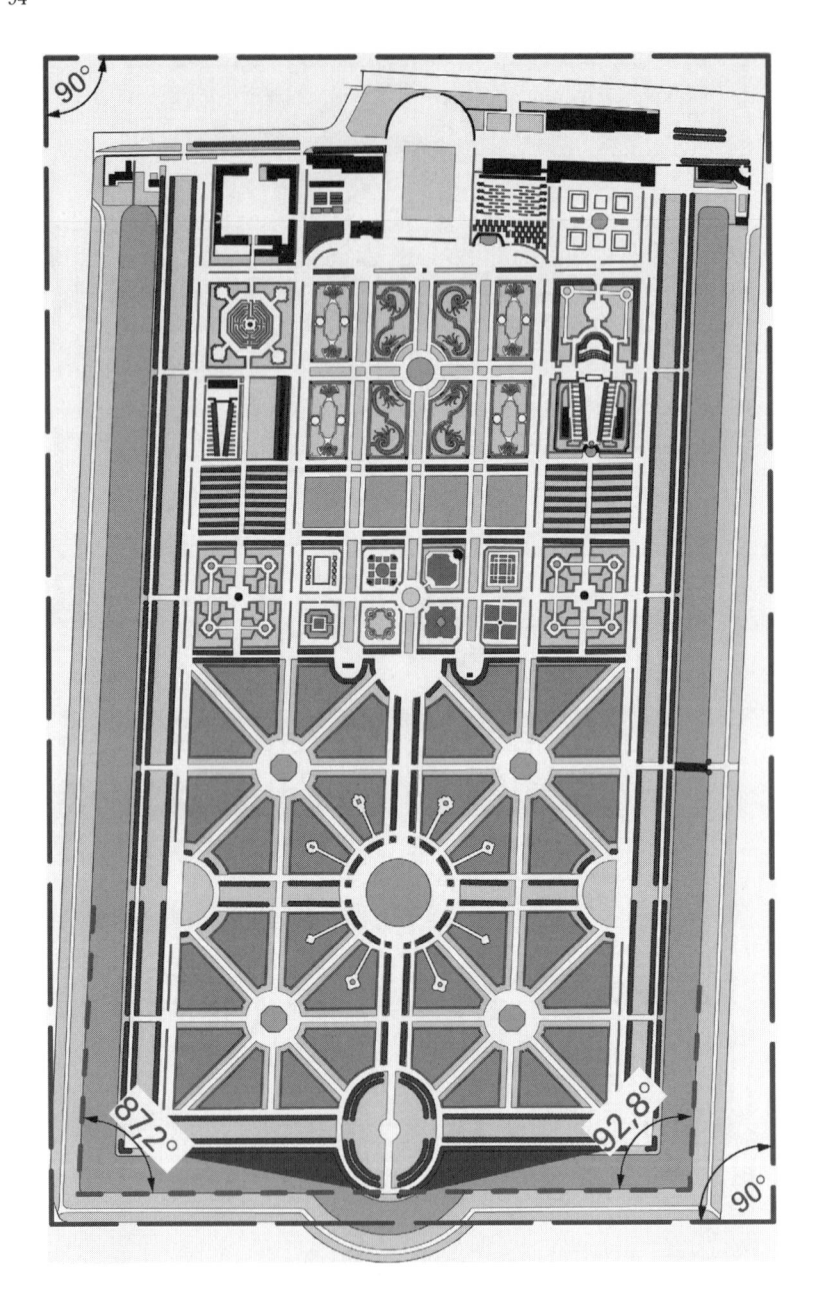

図64 ヘレンハウゼン大庭園の生垣

落下する原子の微小な逸脱である。恣意的な自発性のうちに生の一瞬を演出する逸脱、すなわち**クリナメン（傾斜運動）**に。それが経験したのは、量子物理学にまで至る絶えざる妥当性争奪の歴史である[46]。それはアトムの不規則な落下を「微小な屈折」として理解する、それゆえ自分の意志と逸脱から生じるあらゆる生命とあらゆる創造の原理を理解する[47]。ルクレーティウスによれば、粒子が軌道から軽く離れることなしには、自然は決して何かをもたらすことはできないだろう[48]。「微小の逸脱」こそ、あらゆる生きとし生けるものを条件づける偶然の法則なのである。

　ライプニッツは原子主義に反対の者であり、偶然という観念は、彼にとっては神意の存在を否定するゆえに、拒絶した[49]。とはいえ**欲**（appetit）、およびその派生語**欲望**（appetition）によって彼はルクレーティウスの**クリナメン**に近い概念を立てていた。ライプニッツもまた自分を逸脱しようとする物質の不穏さと衝動との理解を試みているのだ。先取りされる外部刺激による欲望（アペティション）、およびこれによって書き込まれた現象は、ライプニッツにとってはルクレー

図65 サムエル・ホーホストラーテン：影絵劇場、銅版画、1678年

ティウスにとってのクリナメンに劣らず本質的だった[50]。同じことは、純・力学を越える、活性化した方向を見せている、あらゆる素材の無限に微小な運動力である衝動（conatus）という概念にも当てはまる[51]。非個体‐精神のあらゆる形態は有機素材と結びついており、決して分離することができず、内向きに作用するエネルギーを内在させている[52]。ちょうどヘレンハウゼン大庭園が体現しているような右角度の逸脱にライプニッツなら、彼の対蹠人ルクレーティウスのクリナメンに類似した才気煥発の指向力（リヒトゥングスクラフト）原理を認めたことだろう。

　ここには単なる偶然以上のものがあるということを明示するのが、ルクレーティウスの「微小逸脱の原理」とまとめる第2概念である。すなわち「傾くinclinare」から形成された「傾き inclinatio」[53]。この概念はルクレーティウス宇宙論のキケロによる説明によって有名になったもので、ライプニッツがあまたの考察で採用したのが inclinatio の語形だった[54]。これは未来を生む過去要素として定義する場合には、ライプニッツの時間定義にとって原理的なものと

なる[55]。すでに引用したことだが、過去は自分自身で変わらないゆえに同一であるのなら、時間的展開はありえないだろう[56]。時間の連鎖はそれゆえ彼にとっては逸脱する非同一性の上級審としての「傾向 inclination」を頼りとした。ただしそのために改めてライプニッツが呼び出すのは、ヘレンハウゼン大庭園で葉っぱを手に展開した無限分割可能性（ウンターシャイトバールカイト）の原理なのである。彼を支配しているのは 傾 向（インクリナツィオン）である。

　この概念の原理的意味がとりわけ明らかとなるのは、彼がそれを自分の哲学の最もすばらしい要素、「小 感 覚（ペルツェプツィオン）」の原理に匹敵する／同等であるとしたところである。問題は感覚には届くが感知されていない刺激である。たとえば慣れによって注意を逃れる潮騒のように[57]。ライプニッツの感覚理論の他の追随を許さぬところは、それが無意識の現象にも抽象効果を認めた点である。感覚刺激は、それが些細であるからとか、いつもあるからとかによって意識的注意の対象とならない場合ですら、知的作用を持つ。1715年11月にライプニッツが詳説したことであるが、魂は自分が考えていることを知らずとも考えている。「われらの大感覚とわれらの 欲（アペティト）はわれらの意識のもとにあるが、それらは無限に多くの小感覚あるいは小さな 傾 斜（インクリナツィオン）から構成され、これらをわれらは意識することはできないのだ」[58]。この数行でライプニッツは、あらゆる精神的存在の根拠を思考の意識性と概念の純粋さに見る無味乾燥な哲学に火を放ち、その火は今日に至るも燃えさかっているのだ。

　この思想のもしかすると最も華々しい定式化は、ジョン・ロックとの対決の中から生まれ、これをライプニッツは『ヌーヴォ・エッセ』に記した。その哲学論考の、これ以上はない華麗な、彩に満ちた、その思考スタイルといい言語スタイルといい、官能的なことといったら。ゾフィー・シャルロッテに対して彼の言ったことがまた憎いのだ、このテキストにつきましては旅の道すがら、またはヘレンハウゼンでの面会前の待機時間にまとめたものです[59]。

　この論文ではライプニッツは小感覚のことを、あらゆる概念的明証性の源であると定義している。これに到達するのは、意識的精神ではなく、肉体である。「なぜなら何かを明らかにし説明可能とするのは、魂ではなく肉体が見るからである」[60]。まるでライプニッツが小感覚の、そしてまた能産的 傾 斜（インクリナツィオン）の理論を、平面図の2.8°の逸脱を見てまとめたかのような話ではないか。この逸脱ときたら直に目にはつかないが、感じられている。「すなわち意識化され

てはいないが、目立たず傾斜はある」[61]。ライプニッツが、苦痛と快楽の間でくるくる変わる、すなわち逸脱と調和のさまざまな様態に対応する感情の動きを理論化するのは、この文脈においてなのである。

4. モナドロジーの図化

1696年7月の素描

　決して現象の直線的構成ではなく現象の逸脱からこそ宇宙の協和は解明されねばならないという原理は、ライプニッツが1696年7月21日付けアンドレアス・デュモン宛ての手紙に描きつけた奇妙な走り描きの場合にも働いている（図66）[62]。その意味するところは直接的には明示できない。それは手紙の内容とは直接関係がないので、ライプニッツが用紙の余白を、別のテーマに由来するあれこれをスケッチするためにあとで利用したのだろうか、という疑問はある。インクの色が少し濃いという指摘がこういう考えを支持するだろう。素描には明らかに別のペン、別のインクが使われている。けれどもこれは、ライプニッツがこの素描に文字のときとは違った手段を用いたとも考えうる。それゆえ素描がデュモン宛書簡の添付にふさわしいヘレンハウゼン大庭園と結びつけることができるのか、素描自体に問うとしよう。

　絵が示しているのは、下方、軽く左上に傾斜した楕円、および第2の、もっと直立する楕円で、その上部分は未完のまま付け足してある（図67）。その上方には、下は実線だが破線で引かれた大きめの楕円が、ふたつの焦点を実線と破線の束で結ばれて描き込まれている。右手には四角形が、その内部を円の切片がいっぱいに占め、その上方に左に向かって平行線が引かれている。

　この素描は近年手紙とともにライプニッツ著作集アカデミー版で公刊されているが、「計画中のヘレンハウゼン噴水施設のスケッチ」[63]であると言葉でコメントが付けられているだけなのだ。素描が付けられたデュモン宛て書簡の中でライプニッツは自分の運河プロジェクトを説明しているが、そのような水力仕掛けに立ち入ることはない[64]、ゆえに「噴水施設のスケッチ」という解釈は、飛散する点々や噴水設備のシンボルと解された円の切片からひらめいたのだろうと推測できるのである。その他の間接証拠は、しかし、この解釈を支持しないし、したがってこれは未決のままである。

III ライプニッツのヘレンハウゼン・フィロゾフィー 99

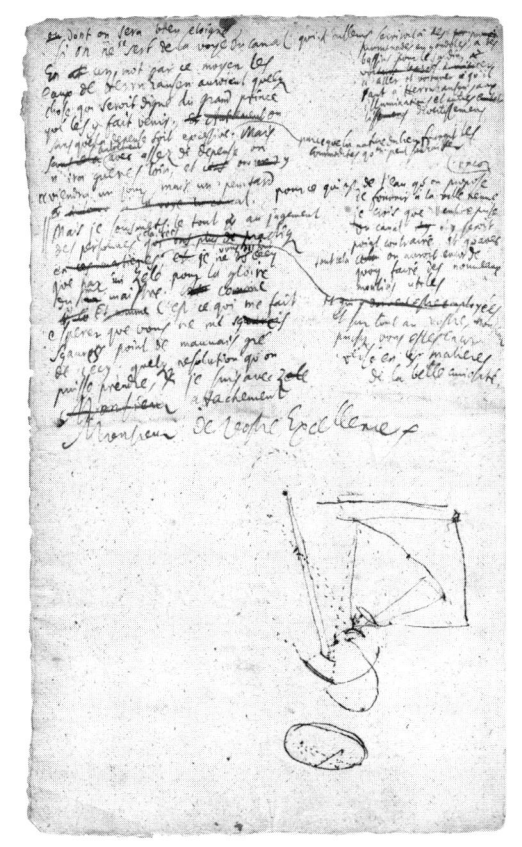

図66 ライプニッツ：アンドレアス・デュモン宛て
書簡草稿（1969年6月21日付）の最後のページ

　ライプニッツが生涯にわたって同様の素描を活用して、モナドのなかで起こるマクロコスモスとミクロコスモスの絡まりを図によって圧縮して見せていることからすると、この問いはなおのこと詳しく定義されることが求められる。たとえば1663年まだ学生だったころ、ここで参照するのにちょうどいい図式を描いており、それは「モナドロジーのテーマ掲示図式」と解されている（図68）[65]。ピタゴラスふうペンタグラムは5つの辺を備えて5感の総体を表し、5感は外部からの作用を介して内部の生気を刺激し、生気はさらに内部の点線による五角形に媒介される。続く精神世界の円形はこの情報を内部の出来事とし

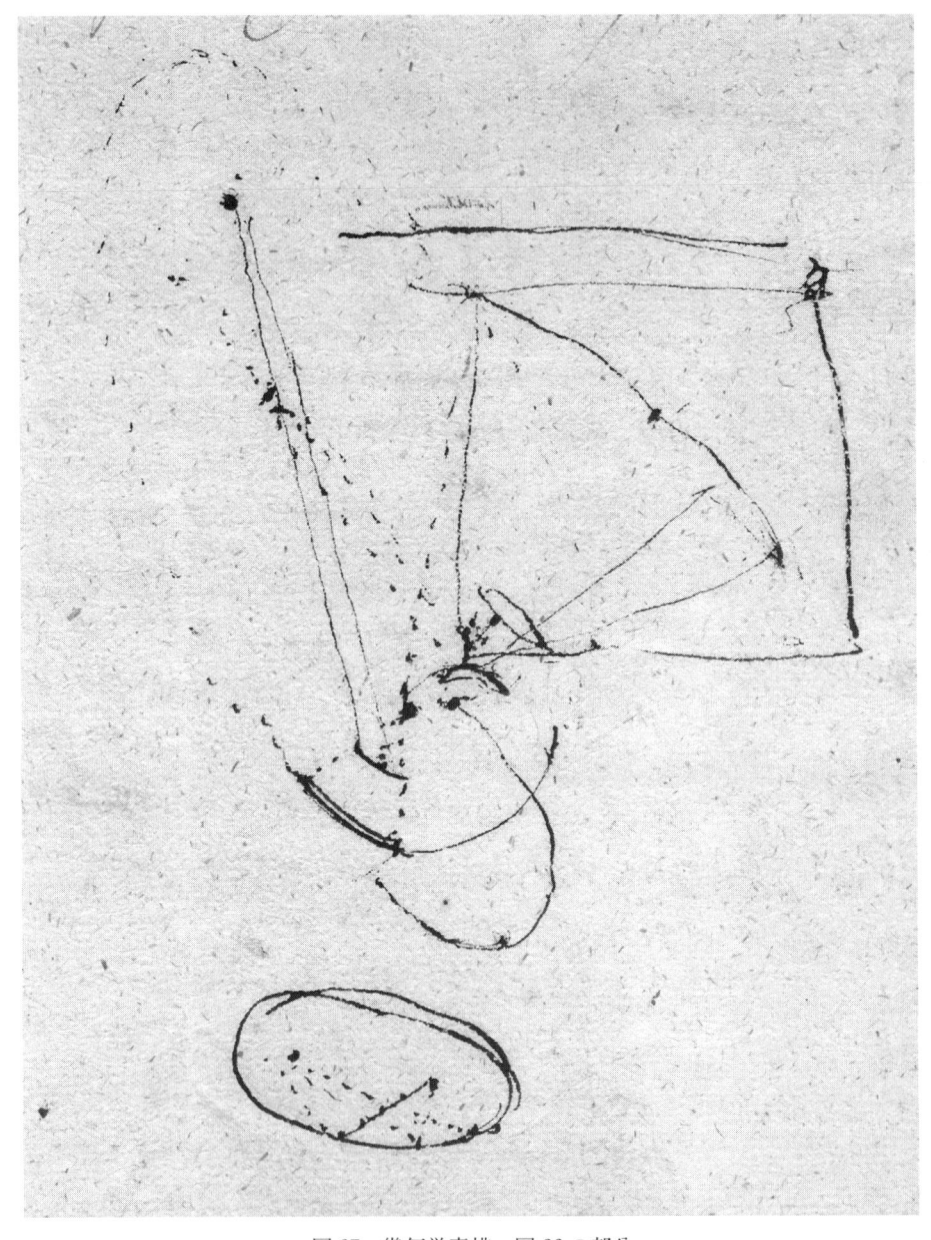

図67　幾何学素描、図66の部分

て認識し、モナドには窓がないという後の発言はこのことと関係するのだろう（図69）[66]。しかし、事実は、外側の感覚ペンタグラムばかりでなく、右下に引かれた視軸線もまた、光線がf, g, h, i点の屈折のあと、精神世界の中心に達することを示している。この外部と内部の非直線的、間接化された関係の枠の中でライプニッツは、図式を明らかにしながら、窓と扉の透過性であることを強調したのであった[67]。外世界と内世界を間接的に媒介し、そのこととモナドが2重の規定を受けている、すなわち精神的であるのに肉体に頼る、そういう2重性を結びつけるのは、光である[68]。

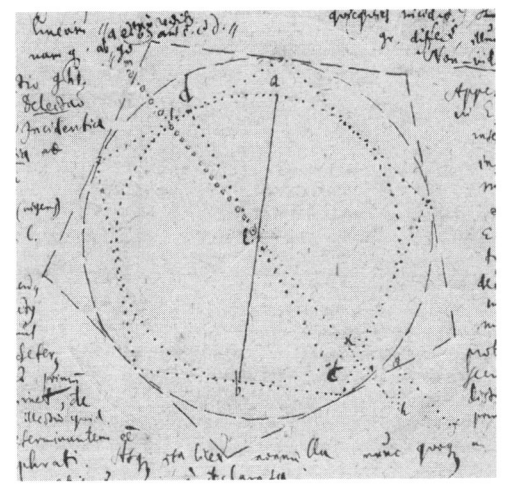

図68 ライプニッツ：肉体−魂−ペンタグラム、素描、1663年頃

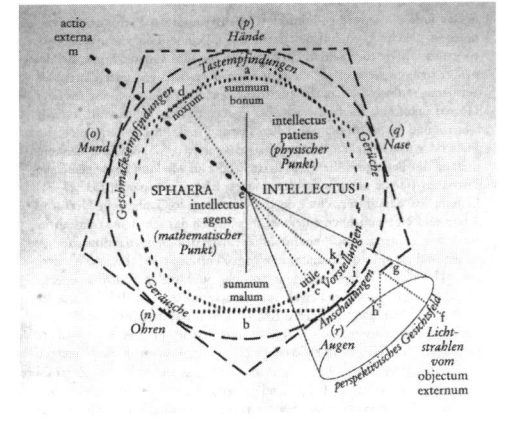

図69 フーベルトゥス・ブッシェ：ライプニッツの肉体−魂−ペンタグラムの説明付き清書

ゆうに30年経って走り描きがひとつ現れる。それは点線や実線の結合した描法からしてもう参照価値があろうというものだ（図67）。比較できるのは、1点から開脚していく辺であり、1663年の素描では中心点から、1696年のスケッチでは大楕円から引かれている。決定的な違いは、主要素をなすのが五角形とか円形ではなく、楕円、四角形、円の切片であるところ。とはいえ基本性格は30年の隔たりを越えて比較可能と見える。形態の類似からしてもう1696年の素描も、1663年の肉体と魂の関係を示すペンタグラム同様、実直に検討するのに値するのである。

図版の共演

下方の楕円（図70）はふたつの焦点を備え、三角形の先端が別の端を指し、紐による作図の原理を示している。つまり2点に紐を結び、その紐を道具の力で外向きにできるだけ張りながら、その張力のうちに360度時計の針方向に一回りさせる作図法である。17世紀に最も有名な図解はルネ・デカルトの屈折光学に由来する（図71）[69]。

こうして制作された形が図版では「庭師の楕円」というタイトルを付されているのは、デカルトがその作成原理を当時の庭師のもとで知ったからである。「楕円、あるいは卵形は、数学者が彼らの習いとして円錐とか円筒の断面によって提示する線分のことであるが、私は紋様花壇（パルテレ）の区画において庭師たちがやっているのをおりおり見たものである。彼らはほんとうに大まかに、ちっとも厳

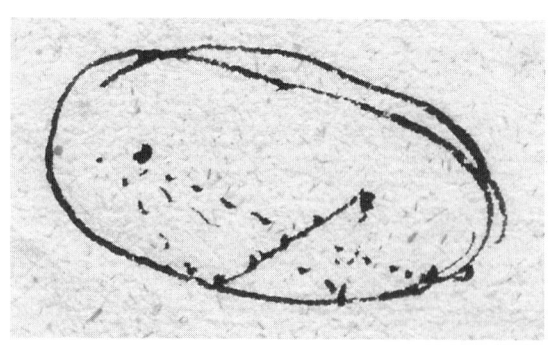

図70　下方の楕円、図66の部分図 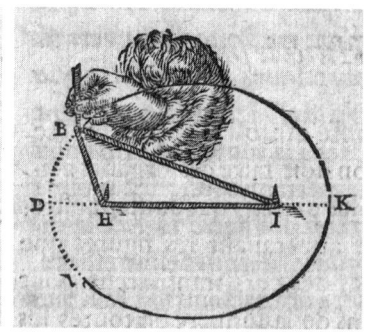　　図71　フランス・ファン・ショーテン Jr：庭師の楕円、木版画

密ではない、という印象だったのだが、しかし円筒だの円錐だのの断面よりずっとその本質を理解させてくれるやり方でやってみせたのである」[70]。庭師の楕円は庭園に根差した幾何学の範例として 17、18 世紀を越えて重要な地位を維持した。1695 年にはエーレンフリート・ヴァルター・フォン・チルンハウスがこれを『精神医学 Medizin des Geistes』の第 2 版に採録し、ライプニッツがこれを同年眼にし、注釈をつけた[71]。アラン・マヌソン-マレ (1603-1706) もまた 1702 年の『幾何学実践 La geomerie pratique』でライプニッツの素描に似たやり方で庭師の楕円の図解を載せた（図 72）[72]。

　ライプニッツはジラール・デサルグ (1591-1661) とブレーズ・パスカル (1623-1662) の論文を研究していたので、九柱戯のピンのスライスした断面をマルチ・パースペクティヴの基本資料として重宝し、同時に、極めて難解な認識をも遊戯的に実際レベルに置き換えることを念頭に置いていたことからしても[73]、この「庭師の楕円」を心に刻んでいたのは間違いない。ライプニッツが

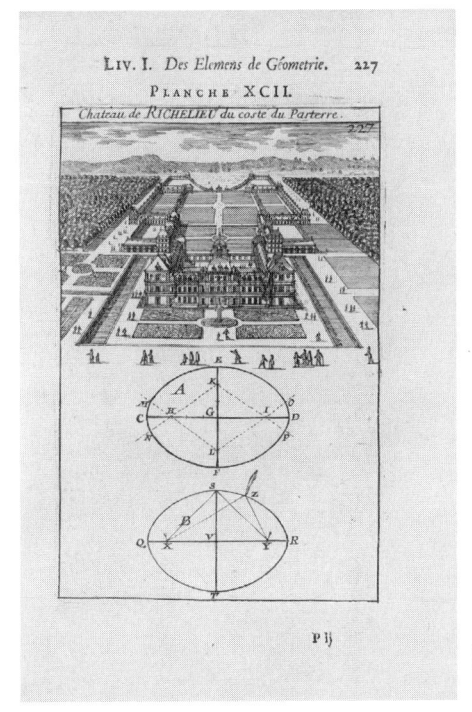

図 72　リシュリュー城紋様花壇、庭師の楕円付き、銅版画、1702 年

デカルトに従ってその構成原理を庭園テーマの手紙に描き込んだとすると、楕円の詳しい図解が庭園に結びつけられたのも、ありうる話だ。手紙の素描の諸要素がこの仮定を後押しする。

庭師の楕円の右上に第2の大きく左に傾いた楕円が置かれ、その上部はほかの要素とあまりに重なりすぎると思ったのだろう、最後まで描かき切ってはいない。にもかかわらず下方楕円に対しては心持ち大きめのサイズで、そのさらなる図形とのかみ合わせ方は少なくとも分かるくらいには設置場所が考えてある。それらの共演のさせ方を見ていると、ライプニッツがフリーハンドで描くことが第一に優先されたのであって、その結果、描かれた線分も点もディテールにわたってユークリッド的正確さの基準を満たそうとはしなかった。だから楕円の焦点と曲線は正確ではなく、同様、フリーハンドで描かれた四角形の円切片もまた厳密ではない。とはいえすべての点と線分は所期の構造の記号として理解を助ける機能を満たしており、この意味では素描は断じて正確である。以下には、素描をよく案内できるよう、あらたに図形には数字を、接点や交点にはアルファベットを付けようと思う。

楕円2の下の縁に点がひとつ打たれているが、これはその上側に置かれた楕円3のふたつの焦点をおおよそ1本の線上に伸ばした個所である（図73）。これを点A, B, Cとして線分とする。点Aはそのことで楕円3の延長した水平軸（CB）と結びつく。下の楕円2の少し上側の終点Dは、結局、第4楕円の下の方の焦点に重なり、その第4楕円は一番離れた縁を、楕円3の上側の焦点Cに接する（図74）。こうして楕円2はふたつの大きな楕円3と4を、楕円4の下側焦点の上でしっかり繋ぐことになる。

内側に引かれ破線となっている線分の意味は、まず、楕円3（GH）と楕円4（EF）（図74）のそれぞれ左下に引かれた2本の湾曲した線分が明らかにしてくれる。その役割はさしあたって謎に見えるが、これを鏡として解釈するなら、それ自体にとってもそれらを結ぶ線分にとってもひとつの解決である。まずC点から出る狭い光の束に当てはめるなら、これは透過性の鏡面EFを経て鏡面GHへと屈折する。湾曲面GHが2重線で描き込まれているのは明らかで、その完全な非透過性を明示するものである。光がコンパス状に開脚する線分GJとHIは、鏡面GHから光が内部へと収束し、楕円3の焦点Bで交わり、さらに進んで四角形の角の頂点I、および円の切片の開始点Jに命中している。

III ライプニッツのヘレンハウゼン・フィロゾフィー 105

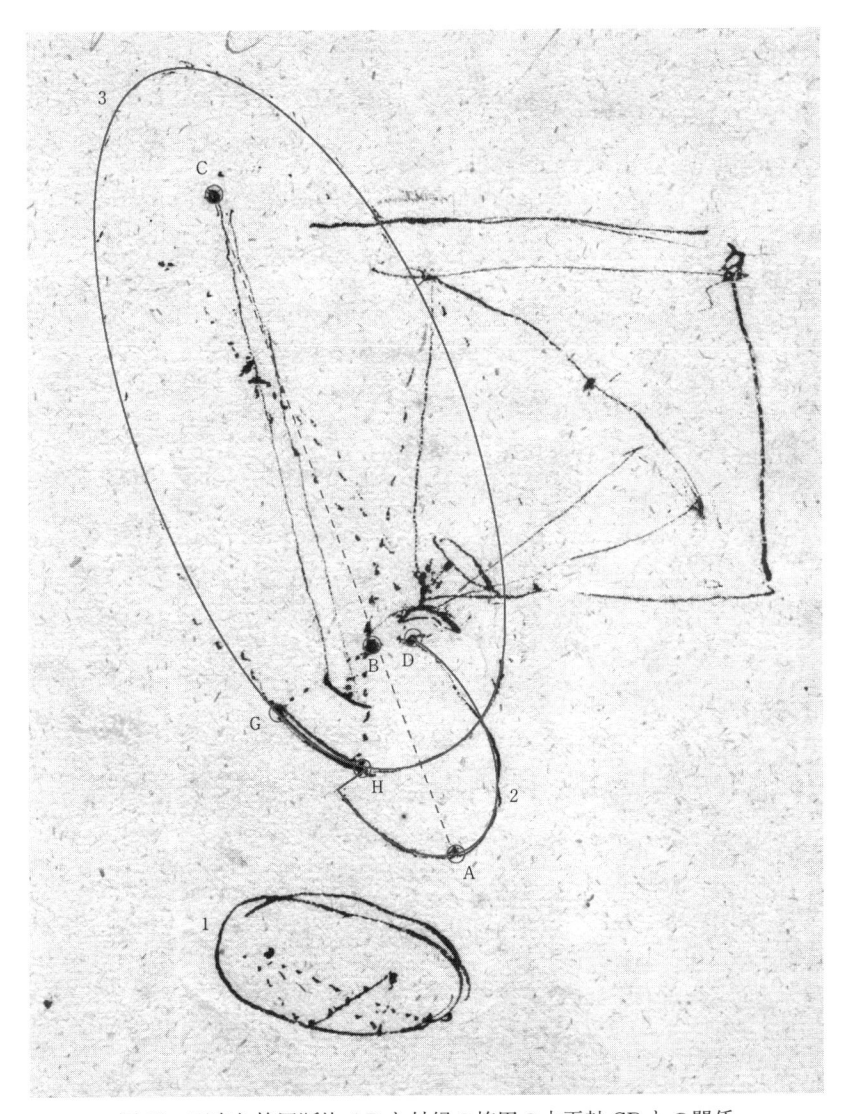

図73 下寄り楕円断片 AD と外縁の楕円の水平軸 CB との関係

106

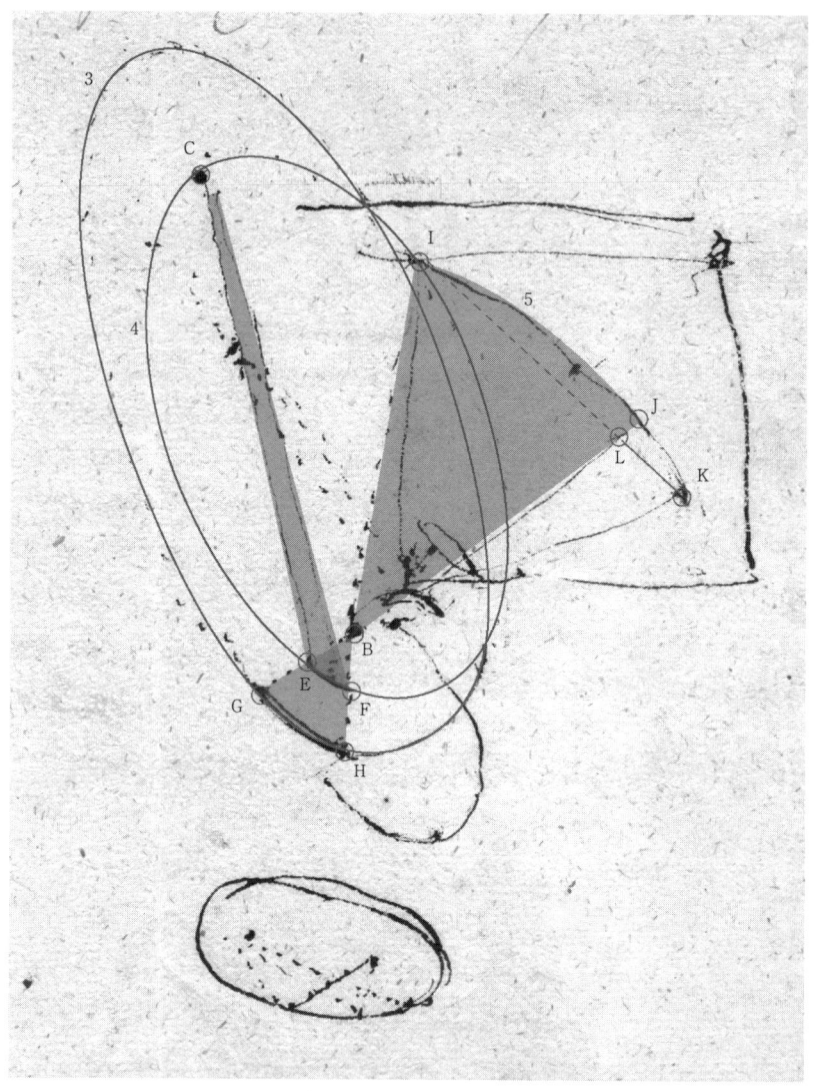

図74　点Cから発する光の束の経路

円切片が終わる点 K から、コンパスふう開脚線 GJ まで、つまり交点 L まで直線が引かれている。

　曲線 MN もまた鏡面とするのが、妥当である（図75）。それは凸面鏡で、内側の楕円の点 O から光線を受け、これを外へ反射している。左の開脚線は円切片5の左の開始点で終わり、円切片は右に向かって点 K まで弧を描く。想定上完成する円形の頂点は点 P で表され、その円切片の中心点は外側楕円3の左下凹面鏡の点 G である。この中心点をめぐって円形が引かれると、凸面鏡 MN に当たる光線の始点を表した内側楕円4の点 O によって交点が生じる。

　四角形6の左下隅に位置する描き込み QR は、その形状からして鏡ではなくレンズである。レンズから出る光の束の左開脚線を記す小さな擦過線 T によって、レンズは四角形の右上隅の点 S に光を収斂させる器具としての特徴を持つ。これによって同時に四角形が決まる。レンズ QR は左下から右上へ向かう対角線 US と直交する（図76）。左上から右下へ対称的に伸びる対角線 IV は、円切片のキャロット切りを規定し、線分 LK と部分的に重なっている。左上隅が点 I と一致する場合、四角形と内側楕円3との関係はその左上隅によって与えられる。四角形上部の平行線7は、ふたつの楕円3と4が交わる点 W を最終的には通過する。

　素描全体の基本要素は5つの幾何学図形、直線、曲線、四角形、円形、楕円からなる。複数の楕円形が水平軸をばらばらに並列しているように、四角形、円切片、直線もまた一見したところほとんど、あるいは皆目統一がないように思われる。ところが詳しく眺めて分かったことだが、これら図形のひとつひとつが少なくとも一点で他の図形とつながっている。下方の楕円2は、点 A で楕円3の両焦点 BC、および楕円4の下方の焦点 D と関係している。外側の楕円3が凹面鏡 EF の光の屈折を経て楕円4と結びついている。これらが光線の反射によって円切片 IJ を決定する。光点 O へと円を伸ばし、凸面鏡 MN に落ち右上へと反射していく光線を経て、この円切片は線分 IJK に拡大される。

　幾何学的基本要素のふたつならず3つまでもふたつの蝶番が繋いでいる。これらは全体構造が旋回し、反転する中心点をなしている。ひとつは点 W にあり、ふたつの大きな楕円3と4を直線7によってひとつにしている。ふたつめは、内側の楕円4を円切片5と四角形6を重ねる点 I によって与えられる。これらの点が示すのは、独立しているにもかかわらず図形相互が分かちがたく結

図75　点Oから発する光の束の経路

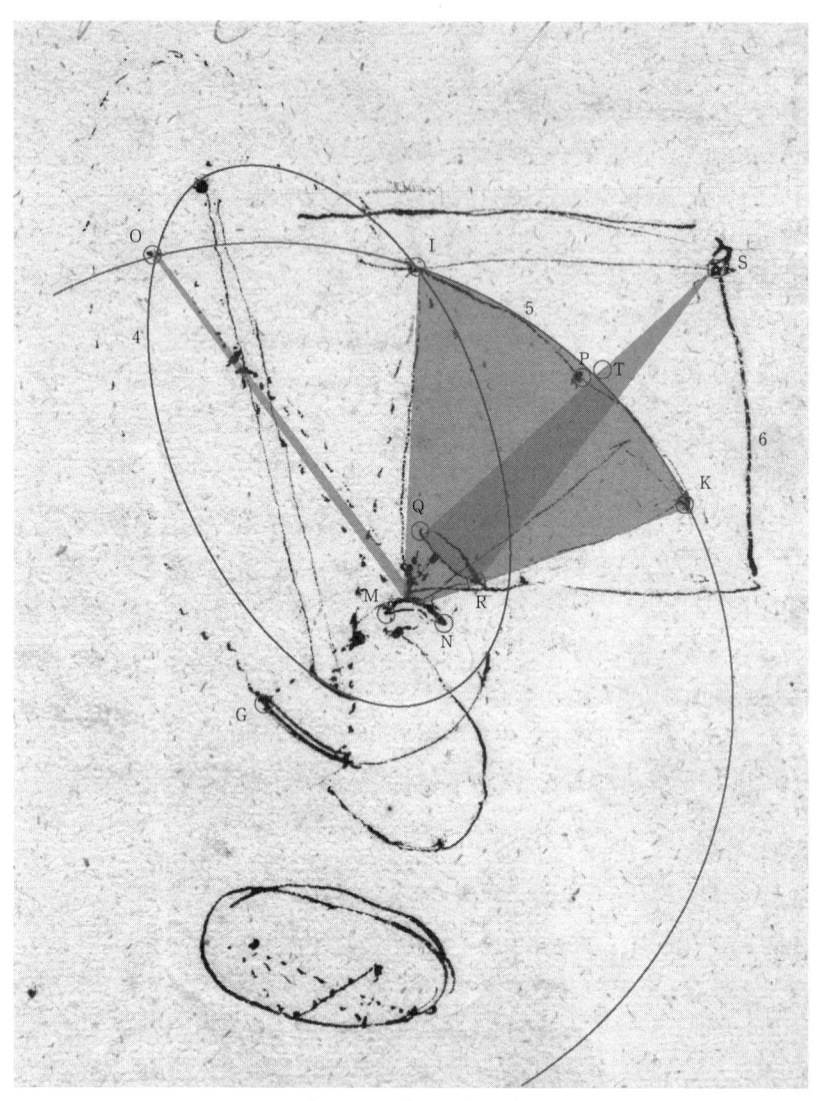

III ライプニッツのヘレンハウゼン・フィロゾフィー 109

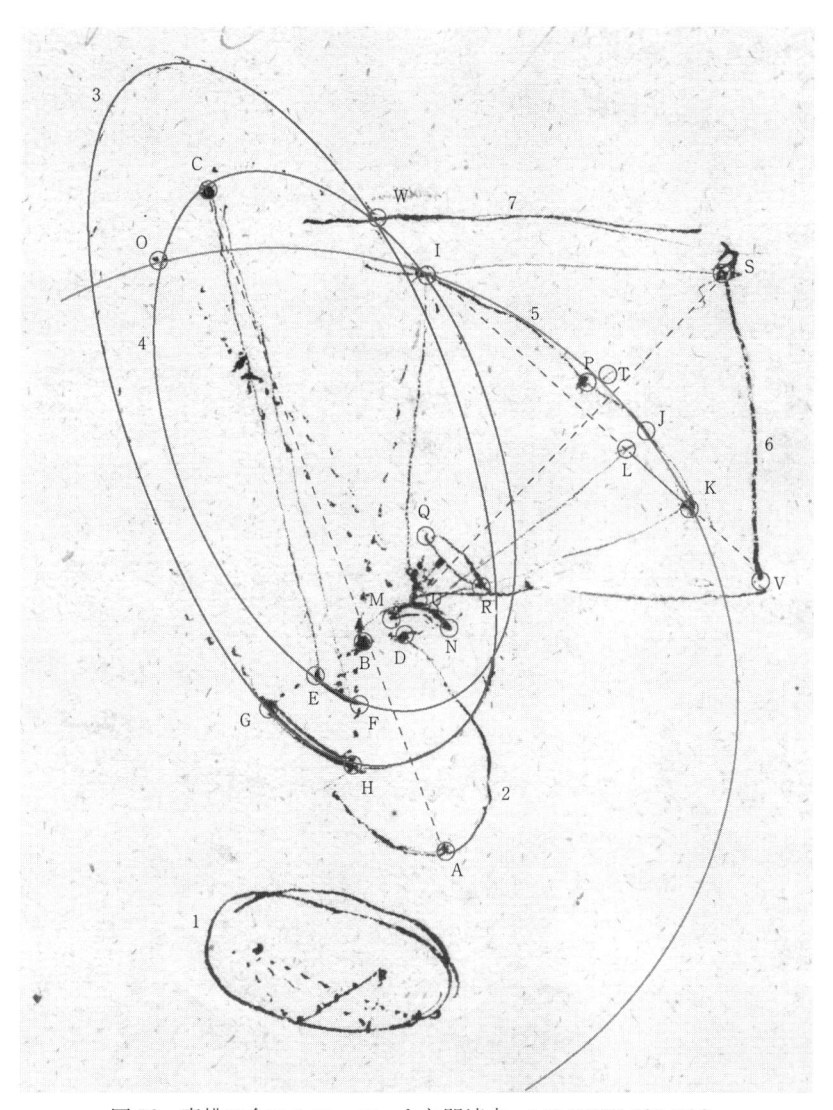

図 76 素描の全アルファベットと関連点、LH, XXIII, 735, B*l*. 9v

びついていることである。

場所はどこか

　こういう統一感があるからには素描のさらなる意味をなおいっそう探る必要に迫られる。とくに判断しなければならないのは、それは添えられていた本文と何らかの関係があるのかどうか。この問題は、ライプニッツが運河プロジェクトの理解のために仕上げてまだ2か月も経っていない素描を参照することで明らかになる。デュモン宛書簡の素描を1696年5月にライプニッツが覚書に付した大庭園の図と重ねてみれば（図41）、四角形と庭園の平面図とが一致する。それは庭園の北に向かった、すなわち下向きのちょっとした開口が書簡の素描でも起こっているゆえに、なおさらなのだ（図77）。四角形上部にある平

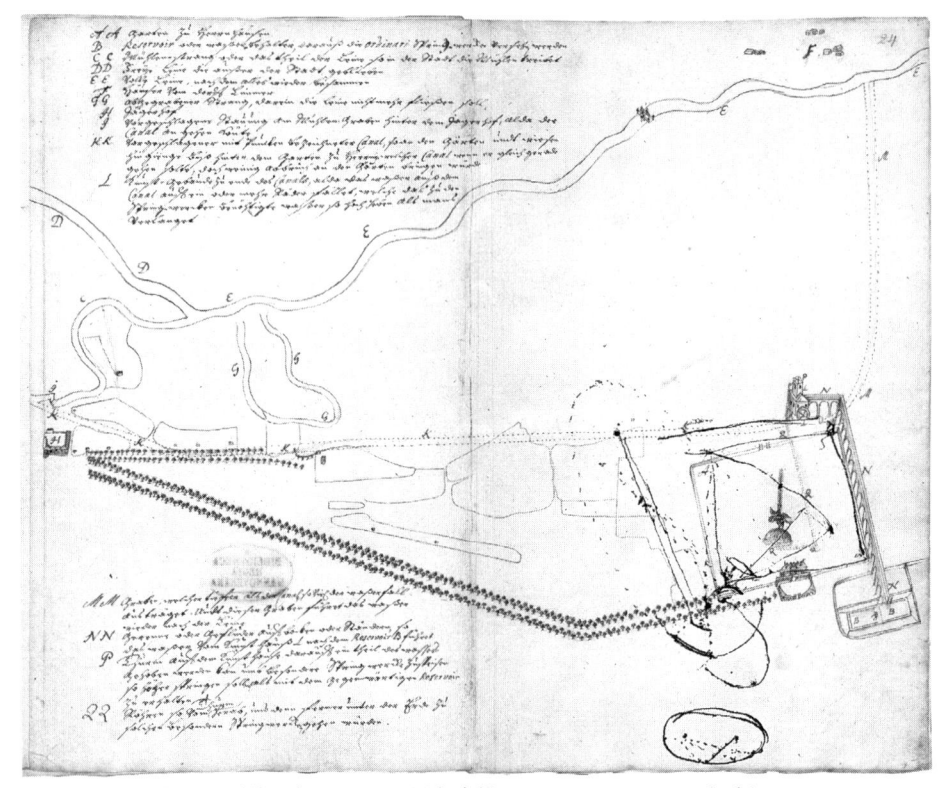

図77　運河プロジェクト図と素描 LH, XXIII, 735, B*l*. 9v を重ねる

行線7はプロジェクトされている運河の標章として相応しているのが分かる。右上隅Tの全体に意味付与するような構造は、覚書の素描に描き込まれた配水塔の位置と正確に一致するわけではないが、その機能をシンボル化するに十分近い。それはそこから出ているS線にも当てはまることで、この線は庭園に入っていく水路を示しているように見える。

だとすると、鏡とレンズ越しに光を庭園に送り込む光点を決定するのは、楕円形であるということになる。上側の、線をごしごし引いて特徴づけられた光の束は、運河に浮かぶ舟、もしくは築かれた堤から出ているようであり、それに対し点線で特徴づけられた光線はある陸上の地点から発している。

こういう整理の仕方には、凹面鏡EFとGHは旧ヘレンホイザー・アレーの向こうに位置するので、木々に邪魔されるだろうという、反論もあろう。加えて、想像上のレンズQRの下半分にはギャラリー建築が建設中で、ライプニッツはここでこの建築の東壁に光を持ってくるのは難しかっただろう。他方でレンズ装置なるものの大きさは非現実的に大げさで、機能原理をはっきりさせるにしても、縮尺の入れ替えを考慮にいれなければならない。素描に与えられる大きさはいずれにしても、より小さく考えらるべき視覚装置の単に代表と理解されるもので、なぜ光線が部分で断ち切られているかの理由も、そういうものだ。ここにあるのは、思考ゲームなのであって、使用指示に置き換わる平面図ではないのである。

運河プロジェクトに関わるすべての考案においてライプニッツは、このような光の劇場の可能性を告げていた。1695年度の運河掘削のための最初の草案でこう言われている、「第7に、運河は舟遊びにも夜の光学劇場のお楽しみにも有用である」[74]と。同文を1696年5月の覚書き構想にも、清書したものにも残している。「支流を一本、運河から庭園の中へ、あるいは庭園沿いに引くもよし。貯水池、水盤、養魚池など設置して、これにてさまざまな都合よきものを按配すべし。夜間の運河に開催される光学劇場は言うに及ばず」[75]。1696年8月14日の談合でもライプニッツは同じことを持ち出している。運河については「光学劇場等のお楽しみ」に利用できるというとき、それ自体すでに満足すべき目的を備えているということなのだ[76]。最後にライプニッツは1696年7月21日のあの素描付のデュモン宛書簡で、運河がかなえてくれる**光学劇場**について語っているのだった[77]。

同時代の演出の記録絵が、木々や建物の上空高くこのような光の劇場が実施されている様子を教えてくれる。パリ滞在中のライプニッツが見たであろう大仕掛け花火のひとつなど見れば、この種の催事が今日でも通用するレベルだったのだという印象を起こさせる（図78と図80）[78]。遅くともこの時代までに、束の間にすぐ暗くなる閃光のようなものとは違う光効果を、棒仕掛けやマスト仕掛けによって作ることは通常の演出なのだった[79]。ヘレンハウゼンの庭園については1821年のジョージ4世来訪の折の仕掛け花火が伝えられている（図79）[80]。そこではマストに高く掲げられた光学装置がその最高潮の印象を伝えてくれる。右手前には、ライプニッツが素描で幻視して見せたような凹面鏡があるのが分かる。装置を高くに設置し遠くからも見えるようにという実践は、彼が頭の中で暖めていたことに一致することだろう。

そのうえライプニッツは運河の並びに築く堤の高さも、水路を行きかうゴンドラの大きさ同様、計算に入れておいた。1696年5月の草稿でも、運河と並んで敷かれるアレーをどう利用するかということについて、熱を入れて強調し

図78　ジャン・ルポートル：1674年フランシュ-コムテの奪還を祝うヴェルサイユ宮でのルイ14世祝祭5日目：花火、銅版画、1676年頃

図79　G.H. ホフマン：1821年10月18日の花火光景、1822年頃

ていた。「夜間の運河に光学劇場(イルミナツィオン)を設置することは言わずもがな、その際、運河沿いに植えた並木もまた立派な装飾となるだろう」[81]。加えて、敷地は、楕円が旧ヘレンホイザー・アレーを越える地点で、氷河期からの長く続く砂丘を上ることになる。カダールがこの丘陵の西側に水盤を設置したのもこのためだった（後見返しの図）。下方へ向かう楕円と鏡は敷地のこの傾斜を利用することができたはずだ。それはまるでライプニッツが楕円1の助けを借りてそこに描きとられた丘のひとつを把捉しようとしたかのようなのだ。城館からの紋様花壇(パルテレ)への眼差しで分かるのだが、望む効果を得るためにはとんでもない高さはいらないのだ（図44）。

　手紙との関係、「庭師の楕円」というお手本、庭園の形と一致する四角形と楕円との結びつき、およびライプニッツの幾度となき光学劇場(イルミナツィオン)言及がすべて、この素描はヘレンハウゼン庭園の可能性を反芻するための貢献であるという仮定を後押ししてくれる。運河プロジェクトの検討中にライプニッツのダイヤグ

図 80　ヘレンハウゼン庭園の花火、ハノーファ、写真、2011 年

ラムが思考の翼に乗って飛び出したのは、明白である。翼となったのは、素描の自由さ。明らかにライプニッツは、計画中の運河と大庭園との間の夜間催事として光劇場を、幾何学スケッチを使って自分の内部の目にぱっと閃かそうとしたのである。

光のパフォーマンス

　光の運動を完全なものにするための幾何学線分が楕円形を形成した。その結果、その線条はヨハネス・ケプラーの惑星軌道を想起させるものとなった。特に宇宙論的メッセージが庭園とその周辺の通常形態に属するのであればなおのこと[82]。とはいえライプニッツの素描はもっと実験的領域にある。鏡とレンズの助けではるか離れたところからでも光を束ねてみせようという実践は、アルキメデスが放熱鏡を使って敵艦隊の船を炎上させることができたという話に遡る[83]。アタナジウス・キルヒャー（1601-1680）はこの実践を光学論文にさまざまに描いて見せた（図 81）[84]。キルヒャーの文通パートナーたるライプニッツを特に印象付けたのは、その実演の際にこういうレンズや鏡を夜間にも転用

III　ライプニッツのヘレンハウゼン・フィロゾフィー　115

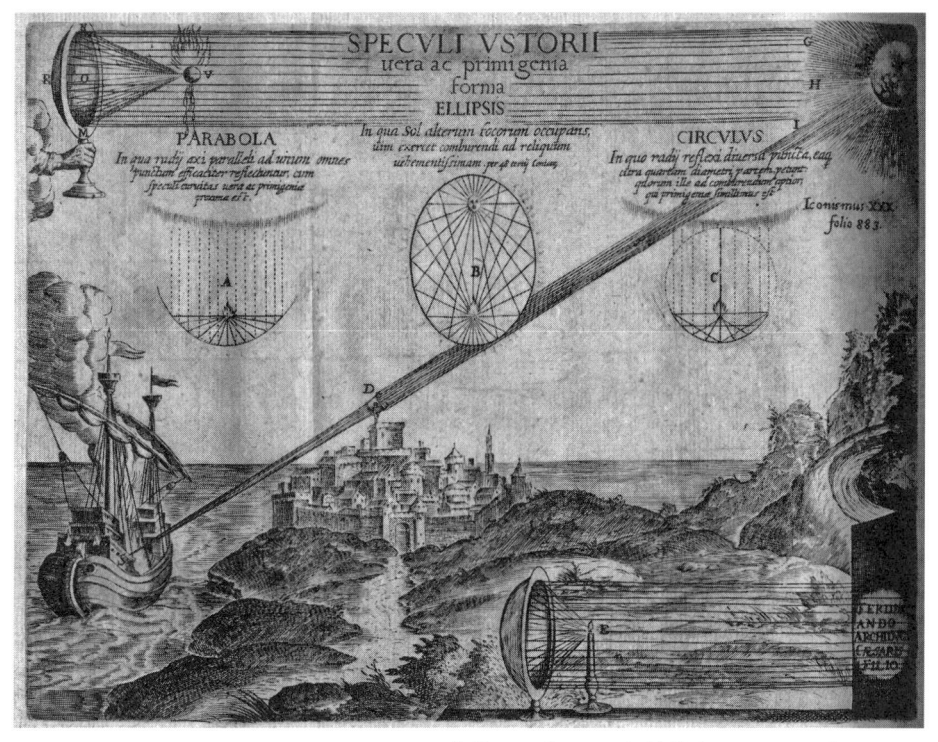

図81　アタナジウス・キルヒャー：集熱レンズによる船舶撃沈の図、1646年

したという話だった。これら光学装置は距離を大きく隔てても固体を燃やし溶かすのみならず、平地にての夜間照明にも有用とされた[85]。これは反射光学の一部だったのであり、凹面鏡が夜の暗がりに反射面ではなく漂うように表れる映像のイリュージョンのために利用された。夜の光学実験にはキルヒャーと並んでジャン・ルルション（ca.1591-1670）とジャンバッティスタ・デラ・ポルタのような著述家が従事していた[86]。ガスパール・ショット（1608-1666）は1657年に家々の扉と窓を通して辺りを照明することが主張されており[87]、ツァハリアス・トラーバー（1611-1679）は1690年の著作で、遠く離れていてさえ凹面鏡の力にて偉大なる効果を挙げることができると強調した。漆黒の夜に50メートル以上も光源から離れて本を読むことが可能である。「大げさだと思われようが、2, 3の蝋燭と凹面鏡を使えば暗闇も追い払い、真夜中、漆黒の闇ですら、30オルギアスの距離からでも冊子を楽々と読むことができる」[88]。

けれど湾曲させた大鏡をライプニッツが眼前にしたのは、とりわけパリ時代だった可能性が高い。1671年に公刊され有名になった銅版画師セバスティアン・ルクレルク (1637-1714) のエッチングは、ルイ14世と廷臣ジャン・バプティスト・コルベールの王立科学アカデミー来訪にささげられたものであるが、背景には天文台、パリ滞在中にライプニッツが深い印象を得た王の庭園の植物園[89]、そしてアカデミーの器械類が理想の絵柄を形成している（図82）。

図82 セバスティアン・ルクレルク：ルイ14世と国務大臣ジャン・バプティスト・コルベールが科学アカデミーの想像上の建築を訪問する図、銅版画、1671

示唆的なことに前景右手には、フランソワ・ヴィレット（1621-1698）によってリヨンにて制作された、瞬時に金属を溶かすという球面の集熱鏡が、庭に向けて解放された窓側に設置されている[90]。才能に恵まれた数学者チルンハウス（1651-1708）は大型鏡とレンズの制作に秀でたスペシャリストになりおおせ、パリにてこのような鏡の効力を追求していたのだった[91]。

ライプニッツもパリではチルンハウスと親しく交わりながら同様の研究を果たしていたことは、「自然と人工の劇場」設立のためのアイデア・スケッチが示している。その中の科学実験の項目のひとつに「集光鏡の力」という一節がある[92]。プライオリティ争いもあったし、チルンハウスが隠れもないドグマティックなデカルト派だったことの諍いもあったが、のちにはまた旧交を暖めるに至った[93]。チルンハウスは巨大鏡とレンズの有名な制作者となっており、そのゆえにこの器械とその能力の話題がこの頃の意見交換の中心だった。チルンハウスの1686年に制作された最大の集熱鏡のひとつは、最近の実験ではあらゆる種類の金属、アスベストですら溶かすことができるというのだが、直径158cmに達し（図83）、レンズの直径は部分的には半メートルに達した[94]。チルンハウスは1694年2月末ライプニッツ宛の長い手紙でこのような「信じがたいほどの大きさの光学器械」および「信じがたいほど長い遠近法ガラス」の制作技術について論じ、その範型については1698年3月にもう一度強調した[95]。1694年10月、チルンハウスは、ハノーファからライプニッツが報告するところでは、「いたるところで集熱鏡を見せて回った」[96]。ライプニッツの鏡に対する興味は、1697年にパリで選帝侯妃ゾフィーのために巨大鏡を手に入れようと努力しているところにもはっきり表れている[97]。

すでにそれ以前の1694年3月31日付けチルンハウス宛書簡においてライプニッツはこのような鏡とレンズを目にして、この器械の完全化の必要性を強調していた。特に重要なのは、瞬時にガラスやメタルを溶かすというチルンハウスの繰り返し強調している機能だけでなく、ライプニッツの方には光のメディアとしても力点があったことである。「鏡あるいはむしろレンズの完全化は、熱ばかりではない、光にとって大いに重要であるのは、言わずもがな」[98]。

神秘学試論

自分の関心は熱発生のための球面鏡活用にとどまらず、光の効果にあるのだ

図83　エーレンフリート・ヴァルター・フォン・チルンハウス：球体鏡、銅版・木製、1686

というライプニッツの発言は極めて重要である、というのも屈折や反射についての広範囲にわたる未編集のテキストが、デュモン書簡の素描に似た走り描きを残しているからである[99]。この点で最も重要なテキスト、つまりデカルトとピエル・ド・フェルマの光理論を結びつけようとした『神秘学試論（テンタメン・アナゴギクム）』が書かれたのは、1696年6月以後、つまりこれまた素描がデュモン書簡に付けられたのと同じ時点だった[100]。

　この論文でライプニッツは3つの図形を作成し、3つの異なる鏡形態を操作している。最初の図では（図84）、そのつどABで示された鏡は凹面、直平面、凸面の束になっている。これに対しライプニッツは平らな鏡に平行に引いた線分STを想定し、そこからは鉛直な光線が鏡面に落ちている（図85）。縦座標

QとRがこの光線の例証であり、これに対面の光線qとrが「双子」として対応している。2本の双子光線ECとecは垂線としてのみ一致する。素描は明快化のためにECとecのあいだに隙間を設けているのが、これは異なる線であることを提示するためである。実際にはしかしふたつは重なっている。しかしそのことによって平たい鏡にある点Cは唯一可能な、すべての双子が収斂する場を表している。ECは凸面鏡にとっては最短、凹面鏡にとっては最長の線分となる。素描が証明しているのは、光の屈折を決定するのが、最短とか最長といった距離のような量ではなく、最高決定の判断標識であるということだ。「したがって議論の基礎は、双子を統一することによって作動する唯一独自性のことであり、その際、縦座標が最広なのか最狭なのか、気を使うところではない」[101]。

およそ同じ時期にこうしたメモが誕生しているのだから、デュモン宛書簡の素描の凹面鏡と凸面鏡が同様の一致を見せていると仮定してもいいだろう。少なくとも曲線EF（図74）が『神秘学試論（テンタメン・アナゴギクム）』図形1のAB（図84）のような凹面鏡を表しているのは、明らかだろう。図形1のGFへ向かう屈折はデュモン書簡の素描のGHへ向かう光線に一致する。凸面鏡MNでは相反現象が起こっており（図75）、この鏡は光線を透過させずに、反射しているのである[102]。

こう考えると、ライプニッツが『神秘学試論（テンタメン・アナゴギクム）』図形1のさまざまな鏡ヴァージョンを、デュモン書簡の素描ではばらばらにして、そのそれぞれに、互いに異なる楕円のひとつひとつをあてがったという結論が妥当だろう。図形1の線

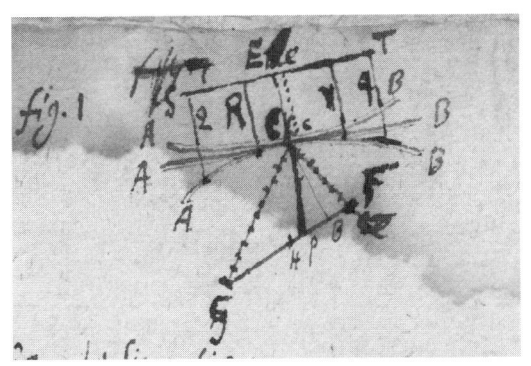

図84　ライプニッツ：神秘学試論の図1、セピアのペン画

図85　神秘学試論の図1の清書

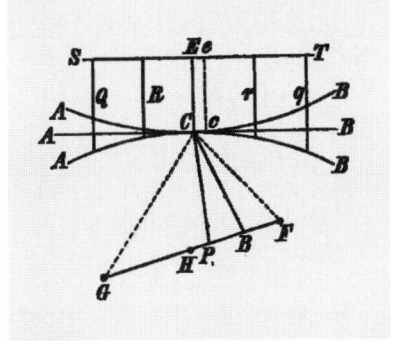

分STは可能な光線を平行線で表しているが、これが異なる楕円に付されたふたつの光源に変えられた。これによってライプニッツが明らかにしようとしたのは、光源がさまざまなパースペクティヴの産物であり、世界モデルとしての円錐がそのパースペクティヴから断面を切り取られるのだということである。くりかえしさまざまな楕円を描きながら、さまざまなパースペクティヴと視点を包摂できる視線を手にした。それは神の視点（Visus）である。円錐を可動的に横切る断面のように、どんなときにも、可能などんなパースペクティヴからでも、そこからはコスモスを眺めることができる。ライプニッツの『形而上学序説』における考察の書きぶりが際立って切実である。「つまり神は、自分の壮麗さを啓示するために現象の一般システムをもたらそうと考えて、これを四方八方へあらゆるやり方でくるくる回し、世界の全方位をあらゆる可能なやり方で眺めるのである。なぜなら神の全知を逃れる事項などないのだから」[103]。

　ライプニッツによるとすべての人間にとって大事なことは、さまざまなパースペクティヴを予期すると同時に、人間と神のパースペクティヴが重なる最高決定性の地点を見つけることである。『神秘学試論（テンタメン・アナゴギクム）』の図形では線分ECがそれである。デュモン書簡の素描、従って庭園図では、それは鏡によって反射した光線IJ、IKそしてQRSからその最高の決定性の源泉へとさらに戻っていく。

　光は非物質であり物質でもあるので、ライプニッツにとってモナドの最も深奥の構成要素であった。こういう意味で光はライプニッツ哲学の最も重要なメディアに属した[104]。ライプニッツがヘレンハウゼン大庭園に想定した夜間照明劇場（リヒトシュピーレ）は、それゆえ彼のモナド学に走った閃光という一面があった。そういうことを知らない同時代人にとってこうした光学劇場（イルミナツィオン）は静かな花火であったろうが、独自の魅力を持った花火だった。ライプニッツは手ずから紙上に残した図によってこれらすべてを結合させたが、それを理解していたのは本人と選帝侯妃ゾフィーのみだったかもしれない。ライプニッツの光演出は光の図像学と一致（ユニゾン）する。それは1684年彼の考案した記念メダル以来、選帝侯妃ゾフィーのことを彼女の亡くなるまで念頭に置いた図像学だった（図4）。7月21日のデュモン書簡の素描から遠くない時、すなわち1969年8月、ライプニッツは「私どもはやがて事物のほんとうの視点に近づくでしょう」と期待を述べているとき、一切が共振しているのではないだろうか。視点、すなわち庭園で言えば、

ポワン・ド・ヴュ、すなわち「絶景ポイント」[105]。

宇宙論的遠近法主義

　同じ頃の『神秘学試論(テンタメン・アナゴギクム)』が同じように追求しているのも、自然学すら形而上学的枠の結果するところである、すなわちダイナミックな普遍宇宙の機能であるという観念である。この宇宙ではすべての現象はいわば能動的に登場し、決して受動的に甘受されるのではない[106]。自然学と形而上学が一致するなら、両者は『弁神論』の倫理と結びつくだろうし、弁神論の倫理は、危険と不幸、あるいは『神秘学試論(テンタメン・アナゴギクム)』の言葉を借りれば「双子」というが、これを解き放つパースペクティヴの1点を発見せよという使命を課するのである[107]。

　こういう確信をダイナミックな形に変換するのが、デュモン書簡の素描である。なぜなら楕円も四角形や円切片と同様、異なる前提を持っているにもかかわらず、互いに結び合うからである。この一点にライプニッツの連想力のダイナミズムが、一致しがたい世界を瞬時に集約する能力として姿を見せている。素描において開示されるのは、モナドを光理論によって理解する原理と、同時に宇宙論的遠近法主義の構造である。もし現象を秩序づけるさまざまなパースペクティヴが認められるのならば、さまざまな拡散現象ですらその関係を具体化するうちに遠近法主義に従って解明できる。『弁神論』ではこの考え方は、デュモン書簡の素描の記憶が働いたかのようなテーゼ化がなされている。「円錐をひとつの平面で切断する際にできる多視点の図が示すごとく、同一円錐の切断面は、楕円、放物線、双曲線、その他の円形、直線や点を出現させることが可能である。これらの図形ほどさまざまで互いに類似しないものはないが、すべての点はすべての点に特定の関係を持っているのである」[108]。

　ライプニッツが肉体−魂−ダイヤグラム（図68）に引けを取らないひとつのモナドロジー・モデルに至ったのは、ヘレンハウゼン庭園に刺激されたからである、こう言っても過言ではないだろう。エレメント論のダイヤグラム（図62）とともに、それらは庭園に関わる3徴候(トリーアス)を形成する。ダイヤグラムはヘレンハウス紋様花壇(パルテレ)におけるそうした自然の諸力の協働を体現している、しかもミクロコスモスとマクロコスモスが調和的に共演するという伝統の教説の意味で体現している、その一方で庭園に走る直線路が斜角を形成するのはシステマティックな逸脱 Abweichung の徴であり、逸脱なければいかなる個別性も

考えられない。ここでは庭園の葉っぱの一枚一枚がそれぞれに表すもの、存在するものすべての固有形態が、幾何学的に捉えられていた。こうした基本枠組みが、最終的には、夜の光学劇場における視点交替のダイナミズムとなって普遍宇宙のマルチ・パースペクティヴへと移されたのだと言えよう。そうしてこれがモナド論の感覚モデルを飾る王冠だったのではあるまいか。

図86　スタウアヘッドの風景式庭園、パンテオンを望む主風景

IV

バロック庭園の現代性

---

1. 風景式庭園の抱えた数々のパラドックス

期待とフィクション

　バロック庭園が複合的というなら、風景式庭園も内部に険しい矛盾を抱えている。自分を絵のように美しく演出するくせに、実は多孔性であるのも、その矛盾のせいである。風景式庭園はリベラルな自由空間として花開いたのであって、失意のホィッグ党と伝統的に反対党のトーリー党が提携してカントリー・パーティとなったのもここなのだが[1]、同時に島国の狭窄症状を呈していた。
　その強みは境界知らずの妥当性が放つ晴れやかな、たとえばスタウアヘッド庭園が見せてくれるような、輝きである（図 86）。風景式庭園では眼に見える境界線がない、この欠落こそ、自分と環境とを境界なしに宥和させる理想的なあり方で自然を理解できるようにしようという普遍要請のシンボルとして働いている。個人と共同体の自由原理を目に見えるものとするために風景式庭園が「剪定されていない自然」というメディアを使ったとき、見た眼には境界の撤廃という姿をとったのだ。理想は環境との柔らかなそれと気づかぬ移行に生かされたので、庭園を自然そのものとし、自然を庭園として見せてくれた。風景式庭園を倦むことなく守護しようとした戦士ホレス・ウォルポール（1717-1797）の定式化を借りれば、ウィリアム・ケント（1685-1748）は「生垣を跳び越え、見たのである。世界はすべて庭園だった」[2]。
　しかしながら内部葛藤は土地所有権において始まっている。父権制的 - 共同体的な土地利用の理想は——たとえばジョン・ミルトンが奨励したが[3]——エ

ンクロージャ運動の代価を払ったのであり、これにて広大な平地が接収されていったのである。一帯は厳しい法律によって守られており、開けた土地というよりむしろ罠のような印象で、こうした共同体理想と私有思想の葛藤は、境界線の明示化においても、いやそこにおいてこそ表れたのである[4]。**全景**の**見晴**らし（ベクト）は環境自然を目によって支配することを許し、一帯を区切る沈床垣は、なんら視覚的障壁を作ることがないので音響画的感嘆符「Ha-Ha」を付される、それは観光者が思いがけずこの印に出くわしたときに表す驚きの記号だった。しかし純「ハ・ハ」効果が成功したのは、とりわけ庭園内部においてであり、外向きには境界の線引きはせいぜい偽装だった[5]。最初から境界線はたいてい槍の柵、つまり外向きに突きたてられた矢来、あるいは樹木の帯で必ず覆われていた。建てられた碑銘が証人だが、だれもこの自由なアルカディアという虚構に瞞着されるはずがなかった。1825年にケント公園に掲げられた看板は、風景式庭園の尊厳を守る装置が逆説的なことにこの上ない風刺装置であることを暴露してしまった。「ここはパラダイスなり。自動発砲装置と鉄の熊バサミに注意」[6]。風景式庭園は矛盾の中にある。一方で限定されざるモデルであるが、他方では所与の外側にある現実には懸隔があること、つまり島に過ぎないことを強調せざるを得ない。英国風景の多様性は18世紀には風景式作庭師の曲線愛好と、農耕効率の直線とに分裂していった[7]。

　一見境界のない庭園というユートピアの裏面には、ユートピを愛好する多数派の帝国的確信もまたあった。カントリー・パーティの敵対者ロバート・ウォルポール首相が重商主義者として平和主義を基本方針としたのに対し、風景式庭園に結集した反対党はブリテンの通商路を軍事的に防衛することを強要した。脱境界とは普遍支配の身振りであり、バロック庭園では目立たず差し込まれていたものが、風景式庭園では身振りではなくリアルだった。すなわち主役たちが主戦論で一致した場なのだから[8]。

　風景式庭園のピトレスクな演出は、つまるところ同様のパラドクシカルな特徴を帯びるのである。絵のような効果を生み出して狙っているのは、決して手つかずの自然についての人工的でないイメージではなく、理想的自然についての技巧を凝らしたイメージであり、クロード・ロラン、ニコラ・プサン、ヤーコプ・ファン・ロイスダールがこれらを空想してみせた。絵画的イメージ投影の連続に道を拓いたのは、これである。ここに自然らしさなるものが登場した、

が、それは自然から飛び出た絵画と舞台背景画の体験のことだった[9]。

混合形態

　自然らしい自然へと宗旨替えしたのは、風景画の理念型的知覚から獲得されたものである。その自然らしさはリアルに投影された一連の絵画から連鎖的に得られたのであって、こういう宗旨替えは突然降って湧いたものではなかった。自然らしさもまたバロック庭園にすでに用意されたものであり、のちに風景式庭園の批評要因もまたここに見つかるだろう。だから庭園理論家アントワーヌ・ジョセフ・デザリエ・ダルジャンヴィユ（1680-1765）は、1709年に初めて現れた18世紀にとって基本的に意義深い彼の著作『庭園の理論と実践』で、バロック庭園を理解するにはその山のような変奏に分け入って、決して一息ではなく、むしろ徐々に把握していくべきであると言っている[10]。

　これに劣らず驚くべき発言がジョルジュ-ルイ・ルルージュ（1707-1790）にある。彼はヘレンハウゼン大庭園の生垣劇場と多種多様なボスケット（植え込み）の形態について1775年に出版された、同じく大きな影響力を持った著書『新庭園アラモード』で描写している。その巻頭モットーはボスケット空間の多様さを視野におさめて「直方体」ではなく「ヴァリエーション」なのである、曰く「ハノーファ王立庭園の多様なるボスケット」[11]。一見、風景式庭園が庭園理論を支配した18世紀にもまだ、ヘレンハウゼン大庭園は『新庭園アラモード』のグループ分けにあって多様性の例として挙がるのだ。すなわち、新しい、時代様式を心得た庭園。著者の父はルイ・レミ・ド・ラフォスで、選帝侯ゲオルク・ルートヴィヒのもとで宮廷主席建築師としてハノーファに仕え、疑いもなくヘレンハウゼン庭園の知識を息子に伝えたのは彼だった[12]。この発言にあっては、一見自由な風景式庭園と、表向き固定的機械的幾何学的バロック庭園との間にある対照性は、決して自由と規則強制の間の相克とは理解されていないことに注意しておこう。

　これはまた議論の全体が、人工でない自然らしさに対して賛成とか反対とか、あるいは自然から遠ざかった人工性に対して賛成とか反対とか、どちらでもバロックの整形庭園であれ風景式庭園であれ転用されることが可能だったことと一致する[13]。プロイセン王フリードリヒ2世のようなエピクロスふうの魂を持った支配者は、その哲学は伝来の手本に従って風景式庭園を要求したのだ

が、その彼さえ、無憂宮(サンスーシ)では中核の整形庭園と自分を重ねることができた[14]。

こうした相反する基本性格は、結局、風景式庭園の側からも証明された。幾何学庭園が決して自然と対決するものではないように、風景式庭園も幾何学的構成なしには考えられない。とりわけ19世紀中ごろに造成されたハノーファのゲオルク庭園は自由な思い付きの産物ではなく、正三角形の組み合わせでできている[15]。もし風景式庭園の原理、小径、花床の設計が幾何学的線分に従って作られ、「構成された風景式庭園」と命名されたのならば[16]、逆にヘレンハウゼン大庭園は「自由な構成庭園」と表記することが許されよう。

風景式庭園批判

人工と自然の騙し絵遊戯も、風景式庭園の審美化されたスタイルも、そのわざとらしい性格のせいで、すでに早くから拒絶していたのが自由思想の貴族(リベルタン)たちである[17]。自然らしさという概念では、整形的造園に対するアンチを形成するのにはまったく役に立たない。1713年、デザリエ・ダルジャンヴィユが造園術に対して「人工は自然を前にしりぞくべし」と原理的要求を突きつけたとしても[18]、それは彼の眼が風景式庭園に地平線の大きな弧をとらえていたからではなく、人工的に装飾過多の、わざとらしい形式──ヴェルサイユがまさにこれ──を拒絶するためだった[19]。バロック庭園は庭園の形成の仕方に独自の芸術価値を媒介したが、その芸術は絵画に依存しておらず、固有の、取り換えの利かない要請を額縁としており、その額縁に収まっていたのは麗しの自然模倣であり、自然馴致ではなかったのである。それが人工的に作られたと自称したのは、内的自然原理を築くべしという要請とまさにわざとらしい人工性とを繋ぐためであった。18世紀全体を通じてこれは風景式庭園批判の基調となったし、ロココ庭園への拒否が風景式庭園への拒絶と結びついたあとでは、この風景式庭園批判はとくにフランスにおいて大々的フロントを鮮やかに形成するに至った[20]。

1795年、エーバーハルトがライプニッツ伝に風景と幾何学の相和する挿図を付して出版した年(図22と図31)、匿名の図版作者は、直線を使うべきか曲線を使うべきかというふうに、葛藤を先鋭化した。『造園年鑑』の著者は議論をこう始めている。「ギリシア人とローマ人の曖昧ではあるがその庭園記述から推測する限り、彼らは直線に従って仕事をしたようで、近代ではフランス

人が庭園を直線で造営した。／われらの世紀の真ん中ではイギリス人が中国人の例に倣って曲線を導入し、直線の小径をことごとく庭から追放し、ひたすら曲線にのみ従おうとして、ここに庭園の大いなる美の要諦を置いている。／これをまた今や全ヨーロッパが倣い、曲線に従い、さらにも奇異なしつらえの庭園ばかりを美と愛でる。これを人呼んで英国式庭園という」[21]。自然らしさが直線と、人工性が曲線と同化する。「直線は自然の線分なり。すなわち自分自身を引き受けた身体、生命があろうがなかろうが、人間、動物、球体は、直線を走る。何かが走行の続行を邪魔するなら、その時ばかりは引き下がるもやむなし。音響も光線も、屈折や収縮を起こさせる障害が進む途上になければ、等しく目と耳に直線でやって来る」[22]。

著者はさらにたくさんの例を挙げて、直線は散歩するにも身体の快感を開放するのだと説き進める。直線は庭園にはお勧めである、なぜなら直線は目に心地よく、華やかさを展開することができ、遠近法的に考え行動することを可能にするからである。その欠点はただ、場合によっては直線が全体を一度に見渡すことを許す点だけ。それは驚く楽しみを奪うゆえ[23]。この但し書きには、連続した視界の開放願望を媒介する一望(クープ・ドゥイユ)への批判が表明されている。

直線が自然の線分であるなら、と匿名氏は言う、曲線は「人工の線分である。なぜなら平静で、障害のない状態である限り、自然界には先に示したごとく歪んだ曲がった線は存在しないのだ。これを発明したのは、ほんの偶然、あるいは人為である」[24]。曲線は、散歩者が回ったり曲がったりするのに必要な線であるから、撓め強制した線なのである。加えて、曲線は展開するためには場所をとり、応じてこれを開放するには時間も多くかかる。それは快適な部分も断じてあるけれど、それが人工の線であって、決して自然の線ではないということは、確かめるにも及ぶまい[25]。

風景式庭園の批判者は『造園年鑑』の匿名氏のみにとどまらない。ヨーハン・ヴォルフガング・ゲーテはヴェルリッツ風景式庭園を確かにユートピアとして、支配者不在のアルカディアとして見ていたが、期待と現実の間に亀裂が存在することも感じていた[26]。日記にはこうある、「初期フランス式庭園の形態を讃えよう。少なくとも大きな城館については。しかし、広々とした四阿、園亭(ベルソ)、5点形(カンコース)植え込みは、あまたの社交の集まりを上品に催し調和させるが、一方、わが**自然のお楽しみ**naturspäßigと呼びたいイギリスふう施設においては四方

八方手狭で、邪魔され、道を失うのだ」[27]。ゲーテがイギリスふう風景式庭園を決して空間のゆったりとした自由さとしては分類しなかった、そうではなくて遊歩者が望まず繰り返しぶつかり合うような柵に囲繞されたところとして、けなすのである、なぜならそれは「自然のお楽しみ」を演出し計算する対象なのであって、そういう時ゲーテは、シャフツベリイがバロック庭園を自由ではないからという典型的レトリックを使って否定した態度を、古いとあしらった。風景式庭園の観念に社会的政治的文化的理想を負わせたパトスに対して、ゲーテが伝えるのは、その矛盾の概念である。

これに対しゲオルク・フリードリヒ・ヴィルヘルム・ヘーゲルが風景式庭園のピトレスクな遊戯様態に認めたのは、もはや内部葛藤ではなく、かろうじてこの庭園形態の人工性の使い古されてしまった状態のみであった。絵のような「すぐに満足をくれる刺激は、やがて消え失せ、二度とそのようなものは目にしない。というのもこうした添加物は光景に何も無限性を与えることなく、内部にあるいかなる魂も提示できず、その上娯楽としても、歩きながらの会話などひたすら退屈で煩わしい」[28]。100年前には風景式庭園の完成を熱狂的に迎えたのに対して、このように極端な批判が炸裂し、断固たる反対意見にまで反転してしまった。

2. 多孔性バロック庭園

公衆に開いているかという論点についても、これまで概算として言われたことに対しては対抗請求書を突きつけておかねばならない。1792年に開園したミュンヘンの英国式庭園(デア・エングリッシェ・ガルテン)は、当初から制限なしにパブリックに開かれた初の庭園と見なされている[29]。しかしその解釈もまたバロック庭園に対する作為的戦線形成に乗ったものである。一般に開かれているということがリベラルの印だというなら、英国式庭園はモデル・ケースとなろうが、ところがこれは当初風景式庭園ではなかった。パブリックに開くという可能性を提供できたのは、幾何学式だったのだから。バロック庭園の形式は決して遮蔽を望んでいたのではなく、開くことを条件としていた[30]。

この現象は、パリのチュイルリー宮が一般開放したために無数のその他の庭園の手本となった16世紀にまで遡ることができる[31]。ロンドンでは王立ハイド・

Ⅳ　バロック庭園の現代性　131

パークが1633年にカール1世によって開園し[32]、1661年にはカール2世がフランス亡命から帰還して作庭師アンドレ・モレに聖ジェイムス・パークをフランス式の幾何学庭園へ造り変え復興させて、王政のシンボルとするよう注文した。そしてそこでは佩剣の資格を持つすべての家臣が出入り自由を許された[33]。

　この種の公開性ならヴェルサイユもまたモデルである。城館からは広い平面と直線が一望できたが、この眼差しは王自身を接近可能な目標とする逆視線を受けた。宮廷が透明で統治者が到達可能だということのこれは演出であったが、だからこそヴェルサイユ庭園は広く掌握された公衆の鏡の間となったのだ。庭は厳しい裁きのメディアとなり、歯に衣を着せぬ批判を許す空間であった[34]。ヴェルサイユは可視性の上に成り立っており、18世紀初頭以来その公園施設はあらゆる階級の構成員に開かれていた。1718年の旅行記が教えてくれるところによれば、「ヴェルサイユのパルク、あるいは庭園は昼夜開かれており／隔てなくすべての人が／貧富の差なく／老いも若きも／高きも卑しきも入場し、楽しんでいる」[35]。一般庭園解放にエポックを画したのは、フランス革命の精神によって18世紀末に造営されたミュンヘンの英国庭園ではなく、バロック庭園を祖型としていたのである[36]。

　1720年の庭園一般公開の歴史にハノーファは独自の関わり方をしている。庭園に一般入場できるというヴェルサイユからの報告が来てから2年後、ヘレンホイザー・アレーの東側にモンブリヤン館が建設されたが、それに付属した庭園は当地の大庭園の幾何学構造を縮小模倣しようとしていた。そしてこれが当初より一般入場可であった[37]。この決まりはヘレンハウゼン大庭園が先行して実践したことの延長上にある。これもまたバロック庭園が排除的なのに対し風景式庭園は開放的という説に反した。こういう開放の慣習に矛盾して、庭園が大空のもとにあるくせに儀式的に接近禁止の私的領域と見なされていたというのはパラドックスである。儀礼の規範のためには宮廷の歓迎と謁見のゾーンである城館の内部と前庭が大事であり、これに対し庭園では私的に振る舞うとしても強制されてではなかった[38]。

　1708年頃の広大な景観図（前見返しの図）はこの2重の性格をまざまざと伝えてくれる。表敬庭は4乃至6頭立ての馬車および12名の槍衛兵の一隊とその隊長、その右下側には4列の隊が見分けられる（図87）。その他の連中は忙しく動き回り、挨拶を交わしたり会話したりの最中である。総じて、殿下に

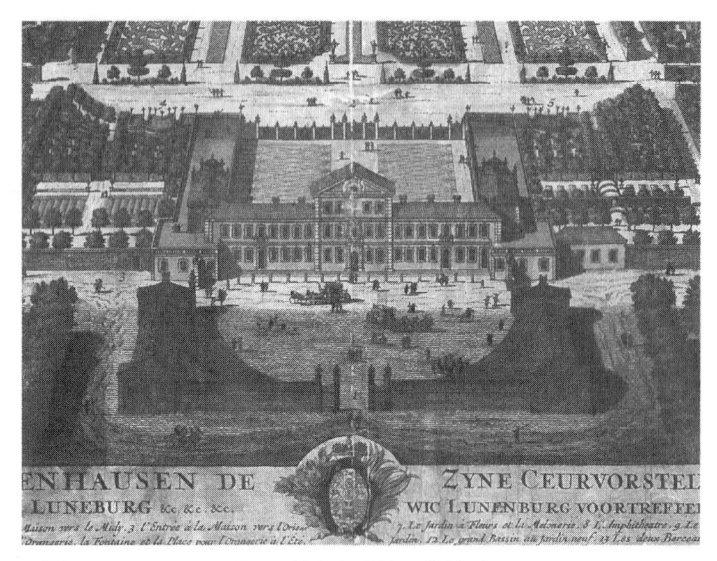

図87　ヘレンハウゼンの前庭と城館、前見返しの図のディテール

謁見される空間であり、到着と出発の儀礼の場である印象である。

　それに引き換え庭園の入場は少なくともこの1708年の理念図では自由である（図88）。西の入場門では格子扉も歩哨も入場を閉ざしてはおらず、これ見よがしのペアが何の誰何も受けず開いた門から入っていくところである。そのうえ庭園全体に秩序維持の権力が欠けており（図89）、総数155の訪問者がばらばらの運動を交わし、離合集散し、個人として振る舞っているらしいところを見せてくれる。前庭の活発さとは対照的にここを支配しているのは、静かに哲学する雰囲気であり、秩序維持の権力の不在であり、私性と公共性である。こうした要素のすべてにおいて庭園は、表向き、18世紀の庭園革命が初めて世界にもたらしたことになっているあの非儀礼的あり方を示している。ヘレンハウゼン大庭園は儀礼的抑制空間というよりはむしろ自由な展開空間だった。だからこそ、選帝侯妃ゾフィーとライプニッツの邂逅が抑圧なき交歓原理を示しているのである。

　庭園の建築学的レイアウトは確かに城館に結びつけられているが、城館とは別個の独立空間のゆえに内的首尾一貫性を獲得している。強制なき巨大空間である庭園は、儀礼空間である城館に対し優位に立っている。整形庭園は宮廷性

Ⅳ　バロック庭園の現代性　133

格なのだという通例の考え方に対立するおもな議論は、庭園形態のこうした自律性を根拠としている[39]。プライヴェートな生き方は風景式庭園にその最初の権利を見つけたと思っているようだが[40]、ヘレンハウゼンでは当たり前だった。

　選帝侯妃ゾフィーの息子ゲオルク・ルートヴィヒは、こうした思考風土を己

図88　ヘレンハウゼン庭園の北西角、前見返しの図のディテール

図89　王の植え込みと生垣劇場、前見返しの図のディテール

の気質となしていたように見える。1714年に英国王位についたあとで、彼は階級序列や儀礼的に決められた社交術への嫌悪を示して公衆を呆れさせている。こういう振る舞いは王というより私人みたいだと思われるほどに身に付いたものだった。彼がすべてのイギリス的なものを自分から遠ざけているという誤解が生まれてようやく、彼は宮廷生活にもっと重きを置いて公的にも儀礼にかなった身の処し方をとるようにしたのだった[41]。ゲオルク・ルートヴィヒがジョージ1世として王位についたままヘレンハウゼンに戻ってくるたびに、ここでもある程度政務に従って振る舞わざるを得ず、そのために大庭園も儀礼に組み込まれることが多くなったが、同様、儀礼の方を緩ませることにもつながったのである。集会、芝居上演、とりわけ大規模な舞踏会には貴族でない者も入場が許された。社会階級が見えなくなる仮面舞踏会では無数の客たちが夜明けまで集い[42]、祝宴への入場は何度でも自由で、参加者は何千人にも上った[43]。7年戦争（1756-1763）後に庭園は「すべての者に」来場自由とされたのは、こういう論理上のことだった[44]。

　こうしてコミュニケーション形態のあらゆる局面において、強制されない振る舞い方を身に着ける習慣が用意されていった。格式張らない座り方、寝そべり方が、今日、芝生の上では通例となり、これとともに中世庭園やイタリアの都市共和国の庭園が新たな現代性を帯びることにもなった[45]。ヘレンハウゼン大庭園はこうした庭園の非－儀礼的性格を促す役目を負ったし、ここでもその現象が示すところは、バロック庭園と風景式庭園が、似たような感情と目的設定を持ったふたつの変数だということである。

3. 幾何学の自然らしさ

　ライプニッツがヘレンハウゼン大庭園に感じたであろう自然らしさと幾何学の共演を、法律家にして芸術史家フリードリヒ・ヴィルヘルム・バジリウス・ラムドーア男爵が18世紀末に挑発的形式へ移行させた。彼が整形庭園と風景式庭園の矛盾を乗り越えるべくまとめた議論は、18世紀残り4分の1、フランスも一部ドイツも支配した論法と同じであるゆえ、そのものはオリジナルではない[46]。とはいえ彼の庭園理論には独特なものがあって、庭園理論の価値基準は人間身体の状態、運動に基づくというのである、彼がこれをハノーファ滞在

中にまとめ公刊したところからすると、ヘレンハウゼンとの関係が決定的だろう。

　ラムドーアは自分の衝動理論に従えばリベルタンふうの自由主義者で、性的引力を化学と物理学をめぐる同時代の議論から演繹していた[47]。まさにエピクロス哲学のエコーであるが、むしろラムドーアは対蹠人プラトンを使って自分の庭園哲学を強化しスパイスを効かせる。自然の単なる模倣は二次的鏡を用意するにとどまると、ミメーシス芸術論の軽蔑者たる彼はプラトンの批判理論を採用するのである[48]。されば真の庭園芸術はラムドーアによれば自然の模倣ではなく、自然と人間の身体感覚の交差であって、それはアーチでも直線だけでも決定できるものではない。ふさわしいのはむしろ等しく「蛇状曲線（シュランゲン・リーニエ）、快律動（オイリュトミー）と相称形（シンメトリー）の配合、規則的幾何学紋様…等々」である[49]。

　ラムドーアによれば作庭家とは「身体を創造する者にして、その姿のためにはいかなる特殊模範も自然の中に持たない。つまり自然は自分の産物を目的にかなうと同時に心にもかなうように作ろうとする、そのときに自然が与えてくれるのは普遍的指示であり、作庭家はこれに従うのである。彼にいくつかの経験を渡してくれるのは、人間の身体である」[50]。すでに現代の「拡張された精神 extented mind」理論を先取りし、身体シェーマを目指しているかのように[51]、ラムドーアにとっての造園術はあらゆる可能な身体感覚を自然の形成と共振させることである。身体から作庭家が学ぶのは、とラムドーアは続ける、「全境界を一望におさめるその身体と平地とを満足のいくように整えるのが、快律動（オイリュトミー）と相称形（シンメトリー）だ」ということである[52]。通説となっている庭園理論に対してラムドーアはこう主張するのである。身体運動と造園術の間には原理的関係があって、幾何学庭園であれ、いやこれこそが人間の自然運動の可能性にふさわしいのであると。作庭家が「感じる」のは、「秩序は相称形（シンメトリー）と快律動（オイリュトミー）によって感覚化され、己が作品の目的に隅々まで波及し、己の手がける確たる素材は幾何学図形の規則性に連動するということ。さればこそ、その素材は相称形（シンメトリー）で、快律動（オイリュトミー）なのであり、さればこそ、それは規則的幾何学的図形を形成するのである」[53]。幾何学形態は自然自体に由来すれども、一方、風景式庭園の小径の曲がり方は、自然ではなく、人工的なのだと[54]。

　最後にラムドーアのよく練られた思考はこう展開する。幾何学庭園はより高貴なものである、なんとなれば、造園術の効果を発揮させてくれるメカニズム

を明示したからである。幾何学庭園がその力学をたとえば階段状落水(カスカーデ)で明示するとき、風景式庭園はその人工的落水によって反対にそれが純自然であるとひたすら装う。ラムドーア曰く階段状落水(カスカーデ)は「その作為の見えない自然の落水よりも、しばしば巧妙である」[55]。

総論としてラムドーアは庭園の姿の2種、バロック庭園と風景式庭園を、それがともに真の造園術を生み出すことができるのだから、妥当とする。しかしこの定義に達するために、今は「庭園革命」が庭園理論と造園をリードする時代なのだから、まず幾何学庭園の名誉回復を訴えるのが先だった[56]。ラムドーア、および彼以前以後の理論家たちも同様の意見なのだが、装われた自然らしさは、その手間・技巧の点からしてより高度な形式を必要としたのは、幾何学庭園の及ぶところではない。そうしてこれは非難として言われたのだが、その柔らかな小径の引かれ方については、バロック庭園の幾何学ほど自然で穏当なものはなかったのである。

4. ルクレーティウスの雲

バロック庭園と風景式庭園をひとつにできるというラムドーアの理論は、ライプニッツがヘレンハウゼン大庭園において経験しその自然哲学において展開したことの帰結に同じである。しかしながら、ライプニッツの熟考に並ぶ同時代の決定版は、テキストではなく、図版の形で現れた。すでに見ておいたことだが、1708年の全体視は、見た目の無限性となって中央軸が南へと庭園を越えていくさまを演出するにもかかわらず、果てには捉えられ、分割され、彼方の森に呑み込まれる（図57）。それに続く山並みは柔らかな弧を描き、その上方には同様の形をした雲が応じる。雲の連なりは形を変えながら見る者の方へ流れてくる。右方へ溢れ出る森と雲の陣形の間には、たとえ雲の方により力点が置かれようと、ある照応関係が存在するように見える。されば、森の暗いゾーンには天からの対像が送られる必然だった、だから図面にはもう上からの決めごとが与えてあるだろう、すなわち影が。

たんに予定されたアンチテーゼ以上のものがここには働いていると、そういう思いを喚起させてくれるのが、庭園対話として革命的にまとめられたベルナール・ルボヴィエ・ド・フォントネルの著作『世界の複数性についての議論』

Ⅳ　バロック庭園の現代性　137

図90　ヤン・ルイケン(?)：ペアが世界の複数性について
議論する、銅版画、フォントネル、1701年扉絵より

に添えられたヤン・ルイケンによると思われる扉絵である（図90)[57]。銅版画は
天が天蓋となっている庭園を示し、太陽系のシェーマと他にふたつの世界系が
現実に起こっていることとして描き込まれている。地上庭園の木々は惑星の円
軌道を受けとめている。ところがこの照応によって天は庭園の高まりとして描
かれ、一方、庭園は天の物質化として登場している。ヴェルサイユおよびヘレ
ンハウゼンの平面図と鳥瞰図によって認識できる内在的に束ねられた無限と
いう現象は、地上から天へ達する複数世界の天体システムの形でここでは受け

とめられている。

1708年のヘレンハウゼン全景図は、あたかもフォントネルの夜の場面が昼世界に移されたかのような印象を与える。ここでも天と地上の照応が沸き立っている（前見返しの図）。見る者の視点は最手前小暗い雲の真下に留まるように思われるが、それで庭園空間は丘陵の連なりと雲の向こうへと、湾曲する空間連続体が誕生している様子で、大きく弧を描いて後退していく。それだけいっそう、左端から右端へと巨大な影の舌が伸びてボスケット地帯に達し、柔らかな輪郭のこの地帯に庭園界隈の何がしかを鮮やかに伝達している。巨大な雲が地表に影を落としている、ここには風景式庭園の越境が起こっているのである。天は幾何学的秩序の基準を採用したのだから、雲という愛らしさ原理（アモエニッシュ）も返してくるのだが、この原理こそ風景式庭園と一体のものである。

図91　アンドレア・マンテーニャ：パラスが徳の庭から悪徳を追放する、キャンヴァスに油彩、ca.1500-1502

図92　図91のディテール

　ルクレーティウスの『物の本質について』の主要テーマである雲、そしてその繰り返しあらたにヴァリエーションをもたらす形象力は、無規則に驚異の変容を重ねるモチーフを生み出す[58]。これをアンドレア・マンテーニャがさまざまに描いている。たとえばルーヴルにある「徳の勝利」は左側から襲撃するパラス・アテナがヴェーヌスとその一党を狩り立てる図を示しているが、パラスは天空に現れる正義・強さ・中庸の３つの徳に視線を送りながら、ことを実行するのである（図91）[59]。「描かれた**タブロー・ヴィヴァン**（決めの姿勢）」へと激動シーンを固定しながら、コスモスの大いなる攪乱者である弓矢にて武装せるアモールに「徳」が自制を求め、「官能」に対する勝利の図を作る。しかし左側には、人間の網膜を独特に弄ぶ雲の"変容"（メタモルフォーゼン）が、突兀とした岩の向こうから盛り上がるのである（図92）。大地からできているものが雲に接続して、人間の顔をした偶然の形象を示している。こうした形象力は天の３つの根本的徳に対置されているように見えるので、ここにあるのは勝利ではなく、形態の偶然と徳の規範の間の葛藤である。悪徳への徳の地上戦に対比されるのは、確固たる規範に対して天へとそそり立つ形態変容による攻撃である。ここには雲の形象が、自然全体を充たす普遍的能力の潜在的形象性を表している。

　雲の活躍と大地の確たる凝集状態の間にあるのは、険しい対立ではなく、流動する移行状態であり、これがウィリアム・ターナーに至る風景画の基調である。19世紀以前のこうした照応をうまく示唆する絵画は、レンブラントの手本、

オランダの画家ヘルクレス・セーヘルス（ca.1589-ca.1638）である。彼の後期の絵画や銅版画の確たる自然像が内部の命に弾けんばかりであると見えるように、雲は固体のような印象を与え、このことが彼の、もしくは彼の一派に帰せられる風景画にも特に当てはまる。これには川が深い川床を削り、その両脇には山々が盛り上がる（図93）[60]。右の山並みを透かして地平線が見えるので、これは確たる地面とか固い岩であるとか思われず、光を透すアラバスターか何かのようで、上端に向かって次第に強く大気中に指を広げた形に、雲の群形に似て解放されていく（図94）。隅から隅まで動員されていく自然を描くこの絵ほど、雲が大地の形態にかくもとりとめない連続体として移行する様を見事に形成している例はまれだろう[61]。

　ヘレンハウゼンを鳥瞰すると、同様の群形が絡まりあっている（後ろ見返しの図）、一方、庭園一帯は一瞥して反対世界を表象しているように見える。とはいうものの、移動する形象力の証人である雲がわざわざボスケット区域を横

図93　ヘルクレス・セーヘルスの後継者：川と山の風景、キャンヴァスに油彩、17世紀中頃

Ⅳ　バロック庭園の現代性　141

図94　図92のディテール

切っていくということは、バロック庭園固有の秩序と自由の混在する徴である。この２重芝居がもっとはっきりするのは、1725年頃の大きい銅版画で、これにはもっと多くの雲が庭園に影を落としている（図95、および後ろ見返しの図）。こうして雲が庭園に媒介したものこそ、のちに風景式庭園専売とされる原理なのである。バロック庭園にルクレーティウスの遊戯理論のモチーフを与えるのが、天の光学劇場なのであり、ライプニッツはルクレーティウスの無神論については拒否したにもかかわらず相似たやり方で彼の理論を利用し、距離を置いての平行関係を展開したのであった。

　巻頭に立てた問に対して総じてこう答えよう。ライプニッツを祀る単独堂（モノプテロス）はゲオルク庭園において無意味に場所を決められたわけではない、というのもヘレンハウゼン大庭園は内的構造からしても、上から射してくる影によっても、風景式庭園に結び付けられる哲学原理をすでに体現しているのだから。その意

図95　大庭園の表に映る雲の影、後ろ見返し図のディテール

味するところは、風景式庭園の壮大さをおとしめようというのではない、現代を映し出すのに、自由、個人、自然らしさの結合体とする文学的枠組みから風景式庭園を掬い出そうというのだ。こうしたすべてのカテゴリーがヘレンハウゼン大庭園ではすでに整っていた。内部へと畳み込むライプニッツ原理を備えたこの庭園はアヴァンギャルドふうの内包（Inkorporation）を形成する。雲からの応答が、これである。

Ⅳ　バロック庭園の現代性　143

結　び

　ライプニッツの従事したヘレンハウゼン大庭園が、デカルトに反対する自然概念にぴったりの枠組みを持っていたのは、まるで神の配剤である。精神と物質の関係を経過(プロツェッスアール)として定義しようという彼の試みは、複合するモナドの内部コスモスを展開するために人工物を補充することに距離を置くのか、精神強調しつつ感覚世界に距離を置くのか、このふたつの間を揺れている[1]。あらゆる創造物の精神的起源への問いはさておき、彼の発言のすべてを通じて一貫する考え方は、被造世界は精神と物質のほぐしがたい協働世界と見なさなければならないというものだった[2]。ヘレンハウゼン大庭園はこういう思考遂行の可能空間だった。ライプニッツにとってそれは自己回帰する自然のモデルであり、精神と物質の対照を根源においてもどの発展段階においても互いに編み込まれたものと見なす哲学のモデルであったにちがいない。

　ヘレンハウゼン大庭園はラインハルト・コゼレックの言う「鞍－期 Sattelzeit」という概念を変奏して言えば「鞍－庭園 Sattelgarten」なのだ[3]。それは城館に規定されるとはいえ最初から独立の地位を展開した庭園として特例なのである。ヘレンハウゼンにおいては城館は支配するというより伴走の役割を与えられるので、規定と自律の間の緊張は庭園の方へと移動してしまった。大庭園が儀式用施設の反対モデルとなることができたのは、そのためである。この庭園が人工的自然らしさを帯びるのは、創造の無限性を内部展開としたからであり、幾何学的な構想は、個々の形態のコントロールでは決してなく、理論的に無限の可能性の内ひとつの断面をとるということなのだ。それは強制ではなく自由を体現する。技術的洗練は自然を征服しようというのではなく、自然の中に働く諸力を幾何学と多様性との混合として活性化しようというのである。

　これが、ヘレンハウゼン大庭園から 30 年の時をかけてライプニッツが受け

取った教えだった。無意識の、とりとめのない状態の知覚も、あるいはそれこそが、あらゆる認識のモデルなのだという今日まで古びることのない確信を受けとめると、ヘレンハウゼン大庭園がまるで認識を温める室のように彼に影響を及ぼしたのだとはっきりと分かる。彼の認識論とは創造の性格定義から時間の 構想(コンツェプツィオン) にまで及ぶのだ。『モナドロジー』において詳説したように、ライプニッツはあらゆる存在の個別性を、それとともに自由原理を、同時代の庭園に見た。庭園内部の造形は、無限小の動因として内部から 逸脱(アブヴァイヒウング) に応じた姿をしていたのである。あらゆる存在の隅々にまで働くこの 能力(デュナミス) は、ライプニッツがヘレンハウゼン大庭園のために獲得したとはいえなくとも、反映させた原理の上に構築されている。

　幾何学庭園はこの種の原理的 屈折(ボイグング) を、ひたすら無意識の目にとまる生きた自然の力の印として実現することができた。線が規則的であれば、アベラシオン（収差／逸脱）が効果的となることができた。ライプニッツの自然哲学が幾何学的に整形された庭園を指名する条件は、ここにある。内部へと入れ子する可能性によって(アブヴァイヒウング)、および 逸脱 の「小 感 覚(ペルツェプツィオン)」を経験する能力によって、バロック庭園は、のちに風景式庭園の専売特許となる自然概念を可能とした。とはいえ、ヘレンハウゼン大庭園は現象様態の哲学において考えれば、風景式庭園の期待していた現実を先取りしていたのだ。

　ライプニッツにとってふたつの庭園形式の間の矛盾は、ただ最初の萌芽状態を経験しただけである。しかし彼はふたつの原理をヘレンハウゼン大庭園と結びつけたのだから、彼なら後世のバロック庭園蔑視を一蹴しただろうことは疑いない。大庭園において可能となった社会的態度およびその形態の壮大な複合性においても、ライプニッツはモナドのひとつひとつがその内的展開の過程で獲得する自由の契機を感じ取ったに違いないのである。

謝　辞

　当エッセイは、ヘレンハウゼン城館修復にともなう 2007 年以来の議論から生まれた。それはフォルクスヴァーゲン社基金サイドからヴィルヘルム・クルルが再建のイニシアティヴをとって以来のことである。この機会にヨアヒム・ヴォルシュケ – ブールマンと共同で開催したシンポジウム「ヘレンハウゼンの国際的比較」（2011）もまた本質的な促進剤となった。

　ベルリン特別研究域「古代の変容」の庭園史研究グループは従来の庭園史の見直しを展開し、庭園のメモリアル文化を発生史的に導き出すこと、とりわけ風景式庭園の様式史的政治的意味、およびバロック庭園に対する風景式庭園の関係を定義することを目指した[1]。そのメンバーであるマルクス・ベッカー、アネッテ・ドルガーロー、ミヒャエル・ニーダーマイヤーからは実に多くの示唆をもらった。

　トーマス・ゴッチャルクとジャン – パウル・グイオトは、私がハノーファのゴットフリート・ヴィルヘルム・ライプニッツ図書館のアーニャ・フレックの教示を受けて出くわしたライプニッツ草稿を私と共同で検分し、自分の手で浄書し、翻訳もしてくれた。ベルリン – ブランデンブルク科学アカデミーのライプニッツ担当部署ハルトムート・ヘヒトとエーバーハルト・クノーブロッホにも大いに助言をたまわった。

　ウルリヒ・ミュラー、シュテファン・トリンクス、マーヤ・シュタルクには原稿をすべて査読してもらった。クリナメン clinamen の章については、ルクレーティウス『物の本質について』ベルリン科学者読書研究会への参加におかげを蒙っている。これにはラインハルト・マイヤー – カルクス、クリストフ・ラップ、オリヴァー・プリマヴェージ、それからスティーヴン・グリーンブラットもメンバーであった。グリーンブラットは多くの貴重な意見を述べてくれ、

それは The Swerve（独訳：Die Wendung）としてまとめられた[2]。グループ全体同様、本書からは大変刺激を受けた。

　ルチア・アヤラ、ウルリケ・ファイスト、ダリオ・ガンボーニ、イリス・ラウターバッハ、マルティン・オリン、パブロ・シュナイダー、マリー・テレース・シュタウファには価値ある意見をたまわった。トーマス・ヘルビヒ、サラ・ヒルンヒュッター、レーヴァ・コックス、クリスティアナ・クラウゼン、ティルマン・シュテーガー、コーリャ・ツルナーのサポート・グループは文献と図版の調達、テキストの校閲に、ヘラクレスの剛腕を発揮してくれた。グラフィカーのヴィンセント・クラフトは図への変換によって頭の中を現実化したばかりか、それをさらに理解するのに助力してくれた。人名索引はティルマン・シュテーガーにお願いした。

　庭園史の専門家スーザン・ミュラー－ヴォルフは本書に批判をもって同伴してくれ、ユーリエ・アウグストは入念な造本によって稀なる協力者となった。以上、ここに名前を挙げたすべての方に感謝します。

　最後にマックス・プランク協会とアレクサンダー・フォン・フンボルト基金に感謝。マックス・プランク研究賞 2006 年度のおかげで本書はテーマにふさわしい装丁を得られることとなった。

　　　　　　　　　　　　　　　　　　　　　　　ホルスト・ブレーデカンプ

付　録

原　注

序

1　Lukrez, 1973. 以下を参照のこと：Die Moderne: Paganini und Tortarolo, 2004, S.11; Salem, 2004, S.39.
2　この問題、およびカント哲学における庭園の役割については：Hoffmann, 2007, S. 51-53. 以下も参照のこと：Conan, 2003. 庭園対話の制度については：Gamper, 1998, S. 182-201
3　『新エロイーズ』(Rousseau, 1961[1761])については以下を参照のこと：Lauterbach, 1987, S.240f., Wimmer, 1989, „Geschichte", S.165-168; 遊歩の哲学については：Meier, 2011; サンクト・ペーター島については：Piatti, 2001; 訣別については：Wenderholm, 2010.
4　Temple,1908.
5　Scafi, 2006.
6　„A Princely Fancy has begot all this; and a Princely Slavery, and Court-Dependence must maintain it" (Shaftesbury, 1737, S.173). 以下も参照のこと：Buttlar, 1982, S.11. シャフツベリイについては：Tabarasi, 2007, S.79-86. ここに作用している反トーマス・ホッブスの自然概念・社会概念の再構成については：Müller, 1998, S.251f. また以下も参照のこと：Hartmann, 1981, S.78, Vesting, 1998, Stobbe, 2009, S.17.
7　Buttlar, 1982, S.7-19. アドリアン・フォン・ブトラールの分析はこの観念を規範的に再構成をやってのけた。ウルリヒ・ミュラーは掘り下げた個別研究を Rousham の分析によって展開している：Müller, 1998. もしここに別のパースペクティヴが選択されるなら、これらの研究も十分な評価を得るだろう。
8　Rückert, 1969 [1799], S.25. 以下を参照のこと：Warnke, 1992, S.94; Gamper, 1998; Saage und Seng, 1998, S.220ff.
9　1933年にロンドンへ亡命した芸術史家 Rudolf Wittkower (1984, S. 322, 328) による熱狂的定式化。Tabarasi, 2007 による包括的分析を参照のこと。
10　こういう整理の仕方に対する批判については：Warnke, 1992, S.94 および Niedermeier,

2003がイギリスだけでなくドイツも視野に収めている。
11 たとえば規制なく、垣根なく、周りの風景と結びついた、ca.1550から1580の間に造られたボマルツォの「聖なる苑」は、風景式庭園のあらゆる基準、すなわち自由、個人、自然らしさを充たしている。これが造園されたのは、まだ幾何学庭園がフランス風形式の目印をそなえて登場する前、つまり風景式庭園による「庭園革命」が反旗を翻す目印がまだないときなのである。この庭園は一見アナクロなアンサンブルであるが、庭園史を継承したいのならよく考えなければならない出発点となっている。(Bredekamp, 1985, [1991]. 以下の有益な論集も参照のこと：Bomarzo: il Sacro Bosco, 2009. およびButtlar, 1982, S.8)。イタリア発の系統については：Strong, 1979; Hunt, 1986; 基本線は： Niedermeier, 2003. 以下も参考に：Tabarsi, 2007, S.75 (Milton), S.85 (Shaftesbury), S.170 (Alexandre de Laborde). 中欧については：Niedermeier, 2001, S.127-136; 同 2003, S.200-207; 同 2005; Dorgerloh und Becker, 2012. 全ヨーロッパを視野に入れたHunt, 2002 も。
12 Hajós, 1989; Lautenbach, 1987; Stobbe, 2009, S. 12-17.
13 Lauterbach, 1987, S.133 その他多数箇所；以下も参照のこと：Wimmer, 1989, Rezension.
14 Leibniz, Monadologie, Par. 7: "Les Monades n'ont point de fenêtres"(Leibniz, 2002, S.112)
15 反対票は：Busche, 1997; Pape, 1997; Bredekamp, 2004, 最新はGarber, 2009. 庭園を考慮しているのはHecht, 2006 およびHoffmann, 2007 を挙げておきたい。
16 基本はClark und Chalmers, 1998; Gallagher, 2011; Krois, 2011.
17 分割出版が計画中。
18 これまでに公刊されているのは、1696年の運河建設のライプニッツ・メモ(Schuster, 1904, S.186f.；Schutte, 1916, S.28-31；Lange-Kohte, 1959, 123f.; Leibniz, 2000, S.134-137) およびAndreas Du Montとの書簡 (AA, III, 7, Nrn. 7, 12, 13, 20, 26)。
19 最初の論考はシンポジウム「国際比較上のヘレンハウゼン」(2011春) およびリヨン大学 (2011秋) での講演。リヨン大学でのそれはいくつかのモノグラフィに取り入れてある (Bredekamp, 2012)。

I ヘレンハウゼン大庭園

1 続く解釈は：Haak, 2001, S.94, 233.
2 孫Sophie Dorothea宛てSophieの書簡 (1713.7.4付け) in : *Briefwechsel der Kurfürstin*, 1927, S. 268. 但し書きに曰く「(すなわち、私は閣下にその地に定期的に手紙を出しますゆえ)」と庭園の役割を帰還とインスピレーションの場所であると強調している。
3 Haak, 2001, S.221.
4 Deleuze, 1995. このモチーフについては以下も参照：Bredekamp, 2004, S.14-17.

5 「陛下の胸に抱かれて息を引き取られたようです。その御最後は願い通りのものだったことでしょう」(Leibniz, 1864-1884, Bd.9, S.462; 以下も参照：Aiton, 1991, S.458)。
6 Stemper, 1997, S.207.
7 同上。メダル・デザイナーとしてのライプニッツの仕事については：Utermöhlen, 1999, S.224-226 および Bredekamp, 2004, S.144-149。彼の活動は 1684 年の最初のデザイン（AA, I, 4, S.110-113）から終末期の深められた歴史研究によって考案されたモデル、たとえばライプニッツ書簡の数巻（AA, I, 18ff.）に認められるようなモデルにまで広がりを持つ。1701 年の Act of Settlement の折、ゾフィーのためのメダルが格別な例である。これはハノーファ・ヴェルフェン一族の英国王座を彼女に確定したメダルである：Stemper, 1997, S.202-206. その他のメダルについては：AA, I, 20, Nr.18 und 19, S.24f; Nr.47, S.62, Z.23-25.
8 AA, I, 4, Nr.110, S.149, Z.11f.; その後のヴァリエーションについては：Stemper, 1997, S.195; 196-201.
9 Brockmann, 1987, S.110 は別解釈も提示している：「彼女が光り輝く」と。および Möller, 1991, S.130 を参照のこと。地平線の向こうから輝く太陽の図像学をライプニッツは 1696 年に自分の 2 進法図版に応用している（図 47）。
10 *Sophie Charlotte und ihr Schloß*, 1999, S.58, 190.
11 フリードリヒ 1 世が妻を讃えて居城をシャルロッテンブルクと改称する以前には、この町は沼沢地を居住可能に変えたルクセンブルク住民にちなんでリーツェンブルクと呼ばれていた。
12 MacDonald Ross, 1999, S.95, 97.
13 Röhrbein, 2001, *Herrenhausen*, S.121.
14 Palm, 2006, S.17：既存の領館の改築については：Adam, 2006, *Schloss*, S.95: 1665 年に始まった新築ないし移築については：Adam, 2001, S.60.
15 Adam, 2006, *Schloss*, S.95.
16 Palm, 2006, S.18.
17 Alvensleben und Reuther, 1966, S.47. はすでにこの当時庭師であったミヒャエル・グローセに触れている。Palm, 2006, S.19 は、早ければ 1674 年から大した役割ではないが仕事をしていたという意見である。
18 詳細は以下を参照のこと：Palm, 2006, S.17-19.
19 実現しなかった計画については以下を参照のこと：Alvensleben und Reuther, 1966, S.47f.; Palm, 2006, S.19.
20 Adam, 2001, S.62-66; Adam, 2006, *Schloss*, S.96.
21 Adam, 2006, *Wasserkünste*, S.44-46; Zech, 2010, S.52f.
22 Palm, 2006, S.19f.
23 同上、S.20.
24 Adam, 2001, S.66; Adam, 2006, *Wasserkünste*, S.43f.

25 Verspohl, 1991, S.131f.
26 Hinterkeuser, 2003, S.111f.
27 Mollet, 2006[1651], Taf.1; 以下を参照のこと：Blanke, 2007, S.22.
28 ヴェルサイユ訪問の折のゾフィーの発言「かの地では自然よりお金の方が奇跡をなしたのじゃな」(*Die Mutter der Könige*, 1913, S.159).
29 Palm, 2006, S.22.
30 もしかすると彼は改築の際に Johann Peter Wachter の支援を受けた (Adam, 2001, S.70-73; Boeck, 2006, *Festräume*, S.73f.).
31 Palm, 2006, S.30f.
32 同上 S.25f.
33 Alvensleben und Reuther, 1966, S.60.
34 同上 S.59f.; 基本線は：Hennebo und Schmidt, 1978; 以下を参照のこと：Adam, 2001, S.74.; Boeck, 2006, *Festräume*, S.69f. 図形については：Königfeld, 2004; Scholten, 2004-2005, S.71-74.
35 *Sophie Charlotte und ihr Schloss*, 1999, S.203, Kat. Nr.I.37; Palm, 2006, S.23.
36 Adam, 2001, S.79-81; Palm, 2006, S.22
37 Alvensleben und Reuther, 1966, S.164. 選帝侯妃ゾフィーの娘は、旅行中、感激してこの庭園について報告している (*Briefwechsel der Kurfürstin*, 1927, S.15-17).
38 Palm, 2006, S.26.
39 Verspohl, 1991.
40 Palm, 2006, S.22.
41 Uffenbach, 1928[1728], S.42; 以下を参照のこと：Hennebo und Schmidt, 1978, S.214f.
42 孫ゾフィー・ドロテア宛てゾフィーの書簡 (1713年7月22日付け) in: *Briefwechsel der Kurfürstin*, 1927, S.269.
43 Palm, 2006, S.27.
44 Adam, 2001, S.77f.
45 Reuther, 1976, S.127-129.
46 Hennebo und Schmidt, 1978, S.215.
47 Palm, 2011, S.52f.
48 造営費用の分析は：Palm, 2004, *Fürst*, S.61-79.
49 Reuther, 1976, S.133f. は日付を 1710-1720 年としている；それに対し Schnath, 1980, S.157. は妥当な根拠を挙げて ca.1690 年としている。
50 Schnath, 1980, S.157.
51 Lindau, 2003, S.31、Abb.16; 全容については Adam, 2006, *Schloss*, S.98 の Abb. S.97 を参照のこと。
52 Adam, 2006, *Schloss*, S.96-98.
53 Borchard, 1989, S.146.

54　Lindau, 2003, S.34
55　Adam, 2006, *Schloss*, S.
56　Lindau, 2003, S.36.
57　むろんこれは、張り出した両翼を南側で結合させることになる自分の建物を建てる彼のプランが、実現しないようになって初めて起こったことである。長期展望としては旧城館は建て替えられるべきだった（Lange, 1989, S.180）。
58　Adam, 2006, *Schloss*, S.99f.
59　以下を参照のこと：Röhrbein, 2001, S.126 ; Lindau, 2003, S.19.
60　Palm, 2006, S.35.
61　Alvensleben, 2004, S.43f. 彼の学位論文の前書きには、Erwin Panofsky, Fritz Saxl, Aby Warburg（Alvensleben, 1929, S.8）への謝辞が述べられている。Alvensleben もまた彼らからのリスペクトをうけている（Warburg, 2001, S.127）。
62　Panofsky, 2003, Nr.362, S.592. Panofsky は1948年5月に「1933／4年の Alvensleben の姿勢」は忘れがたいものがあったと述べている（Panofsky, 2003, Nr.1217, S.938. 以下を参照のこと：Dora Panofsky, ebda. Nr.1237, S.967）。Alvensleben の死の直前の最後の手紙に真情が綴られている。「私たちの幸福な関係が、時代の困難のすべてを乗り越えることができたということは、ひとえにあなたの心の大きさ（magnanimitas）のおかげです」（Panofsky, 2011, Nr.2836, S.186）。von Alvensleben がすでに第一次世界大戦に将校として参戦しており、第二次大戦ではあらゆる戦線に配属されるという事実に直面すると、この発言の背景に潜んでいるものが予感できるだろう（Alvensleben, 1972）。しかしまるであらゆる影を一掃しようとするかのように、Panofsky は度量の広さを示し、それは返信におのずとあらわれている。von Alvensleben との関係を Panofsky は「＜心の大きさ＞はさておき、私はいささかもあなたのことを疑ったことはない——なぜならそのような疑いは不可能なことであると知っておりましたし、もし一方が何か他方におかげを受けているとするなら（私は1933年のあなたの無辜の態度と1934年のヴィッテンモールへの最後の訪問のことを決して忘れることはありません）、それは私の方でしょう」（Panofsky, 2011, Nr.2851, S.204）。
63　Alvensleben, 2004, S.41.
64　Schmidt, 1993, S.166.
65　Meier, 1937, S.151. 以下を参照のこと：1936／37年の干渉および von Alvensleben の学位論文の影響分析については：Schmidt,1993, S.153-156. これは Von Alvensleben のどんな功績にもかかわらず、花床とその装飾が施されたのは、すでに1700年頃には芝生の平地ではなく花床の模様が敷かれていたという誤解のせいである、と推測している（同上）。以下も参照のこと：Röhrbein, 2001, *Rettung*, S.96f. ; Palm, 2004, Dissertation, S.62-71 これは懐疑的意見である。
66　Alvensleben, 2004, S.49. 紋様花壇の形成については：Schmidt, 1993.
67　Alvensleben, 1937.

68 Alvensleben, 2004, S.49. 平面図の出処は：*Die Herrenhäuser Gärten zu Hannover*, 1937, S.70; 以下を参照のこと：Alvensleben, 2004, S.51
69 Sellschopp, 2006; Niedermeier, 2006, S.97f.
70 Eberhard, 1795, S.150.
71 Hecht, 2006, *Spaziergang*, S.71-73.
72 Alvensleben, 1929, S.14-16.
73 Spilcker, 1819, S.490-494; *Herrenhausen*. 2006, S.154.
74 この界隈については：Weibezahn, 1972.
75 2010年夏、オリジナルはハノーファ工学センターに立っているが、コピーが作られ設置された。胸像はのちにヘレンハウゼン館の歴史博物館に渡されるそうである。
76 Bollé, 1991, S.81; Hellmuth, 1999, S.333.
77 Fleming und Gore, 1979, S.96. 伝統について基本は：Weibezahn, 1975. 以下を参照のこと：*Herrenhausen*, 2006, S.154 und Tabarasi, 2007, S.40f.
78 Weibezahn, 1972, S.195.
79 同上 S.200-203.
80 同上 S.205.
81 Clark und Hennebo, 1988; Lindau, 2003, S.42f.
82 Eberhard, 1795, S.18f. Wunderlich（1980, S.99, Anm.24）および Meier（1994, S.150, Anm.338）に従えば、このデザインを伝えたのは、ベルリン、ヴェルリッツ、ライプツィヒで活動していた銅版画師 Wilhelm Arndt である。
83 Panofsky, 1998.
84 Eberhard, 1795, S.18; Brief vom 10.1. 1714: Leibniz, 1875-1890, Bd.3, S.606. 銅版画については：Wunderlich, 1980, S.99. および Meier, 1994, S.150. 場面解釈については：Kabitz, 1909, S.51f.(Abwendung vom Aristotelismus); Mercer, 2001, S.24-27, 44f. (Wendung von der Scholastik zur Mechanik).
85 *Museum zu Allerheiligen*, 1989, S.98f.; *Januarius Zick*, 1993, S.108f.
86 Wenderholm, 2010, S.415-418.
87 同上 S.426f., 432. Rousseau については Tabarasi, 2007, S.223-234 を参照のこと。
88 この視点については：Wenderholm, 2010, S.421.

II ヘレンハウゼンにおけるライプニッツの活躍

1 *Leibniz und seine Akademie*, 1993, S.259-268.
2 Palm und Rettich, 2006, S.166f.
3 同上 S.169.
4 1832年にはこの一帯は風景式庭園の原理に従って改装され、その結果往時の姿は見る

影もない（同上 S.182）。ライプニッツに風景式庭園の中の聖堂をあてがったのと同じ
身振りで、彼と直接結びつくべき庭園は犠牲にされたのだ。

5 »Cum forte in horto Aretaei viri in Republica primarii convenissent amici aliquot eruditis jucundisque colloquiis transigere tempus soliti« (Knobloch, 1976, S.6/7; 以下を参照：Aiton, 1991, S.107f.).
6 »adessetque Charinus qui caeteris studiis quibus clarebat magnam rerum mathematicarum cognitionem adjecerat« (Knobloch, 1976, S.6/7). この対話については：Hecht, 1992, S.86-90.
7 ヘレンハウゼンの下宿については：Aiton, 1991, S.328. 以下も参照：Leibniz, 1864-1884, Bd.7, S.XIV; Aiton, 1991, S.155.
8 »Cette grande Princesse n'est point formaliste du tout« (Brief an Thomas Burnett, 17.3.1696, in：Leibniz, 1875-1890, Bd.3, S.175；以下を参照：Aiton, 1991, S.254).
9 Leibniz, 1985, *Essais de Théodicée*, Vorwort, Bd.I, S.38f. このことはまた Thomas Burnett にも告げている (Leibniz, 1875-1890, Bd.3, S.321；以下を参照：MacDonald Ross, 1999, S.102)。リーツェンブルク城の建築については：Hinterkeuser, 1999；庭園については：Wimmer, 1999.
10 Leibniz, 1875-1890, Bd.3, S.595f.；Guerrier, 1873, S.174.
11 AA, I, 20, S.28, Z.10；S.809. Z.16f.
12 Guerrier, 1873, Nr.240, S.351; Bredekamp, 2004, Anhang I, Nr.66, S.236, Z.19-28.
13 しかしながら、その実現をライプニッツはもはや知ることはなかった (Bredekamp, 2004, S.179-189)。
14 Adam, 2006, *Wasserkünste*, S.48.
15 Fiala, 1913, Tf.24, 2, S.357; Meyer, 1966, S.30; Brockmann, 1987, S.82; Adam, 2006, *Wasserkünste*, S.50.
16 灌漑による豊穣コントロールのシンボルとしてのガニュメーデスについては：Kruszinski, 1985, S.85-97.
17 S.o.S.15
18 この点については以下を参照：Schuster, 1904, S.177-182.
19 シュミットについては：AA, I, 3, Nr.112, S.140, Z.4. この Schmidt はおそらく、1685／86 年にクラウスタール鉱山局とライプニッツと争っていたとき陪審として加わっていたあの Schmidt もしくは Schmid のことだろう (AA, I, 4, Nr.185, S.245, Z.6; Nr.215, S.263, Z.28; Nr.216, S.264, Z.17; Nr.222, S.271, Z.8)。
20 Schuster, 1904, S.178f.; 1696 年を考慮して彼の提案をまとめると：LH, XXIII, 735, Bl.33v.
21 Schuster, 1904, S.179f.
22 同上 S.182.
23 同上 S.185.

24 LH, XXIII, 735, Bl.29-31. この文書の日付を解明する鍵を、計画に〈1696 年 5 月〉と上書きされたメモが示していて（LH, XXIII, 735, Bl.18r）、それは冒頭にすでに 1695 年には以前から提示されていたライプニッツの灌漑改善プランに言及している：〈ご命令によりすでに前年にヘレンハウスの水力仕掛けに関しまして［……］献策申し上げておきました〉（LH, XXIII, 735, Bl.20r）。この草稿 Bl.29-31 が 1695 年のテキストであるという主要理由は、1696 年 5 月のメモに言及されるすべてが含まれているという点にあるが、それに続く論考では必ず触れられる配水塔のアイデアは含まれないのである。

25 LH, XXIII, 735, Bl.29r、断簡。

26 同上 Bl. 30v. そのシステムのない性格はそのナンバリングにも明らかである。点 1 はローマ数字であるが、ナンバー 2 は欠けており、ナンバー 3-8 は線で消されている。

27 LH, XXIII,735, Bl. 38r, 39v-41r, 41r, 42r-44v, 45v-46v.

28 同上Bl.36v/36ar. 狩猟館については：Lindau, 2003, S.55; Adam, 2006, *Residenzbauten*, S.238f.

29 LH, XXIII, 735, Bl.37v/37ar.

30 Schuster, 1904, S.189.

31 LH, XXIII, 735, Bl.29r-30v.

32 同上 Bl.29r-30v.

33 同上 Bl.30v.

34 同上

35 同上

36 同上。以下を参照のこと：Alvensleben, 1929, S.47.

37 Lamb, 1966.

38 LH, XXIII, 735, Bl.30v. 以下を参照のこと：Alvensleben, 1929, S.47.

39 LH, XXIII, 735, Bl.30v.

40 同上 Bl.30v-31r.

41 同上 Bl.31r.

42 同上 Bl.35a.

43 これは 1690 年から 1696 年までに敷設されたものである（Adam, 2001, S.70）。

44 Bredekamp, 2004, S.129, 147f.

45 LH, XXIII, 735, Bl.46r.

46 同上 Bl.35a. 浄書は Bl.20r-23r（テキスト）にある。以下を参照のこと：Lange-Kothe, 1959, S.123f.; Adam, 2006, *Wasserkünste*, S.48.

47 これはライプニッツが運河は〈直線では〉決して描かないと強調していた 1969 年 8 月の研究対象だった（LH, XXIII, 735, Bl.27）；〈運河を直線で引く〉いわれはない（同上 Bl. 28r）。

48 同上 Bl.20r.

49 同上 Bl. 20r.
50 同上 Bl. 20r.
51 同上 Bl. 20v.
52 同上 Bl. 20v.
53 同上 Bl. 21r.
54 同上 Bl. 22r.
55 同上 Bl. 22r-22v. 以下を参照のこと：Alvensleben, 1929, S. 47; Adam, 2006, *Wasserkünste*, S. 48.
56 LH, XXIII, 735, Bl. 22v.
57 聖ジェイムス・パークの巨大運河のこともライプニッツの念頭にはあったかもしれない。これはチャールズ2世がパリ亡命からロンドンに帰還した折、フランス庭園をお手本に造営したものだった。自然を凌駕する人工川として祝福され、聖ジェイムス宮に対し斜めに横切っているところなど、ライプニッツの運河がヘレンハウゼン城館に対し斜めの谷柵のように作用しているのに似ている（McDayter, 1995, S. 137-140）。劣らず重要な例は選帝侯 Max Emanuel によって敷設された1680年代末のシュライスハイマーの運河システムだったかもしれない（Ongyerth, 2005）。
58 LH, XXIII, 735, Bl. 22v
59 同上 Bl. 23r.
60 ハルツ山におけるライプニッツの活動については：Horst, 1965-1966; Gottschalk, 1999, S. 183-186; 同 2000, S. 111-119.
61 LH, XXIII, 735, Bl. 8r-9v, 12r-13v, 10r-11v（浄書）．以下を参照のこと：AA, III, 7, Nr. 7, S. 26-32.
62 » Si son Altesse Electorale même ne m'avoit point ordonné l'année passée de dire mon sentiment sur les eaux de Herrenhausen je ferois plus de difficulté de parler de ce qui ne me regarde point. «（同上 S. 27, Z. 3-5）.
63 » Elle trouvera peutestre, que les autres voyes feront bien peu d'effect en comparaison de celle que je propose, sans que la depense pour cela soit excessive «（同上 S. 27, Z. 8f.）.
64 同上 S. 28, Z. 6f.
65 » Je crois qu'il est digne d'un grand prince, de choisir une voye qui fasse quelque effect considerable, pourveu que la depense ne soit point excessive. Et comme il me semble que les jets d'eau de Herrnhausen pourroient devenir des plus beaux qui se voyent, avec des frais moderés à proportion de l'effect, à cause de la situation, qui est si avantageuse, que les passayers se pourroient étonner un jour, qu'on n'en a point profité «（同上 S. 29, Z. 4-9）.
66 同上 Z. 15-18.
67 同上 Z. 18-S. 30, Z. 2.

68　同上 S.30, Z.3-16.
69　» Mais si on y demande encor d'autres usages pour la beauté et la commodité de Herrenhausen, on le peut faire plus large et plus profond, ou l'aggrandir avec le temps« (同上 Z.21-23).
70　同上 S.30, Z.21-S.31, Z.4.
71　同上 S.31, Z.12-23.
72　» Et on pourroit obtenir meme des girandoles et autres embellissemens, dont on sera bien eloigné si on ne se sert pas de la voye du canal qui d'ailleurs seviroit à des promenades en gondoles, à des bassins pour le jardin à aller et voiturer ce qu'il faut à Herrnhausen à des illuminations et autres divertissmens et usages « (同上 S.31, Z.23-S.32, Z.2).
73　» Mais un canal auroit bien d'autres avantages « (同上 S.32, Z.11).
74　LH, XXIII, 735, Bl.18r
75　AA, III, 7, Nr.13, S.44, Z.6-22.
76　» Je l'approuverois entierement, et ce seroit asseurement le plus beau, et le plus Court, pour aller en Gondoles « (同上 Z.28f.).
77　同上 S.45, Z.20-23.
78　Lange-Kothe, 1959, S.124; Adam, 2006, *Wasserkünste*, S.48.
79　LH, XXIII, 735, Bl.15r
80　この箇所、および以下では、日付は今日の暦に換算してある。日記では8月3日となっているが。
81　「本日官房長官殿のもとにあり、レーユヴァルダムの医学博士スホタヌス・ファン・ステリンハ氏、およびアムステルダムの商人バルタザール・ファン・ペールヴァイク氏の提案について相談。ヘレンハウゼンの噴水のためにはいかなる水仕掛けがよろしいか。(‥‥)。彼らは官房長官の市関税(オクトロイ)を風車、彼らの言うところの弦楽器にあてる、そうしてバケットで水を勾配面に揚げ、それを上から落とし、下で再び造作なく集束する。24時間に40万トンの水を15シュー(訳注：1シュー＝約30cm)揚げるという」(Leibniz, 1847, S.183).
82　同上 S.183.
83　LH, XXIII, 735, Bl.1r, 14r.
84　「ふたりの専門家が新たな提案をしている。ヘレンハウゼン方向へ川中に設置した水車を使って水をおよそ16シュー、24時間に6万トン持ち上げ、それを低い水道橋でヘレンハウゼンまで運び、そこで4乃至5フース(訳注：1フース＝約30cm)の落差をつけ、再びライネ川に戻すという」(Leibniz, 1847, S.185).
85　同上 S.185.
86　官房長官殿のもとで彼らと選帝侯皇太子と相談申し上げ、皇太子は運河方式の方に賛意を示された」(同上 S.185).

付　録　161

87　LH, XXIII, 735, Bl.27r-27v.
88　同上 Bl.25r-26r. 書類の計画：Bl.31v.
89　同上 Bl.28r-28v.
90　ハルツ山などからのさらなる専門家に実現可能性について諮問すべく召喚すべしという4と7は、ほとんど一言一句ライプニッツが日記に記した提案と同じである。「ハルツからひとを呼び、川に試しの堰と狭い掘割を実現させてはどうか」(Leibniz, 1847, S.185)。
91　「ハルツ・プロジェクト」およびここから掻き立てられた水仕掛けと風車への関心については：Aiton. 1991, S.161-170, 253-255.
92　Leibniz, 1847, S.193.
93　AA. III, 7, Nr.23, S.89, Z.2-4.
94　同上 S.89, Z.5-12.
95　» Outre qu'on veut aggrandir le jardin et qu'on croit que le canal y feroit quelque obstacle «（同上 S.89, Z.13f.）.
96　同上 S.91, Z.3-6.
97　同上 S.89, Z.20-S.90, Z.10.
98　» à cause des beaux et grands effects qu'il produiroit «（同上 S.90, Z.12 ; 11-16）.
99　同上 S.90, Z.17-21.
100　同上 S.90, Z.3-8.
101　同上 S.97, Z.8-18.
102　» ce pauvre guarcon «（同上 Nr.26, S.97, Z.19f.）.
103　LH, XXIII, 735, Bl.33r-34r.
104　同上 Bl.33v. 以下を参照のこと：Adam, 2006, *Wasserkünste*, S.47.
105　Adam, 2006, *Wasserkünste*, S.48.
106　Reuther, 1976, S.129f. 第2の、下縁が破損した素描は同じものである（Stockholm, Nationalmuseum, CC2751）。「運河 Graft」概念はオランダの運河 Gracht の暗示である（Adam, 2006, *Wasserkünste*, S.48f.）。
107　Verspohl, 1991, S.162.
108　同上 S.139.
109　Adam, 2006, *Wasserkünste*, S.49.　カッセルについては：Stobbe, 2009, *Hortus ex machina*, 2010. ヴェルサイユの Machine de Marly のポンプ設備については：Barbet, 1907.
110　Barlo, Komachi, Queren, 2006, Frontispitz; Boeck, 2006, *Skulpturenparterre*, S.59.
111　Brockmann, 1987, S.168f.; Steguweit, 2004, Nr.60, S.120. ただし Schnath, 1980, S.158f. は、ライプニッツとの協働説である。
112　すでに1700年5月に官房長官フォン・ゲルツからファルツとコンタクトをとるよう請われており、メダルのおもてにトマーゾ・ジュスティと一致協力して選帝侯ゲオル

ク・ルートヴィヒの肖像完成を保証し、裏には柱と IN RECTO DECVS（正しく立つ者に栄誉あり）という図案モットーを試みることになっていた（AA, I, 18, Nr.68, S.89, Z.11-17）。このメダルについては：Brockmann, 1987, Nr.831, S.154. 直訳「誠実さに栄誉あり」（S.153）では、垂直性が損なわれる。垂直性は柱の、のちには南庭園の噴水の政治的図像学と結託していたのだから。ライプニッツに言及はないが以下を参照のこと：Steguweit, 2004, Nr.58, S.118. 選帝侯妃ゾフィーも柱のメダルの件でライプニッツに相談していた（すでに言及した、王位継承法制定の際にライプニッツによって企画され、ファルツとザムエル・ランベレトによってさまざまに変奏されたメダルだったら、なおのことゾフィーと関係が深かったろう：Brockmann, 1987, S.109f.; Steguweit, 2004, S.114f.）。ファルツは選帝侯ゲオルク・ルートヴィヒに関して柱メダルの作成のコメントをライプニッツに宛てた手紙の中で述べているが、それはライプニッツの価値判断がメダル芸術に関しても権威であることの証人となっている（AA, I, 20, Nr.340, S.599-601）。この仕事の過程でライプニッツは大変なエネルギーを費やして、ブランデンブルク・プロイセン公フリードリヒ1世、ゾフィーの夫君の戴冠記念公式メダルをファルツと協力して事を運んだのであった（AA, I, 19, Nr.287, 544-550; 以下を参照：S.581, Z.3f.）。

113　Le Moyne, 1666, S.464; 以下を参照のこと：Bredekamp, 2004, S.96f.
114　AA, I, 13, Nr.75, S.119, Z.13-16; Nr.76, S.125.
115　この点の詳細は：Bredekamp, 2004, S.94-100.
116　Adam, 2006, *Wasserkünste*, S.50.
117　同上 S.49f.
118　Gerland, 1881, S.336ff. この点および以下のことについては：Lange-Kothe, 1959, S.125. 一般的に以下を参照のこと：*Denis Papins Dampfdruckpumpe*, 1991; *Denis Papin*, 2009; Gaulke, 2010, S.161-165.
119　Gerland, 1881, S.359. 以下を参照のこと Adam, 2006, *Wasserkünste*, S.51.
120　Adam, 2006, *Wasserkünste*, S.50.
121　LH, XXIII, 735, Bl.35r, 34ar-34bv.
122　同上 Bl.34ar.
123　ライプニッツによれば、ド・フルトンは報酬として、ノイシュタット用に660、ヘレンハウゼン用に1100、都合1760ターラー、これを30年間支払うよう要求した。この期間、彼が設備維持を保証しよう。これには最初の外装の材料費が加算される。30年間資金調達のためには、期待利息10％として18000ターラーの資金が投入されねばならない。衝突を避けるために説明さるべきなのは、もしこの企画者、もしくは後継者がもはやこの任に能わずとなれば、この企画はどのようにして継続可能なのか。装置が選帝侯の所有とされるか、それがまだ機能する場合には売却されねばならない。
124　必要な水量は、どの時期に受水装置が同量の水で満たされうるかによって決まる。定量の水がさほど多くないのであれば、企画者は30年間手を縛っておかねばならない。

簡単な概算書が示しているのだが、ド・フルトンは企画を基本条件すら考慮しなった。彼の数字によれば、ヘレンハウゼンへの灌漑は理論的にはノイシュタットへのそれの2倍ではなく4倍となるはず（LH, XXIII, 735, Bl.34ar）。
125 同上 Bl.34.bv.
126 Adam, 2006, *Wasserkünste*, S.51f.
127 これは史的先取りの図である。なぜなら1720年の計画であるのに、1726年から実現される新ヘレンホイザー・アレーがすでに取り入れられているからである。大庭園経由で導入される「人工運河」の掘削もまた1718年3月にようやく始まるものである（Lange-Kothe, 1959, S.135; Adam, 2006, *Wasserkünste*, S.53）。
128 Schutte, 1916, S.32-53; Lange-Kothe, 1959, S.128-151; Adam, 2006, *Wasserkünste*, S.53f.
129 LH, XXIII, 735, Bl.23r; 兵力導入については：Adam, 2006, *Wasserkünste*, S.53.
130 LH, XXIII, 735, Bl.30v.
131 Bergfleth, 1985; Schramm, 2003.

III　ライプニッツのヘレンハウゼン・フィロゾフィー

1 この点およびそれに続く問題については：Hecht, 2006, *Spaziergang*, S.72f.; Hoffmann, 2007, S.45.
2 Hecht, 2006, *Spaziergang*, S.71. 日付については：Sellschopp, 2006, S.54.
3 » Je me souviens qu'une grande Princesse, qui est d'un esprit sublime, dit un jour en se promenant dans son jardin, qu'elle ne croyoit pas, qu'il y avoit deux feuilles parfaitement semblables. Un gentilhomme d'esprit, qui estoit de la promenade, crût qu'il seroit facile d'en trouver ; mais quoyqu'il en cherchât beaucoup, il fut convaincu par ses yeux, qu'on pouvoit tousjours y remarquer de la difference « (Leibniz, 1985, Nouveaux Essais, Buch 2, Kap. 27, Par.3, S.394/395；以下を参照：Hoffmann, 2007, S.45).
4 » Il ya a donc toujours divisions et variations actuelles dans les masses des corps existens « (Leibniz の Sophie 宛て書簡 [31.10.1705] in : Leibniz, 1875-1890, VII, S.563).
5 » Il n'y a point deux individus indiscernables. Un gentilhomme d'esprit de mes amis, en parlant avec moy en presence de Madame l'Electrice dans le jardin de Herrenhausen, crut qu'il trouveroit bien deux feuilles entierement semblabales. Madame l'Electrice l'en defia, et il courut longtemps en vain pour en chercher « (Leibniz の Samuel Clark 宛て書簡 [12.5.1716], 同上 S.372).
6 Leibniz の Samuel Clark 宛て書簡 (12.5.1716), 同上 S.372f. (Par.4-13).
7 Meier, 2011, S.111, 133.

8　Boeck, 2006, *Festräume*, S.69.
9　自然を印刷物として表現できる同時代の技術を当てにすることができたので、印刷物を比較並列することがライプニッツの認識獲得の手段となった (*Natur im Druck*, 1995; Lack, 2001, S.145; Bernasconi, 2010; Bredekamp, 2010, *Theorie*, S.197f.)。
10　MacDonald Ross, 1999, S.102.
11　» Et l'Auteur de la nature a pû practiquer cet artifice divin et infiniment merveilleux, parceque chaque portion de la matière n'est pas seulement divisible à l'infini comme les anciens out reconnû, mais encore sous-divisée actuellement sans fin, chaque partie en parties, dont chacune a quelque mouvement propre : autrement il seroit impossible, que chaque portion de la matière pût exprimer tout l'univers « (Leibniz, 2002, Par.65, S.138/139).
12　» Par où l'on voit qu'il y a une Monde de Creatures, de vivans, d'Animaux ; d'Entelechies, d'Ames dans la moindre portion de la matière./Chaque portion de la matière peut être conçüe comme un jardin plein de plantes; et comme un Etang plein de poissons. Mais chaque rameau de la plante, chaque membre de l'Animal, chaque goutte de ses humeurs est encore un tel jardin, ou un tel étang « (同上 Par. 66, 67, S.138/139. 哲学モデルとしてこの箇所を読むのは：Schaub, 2003, S.278).
13　Hecht, 2006, *Spaziergang*, S. 73. は、モナドロジーのこのパラグラフがメタファ性格であることを強調した；彼が指摘するのは、物の奥にあるモナドそれぞれの形而上的独自性である。この視角からのみあらゆる自然物は区別可能である。このことが問題なく妥当する限り、指摘される例証は経験の価値を貶めるのではなく、いわば形而上的に高めることになる。
14　Hoffmann, 2007, S.46-49.
15　Palm, 2006, S.29. 以下を参照のこと：Hoffmann, 2007, S.47-49.
16　Palm, S.29f.
17　Hennebo und Schmidt, 1978, S.216f.
18　同上 1978, S.265.
19　Meyer, 1965, S.27f.; 以下を参照：同 1942, S.31, 同 1966, S.277-281.
20　批判的には：Schmidt, 1993, S.157f.
21　このトポスについては：Schneider, 2009, S.206.
22　範例的なので強制を受けた発言を引用しておこう：「地平線はるか無限のかなたに──そして垂直に無限の蒼穹に達する空間の理想をいくばくかでも実現できるのは、ただ庭園空間においてのみだった」(Hennebo und Schmidt, 1978, S.217).
23　*Barock in Deutschland*, 1966, S.31f.
24　Schneider, 2011, S.254 その他多数箇所. 芸術理論から軍事理論に至る〈一望〉の歴史については：Bredekamp, 2010, *Erkenntniskraft*.
25　このトポスの批判については：Schneider, 2000; 同 2009, 同 2011.

26　Schneider, 2009, S.206-208.
27　*La Description*, 1685, 本文前の見返しの図。
28　Schneider, 2009, S.208.
29　Krauß, 1687, Nr.IX; 以下を参照：Schneider, 2009, S.211f.
30　Schneider, 2000, S.257f.
31　同上 S.259f.
32　Schneider, 2011, S.271. 神話に従えばプルートーとプロセルピーナの場合これらは胆汁質であり、夏であり、天中の熱さであった（同上 S.278）。
33　*Feuer, Wasser, Erde, Luft*, 1996.
34　Schneider, 2011, S.279. この刺激から風景式庭園は活力を得たのだという逆の議論については：Tabarasi, 2007, S.11.
35　Schneider, 2000, S.268.
36　Boeck, 2006, *Skulpturenparterre*, S.62.
37　プログラムについては：Boeck, 1987; 同 2006, *Skulpturenparterre*.
38　この処方はのちにベルリンでも応用された。選定侯妃ゾフィーの孫フリードリヒ大王はベルリン宮廷図書館の建物（1775-1780）を、ヴィーン宮廷のミヒャエル翼廊の計画に基づいて建てさせたが、これはフィッシャー・フォン・エルラッハが設計して実現しなかったものである。図書館の様式的に遅れた建物はライヴァルの無趣味と見なされた（Engel, 1993）。
39　Leibniz, 1690, S.B1; 以下を参照のこと：Schneider, 2011, S.228f. このダイヤグラムは Christoph Clavius のエンブレムに帰せられる（Clavius, 1570, S.45）。ライプニッツは 1585 年版を使用した（AA, VI, 1, S.166）。以下を参照のこと Gottfried Wilhelm Leibniz, 2000, S.33.
40　Busche, 1997, S.26-33.
41　Preißel, 2003.
42　同上
43　Bredekamp, 2004, S.200-206.
44　Hoogstraten, 1678, S.260; 以下を参照：Bredekamp, 2004, S.71f.
45　Bredekamp, 2004, S.81-84.
46　Lukrez, 1973, II, 217-224（S.100/101）, および 289-293（S.104-107）. この点については以下を参照：Schmidt, 2007 および Greenblatt, 2012.
47　Serres, 1977, S.214-237; Franz, 1999, S.618f. und Schmidt, 2007.
48　» ita nil umquam natura creasset «（Lukrez, 1973, II, 224［S.100/101］）. 以下を参照：II, 292（S.106/107）.
49　Leibniz, 1875-1890, Bd. 7, S.374, Par.18.
50　Leibniz, 1998, Par.15, S.16/17.
51　» Vis activa, quae et absolute vis dici solet, non est concipienda ut simplex potentia

vulgaris scholarum seu ut receptivitas actionis, sed involvit conatum seu tendentiam ad actionem « (Leibniz, 1875-1890, Bd.4, S.395; 以下を参照：Busche, 1997, S.544).

52 » Les ames sont toujours unies à quelque corps organique, ou plustost, selon moy, ne quittent jamais entierement les organes qu'elles ont ; que la substance incorporelle a une energie ou force active interne « (Leibniz の Lady Masham 宛て書簡, in : Leibniz 1875-1890, Bd. 3, S.366; 以下を参照：Busche, 1997, S.544).

53 Lukrez, 1973, II, 243 (S.102/103). 以下を参照のこと：Greenblatt, 2012, S.7-13, 188f.

54 Cicero, 1980, I, 73, S.28, Z.26. *Leibniz Lexicon*, 1988, S.156f. に記載された個所を参照のこと。

55 » La futur est dans le passé non pas autrement que par une iclination qui estoit dans ce passé à la production du futur « (Leibniz, 1875-1890, Bd.3, S.473, Z.10-12).

56 Leibniz の Samuel Clark 宛て書簡 [12.5.1716] in: Leibniz, 1875-1890, Bd. 7, S.372f. (Par.4-13). S. o., S.74f.

57 Bredekamp, 2004, S.111-113.

58 » Car nos grandes perceptions et nos appetits, dont nous nous apercevons, sont composés d'une infinité de petites perceptions et de petites inclinations, don't on ne sauroit s'apercevoir « (Leibniz の Nicolas-François Remond 宛て書簡 [4.11.1715] , in: Leibniz, 1989, S.346/347).

59 » J'ay Presque achevé mes remarques sur l'ouvrage de M.Locke que j'ai fait aux heures perdues à Herrenhauzen ou en voyage « (書簡 [25.4.1704] in: Leibniz, 1864-1884, Bd.10, S.230).

60 » parceque là dessus la considération du corps et non pas celle de l'ame fournit quelque chose de distinct et d'explicable « (Leibniz, 1985, *Nouveaux Essais*, Buch 2, Kap.21, Par.46, S.306/307).

61 »Ainsi il y a des inclinations insensibles et dont on ne s'apperçoit pas« (Leibniz, 1985, *Nouveaux Essais*, Buch 2, Kap.21, Par.46, S.306/307).

62 LH, XXIII, 735, Bl.9v.

63 AA, III, 7, Nr.7, S.26, Z.15f.

64 デュモン宛て書簡の次の説明ではライプニッツはある素描の話をするのだが、それは全体プランについて示したものに違いなく、1696年5月の覚書の描写に似ている (LH, XXIII, 735, Bl.10. [AA, III, 7, Nr.7, S.29, Z.3.])。

65 LH, Leibn. Marg. 32; Busche, 1997, S.58.

66 Busche, 1997, S.59.

67 AA, VI, 1, Nr.3, S.56, Z.19. 以下を参照のこと：Busche, 1997, S.70; Bredekamp, 2004, S.19.

68 この点の基本は：Busche, 1997.

69 Descartes, 1658, S.90. この処方については：Dijksterhuis, 2011; Descartes については：

同上 S.89f. 以下を参照：Zittel, 2009, S.392-395.
70 » L'Ellypse ou l'Ouale, est vne ligne courbe que les Mathematiciens ont accoustumé de nous exposer en coupant de travers vn Cone ou vn Cylindre, & que i'ay veu aussi quelquefois employer par des Iardiniers dans les compartimens de leurs parterres, où ils la déscriuent d'vne façon qui est veritablement fort grossiere & peu exacte, mai qui fait, ce me semble, mieux comprendre sa nature, que la Section du Cylindre ny du Cone « (Descartes, 1658, S.188).
71 Tschirnhaus, 1695, S.92; 以下を参照のこと：Mayer, 2001, S.31. AA, III, 7, Nr.46, S.175, S.11f.
72 ここに用いられているのは：Manesson-Mallet, 1702, Buch 1, S.227; 以下を参照のこと：Fischer, Remmert und Wolschke-Bulmahn, 2011, S.280; Remmert, 2008, S.63-67; Dijksterhuis, 2011.
73 Bredekamp, 2004, S.78-80.
74 LH, XXIII, 735, Bl.30v.
75 同上 Bl.19r; 以下を参照：die Reinschrift（清書）：Bl.22v.
76 LH, XXIII, 735, Bl.25r.
77 AA, III, 7, S.32, Z.2.
78 Félibien,1994, S.104f.
79 以下を参照のこと：1678年のドレスデン大花火では、同様の器械が確認されている（Berns, 2011, S.228, Abb.6）。
80 Dittmer, 1822, S.187-193.
81 LH, XXIII, 735, Bl.19r.
82 たとえばローマの枢機卿ベルナルディーノ・スパーダの科学顧問官である Doria Pamphilj von Emmanuel Maignan 邸のために17世紀中ごろに立てられたプログラムは、敷地の庭園を、南北に日時計および観測所と獣帯で装備させようとしたことを証言している。内部では鏡の間やレンズの間として利用されている（Camerota, 2000, S.621, 625-627. 作庭文化を研究プログラムとして数学化することについては以下を参照のこと：Remmert, 2004, S.12-23）。サンクト・ペテルスブルクで催された花火は、その花火工学手段の燃焼の間、一種の破壊的かつ一過性のコスモロギーとして、コペルニクス的世界像を大空に輝かせたのである（Werrett, 2010, S.122-125）。
83 この報告およびそれがガリレオ・ガリレイにまで至る鏡制作のために刺激となったことについては：Reeves, 2008. 以下を参照のこと：Baltrušaitis, 1986, S.141-163。
84 Burda-Stengel, 2001, S.20f. 以下を参照のこと：Stauffer, 2005, S.255-257; Kacunko, 2010, S.377-392.
85 Kircher の実践については：Burkart, 2010.
86 Porta, 1650, Buch XVII, S.557f.; Schott, 1657, S.331f.; Leurechon, 1669, S.214; 基本は以下を参照のこと：Stauffer, 2005.

87 Schott, 1657, S.331.
88 » Incredibile fortè nonnullis videbitur, unâ vel alterâ candelulâ cereâ, concavi speculi beneficio ita tenebras dispelli posse, ut quis nocte etiam mediâ, & obscurissimâ ad 30. orgias distans ex breviario expeditè legere possit « (Traber, 1690, S.127). ローマのサン・イグナツィオ教会のアンドレア・ポッツォによるイリュージョン天井フレスコ画には、このような巨大鏡の有名な描写が含まれており、そこにはひとりの天上の住民がこのような道具をかざしている。ポッツォの遠近法の書やサン・イグナツィオ教会のフレスコ画についての報告を通じて、ライプニッツは彼のことを知っていた（AA, I, 8, Nr.196, S.331, Z.20-22; Nr.209, S, 356, Z.18-20; Nr.221, S.379, Z.18-21/AA, I, 9, Nr.141, S.255, Z.3f. [Traktat]; AA, I, 11, Nr.218, S.321, Z.2-4 [Fresken]. ポッツォの遠近法主義については：Burda-Stengel, 2001. ガリレイからポッツォに至る時代の鏡の歴史については：Reeves, 2008）。
89 AA, I, 1, Nr.203, S.298, Z.3.
90 Mühlpfordt, 2001, S.21f.; 以下を参照：S.135, Nr.2.8.
91 Mühlpfordt, 2001, S.22. 以下を参照：Optica, 2011, S.96-191.
92 » Force de miroir ardent« （Bredekamp, 2004, S.202, Z.82）
93 Mayer, 2001, S.27-31.
94 Zaunick, 2001, S.26f. 以下を参照のこと：*Ehrenfried Walther von Tschirnhaus*, 2001, S.136, 140f.
95 AA, III, 6, Nr.10, S.29, Z.21, 23; AA, III, 7, Nr.183, S.744, Z.24-S. 745, Z.6. 鏡とレンズに関するチルンハウスとライプニッツの交信については：Schillinger, 2001.
96 AA, I, 10, Nr.67, S.82,/ 13; AA, III, 6, Nr.63, S.193-197; Nr.65, S.201, Z.3-5.
97 AA, I, 14, Nr.196, S.328, Z.11f.; Nr.322, S.551, Z. 1-6 u. Nr.389, S.669, Z.16-18.
98 » Die perfection der Spiegel oder vielmehr lentium, tam ad urendum quam videndum ist freylich von großer wichtigkeit « (AA, III, 6, Nr.13, S.43, Z.2f.).
99 それらは以下に収められる：LH, 37, 2: Suppositio physica (Bl.63v, 65r); Problema Diopticum (Bl.66r, 67v, 67r, 68r, 69r); Problema Diopticum (Bl.70v-72v); Calculus Diopticus (Bl.77r, 78v-79v). (Hartmut Hecht からの私信による教示).
100 LH 35, 7, Bl.2-5. フランス語原版：Leibniz, 1875-1890, Bd.7, S.270-279; 英訳版：Leibniz, 1969, S.477-485. 年代確認のためには S.477。
101 » Ainsi le fondement de l'analyse est cette unicité causée par la réunion des jumelles, sans qu'on se mette en peine si l'ordonnée est la plus grande ou la plus petite « (*Leibniz*, 1875-1890, Bd.7, S.275. 以下を参照：Hecht, 2006, Leibniz, S.181-183). ここで基本にある曖昧さの数学について、および以下の論点については：Parmentier, 2004, S.9f.
102 ライプニッツは屈折と反射は同一原理によって起こると強調した（Leibniz, 1875-1890, Bd.7, S.276）。

103 AA, VI, 4, B, Nr.306, S.1549, Z.19-S. 1550, Z.2; 独訳は以下による：Leibniz, 1955, S.358. この考え方については：Bredekamp, 2004, S.84 und Tkacyk, 2010, S.72.
104 Busche, 1997, S.522-549; 以下を参照：Busche, 2008.
105 Cependent, il y a lieu de croire que nous serons plus près un jour du veritable point de vue des choses（Leibniz, 1989, S.100/101）.
106 これが最近の『神秘学試論テンタメン・アナゴギクム』解釈の基本思想である（McDonough, 2009）。
107 Hecht, 2006, Leibniz, S.182.
108 *Essais de Théodicée*, Par.357, Bd.2, S.174/175. この点について基本的には：Pape, 1997, S.161 その他多数箇所。

IV　バロック庭園の現代性

1 Müller, 1998, S.257-261; Tabarasi, 2007, S.35-38.
2 Kent » leaped the fence and saw all nature was a garden «（引用は以下による：Franklin, 1989, S.142）．ドイツ語圏における同様の定式化は：Niedermeier, 2001.
3 Tabarasi, 2007, S.78.
4 巨大施設内で捕まった密猟者は容赦ない厳罰に処され、それに引き換え、うっかり領地に入り込んだ農民たちの家畜は領主の所有とされた(Franklin, 1989, その他多数箇所；Niedermeier, 1992, S.135f.; Tabarasi, 2007, S.48f.）。
5 Franklin, 1989, 「Ha-Ha」の一般論については：O'Malley, 2010, S.341-343, S.343f.（Elizabeth Kryder-Reid）およびフランスにも見られる初期形態については：Lauterbach, 1987, S.259, Anm.11.
6 » Paradice Place. Spring guns and steel traps are set here «（Williams, 1987, S.76. その記事全体は期待と現実の矛盾を目指したものである）。以下を参照のこと：Niedermeier, 2003, S.171-174、および一般論として、同 2001, S.124-127.
7 Franklin, 1989, S.147.
8 Williams, 1987, S.94; Tabarasi, 2007, S.39, 56, 101.
9 Hunt, 2002; 素晴らしい研究 Plesu, 2007 を参照のこと。および Tabarasi, 2007, S.131-149.
10 ここに引用したのは 1731 年のドイツ語版：Le Blond, 1986, S.25. 以下を参照のこと：Jöchner, 2001, S.134; 同 2008, S.400. Dezallier d'Argenville の重要性については：Dennerlein, 1981, S.3-28; Wimmer, 1989, *Geschichte*, S.122-135; Wimmer, 2009; Lauterbach, 2012, S.176f.
11 Le Rouge, 1775, Heft 1, Taf. 12; ファクシミリ版 Le Rouge, 2009; 生垣劇場の描写を瞥見する Reuter, 1966、および Korzus, 2008, S.66f. を参照のこと。
12 Korzus, 2008. Le Rouge については：Lauterbach, 1987, S.109f. ; Tabarasi, 2007, S.126.

13 Lauterbach, 1987, S.102-105
14 Buttlar und Köhler, 2012, S.7.
15 Clark, 2010, S.40f.
16 Clark, 2010.
17 Hunt, 2002, S.62f. u.100（Hirschfeld 側の批判）．様式については Hajós, 1989, S.67.
18 » de faire céder l'Art à la Nature «（Dezallier d'Argenville, 1713, S.18; 以下を参照のこと：Lauterbach, 2012, S.177-179）．
19 お手本と見なされ、ルイ14世によって建設された Marly 庭園の設備は、なるほど蛇状小径の兆しを備えているが、総じて整形的枠組みに準じていた（Lauterbach, 2012, S.178, 184f.）。
20 Lauterbach, 1987, S.235-247.
21 「直線と曲線について」1795, S.68. 以下を参照のこと：Müller-Wolff, 2007, S.267.
22 「直線と曲線について」1795, S.68f.
23 同上 S.72.
24 同上 S.73.
25 同上 S.73. 『造園年鑑』の著者はアルベルティ以来発達した、自然自体が蛇状曲線に傾くという理論に反対であるが（Bredekamp, 2009）、ならばウィリアム・ホガースに論拠を置くこともできただろうに。彼は『美の分析』においてSラインを美の原理、自然運動や人工の原理として評価していた（Mainberger, 2005）。
26 Niedermeier, 1992, S.160-194; 同 2001. 以下を参照：Tabarasi, 2007, S.310-326.
27 Goethes Leben von Tag zu Tag, Bd.7, 1821-1827, 1995, S.506. 以下を参照のこと：Müller-Wolff, 2007, S.276, Anm.27.
28 Hegel, 1970, Bd.14, S.348f.; 以下を参照：Hoffmann, 2007, S.53f.
29 Tabarasi, 2007, S.273f.
30 Lauterbach, 1987, S.164-175.
31 Warnke, 1992, S.92; 以下についても同様。
32 Hennebo, 1979, S.90.
33 McDayter, 1995.
34 太陽王評価のさらなる枠組みは：Ziegler, 2010, S.149f.
35 引用は Hennebo, 1979, S.170 による。以下を参照：Warnke, 1992, S.93.
36 その他のバロックおよび風景式庭園を追査するならば、1740年にベルリン・ティーアガルテンが開園しており、ウィーンのプラーターが皇帝ヨーゼフ2世の政令によって1766年に「だれかれの区別なく」入場可とされた（Hajós, 1989, S.27f.）。同じことが1775年のウィーン・アウガルテン等などに該当した（庭園の開園史一般については：Warnke, 1992, S.92-94; Niedermeier, 2001, S.122）．
37 Lindau, 2003, S.57.
38 Köhler, 2004, はこの現象（Lampe, 1963, S.125f.）を従来の「儀礼的」とか「私的」と

かの区分けを根本的に批判するために利用した。
39 Köhler, 2004, S.9f.
40 Tabarasi, 2007, S.36.
41 Müller, 1998, S.180-185.
42 Palm, 2004, *Fürst*, S.59-61.
43 Frühsorge, 2006, S.83.
44 Rettich, 1992, S. 250; Palm, 2006, S. 32f.
45 芝生で覆うことについては：Linnebach, 2000; 以下を参照のこと：Lauterbach, 2012, S.179, 190-193. イタリア都市国家における切り芝については：Warnke, 1992, S.91.
46 Lauterbach, 1987, S.179f. その他多数箇所；Dorgerloh und Becker, 2012.
47 Niedermeier, 1995, S.185f. 人物と作品について、同時代人から一部激しく批判された特徴については：Schulz, 1958 und Haase, 1968.Gamper, 1998 は繰り返しラムドーアを的確に議論している（S.189, 127 その他多数箇所）。
48 Platon, 2005, 596c-596e, S.794/795-796/797.
49 Ramdohr, 1792, S.260f.
50 同上 S.278f.
51 基礎的には：Krois, 2011.
52 Ramdohr, 1792, S.279. 議論の積み重ねは S.274-278. 以下を参照のこと：Niedermeier, 1995, S.186f.
53 Ramdohr, 1792, S.279.
54 同上 S.289f.
55 同上 S.293.
56 同上 S.306.
57 Fontenelle, 1733.
58 Lukrez, 1973, IV, 141-142(S.262/263); 以下を参照：Bredekamp, 2010, *Theorie*, S.317-319.
59 Mantegna, 1992, S.429; Thielemann, 2000, S.46-53; Hauser, 2001, S.152f.
60 Blankert, 1991, S.200-203.
61 Blümle, 2007, S.93f. 山々と雲の構造的親和性という後世に続く伝統については：Brevern, 2012, S.66-91.

結　び

1 Bredekamp, 2004.
2 Garber はこの運動をコンパクトにまとめている（2009, S.351-391）.
3 Koselleck, 1979, S.XV.

謝　辞

1　注で挙げておいた出版物を参照のこと。ここで代表的に触れるとすれば : Niedermeier, 2003; *Klassizismus-Gotik*, 2007; *Grab und Memoria*, 2012; Dorgerloh und Becker, 2012.
2　Greenblatt, 2012.

ファイル LH XXIII, 735 の年代学

このリストはドキュメントを年代順に並べるひとつの提案である。4, 7, 8, 9, 17, 20 のみが日付を指定してある。（＊訳者注：このページの資料については、本文中のブレーデカンプの言葉によれば、こう説明される。——ハノーファのゴットフリート・ヴィルヘルム・ライプニッツ図書館に番号 XXIII, 735 と登録される著作、書簡、スケッチの合本、1695-96 年および 1706 年の庭園計画段階のマテリアルが収蔵され、それらはライプニッツとその交信相手およびプロフェッショナルな著述家たちのものである。そこではもっぱら噴泉の造営に必要な水圧の問題が検討されている。関心の的は庭園の設備ではなく、庭園の性格定義である。広範に未整理のまま、これまでほんの少数の断簡しか公にされていないマテリアルは、地形探査、水力技術問題に関するメモ、及び通信文を含んでいる。——これら年代順の確定していないものを、並べていく試みとして提案してあるのが、このページである）。

1. Leibniz, *Geländeaufnahmen und Berech-nungen*, 1695; Bl. 36a v; 37v/37ar; 38r; 39v-41r; 42r-44v; 45v-46v
2. Leibniz, *Planskizze des Geländes*, 1695 Bl. 36v/36ar
3. Leibniz, *Denkschrift zum Kanalprojekt für Kurfürst Ernst August*, Entwurf, 1695; Bl. 29r-31r
4. Leibniz, *Denkschrift zum Kanalprojekt für Kurfürst Ernst August*, Entwurf, Mai 1696; Bl. 18r-19v
5. Leibniz, *Denkschrift zum Kanalprojekt für Kurfürst Ernst August*, Reinschrift eines Schreibers, Mai 1696; Bl. 20r-23r
6. Leibniz, *Planskizze zum kanalprojekt*, Zeichnung, Bleistift und braune Feder, Mai 1696; Bl. 23v und 24r
7. Leibniz an Andreas Du Mont, *Darlegung der Pläne zur Verbesserung des Wasserdrucks*, 11. (21. Juli 1696; Konzept: Bl. 8r-9v; Reinschrift I: Bl. 12r-13v; Reinschrift II : Bl. 10r-11v; Druck: AA, III, 7, S. 26-27)

8 Andreas Du Mont an Leibniz, *Bewertung der Pläne zur Verbesserung des Wasserdrucks*, 20. (30. Juli 1696; Bl.7r-7v; DrucK: AA, III, 7, Nr.12, S.43)

9 Andreas Du Mont an Leibniz, *Befürwortung des Kanalprojekts*, 20. (30. Juli 1696; Bl.5r-6r; Druck: AA, III, 7, Nr.13, S.44-45)

10 Leibniz, *Darlegung des Kanalprojekts in vier Punkten*, August 1696; Bl.15r

11 Leibniz, *Unvorgreifliche Meinung wegen des Herrenhausischen Wasserwerk*, 14. August 1969; Bl.27r-27v

12 Leibniz, *Unmaßgebliche Bedenken das Herrenhausische Wasserwerk betreffend*, 14. August 1969; 1. Fassung: Bl.31v; 2. Fassung: Bl.25r-26r

13 Leibniz, *Protokoll der Besprechung der ›Unmaßgeblichen Bedenken‹*, 14.August 1696; Bl.28r-28v

14 Leibniz, *Bewertung des Vorschlags von Bernard Schotanus van Steringa und Balthasar van Poelwijk*, Berechnung, 14. August 1696; Bl.14r

15 Leibniz, *Bewertung des Vorschlags von Bernard Schotanus van Steringa und Balthasar van Poelwijk*, 14. August 1696; Bl.1r-1v

16 Georg Sigesmund Schmidt, *Gutachten zu Pierre Denis Modell eines Wasserrades*, August 1696; Bl.33r-34v

17 Leibniz an Andreas Du Mont, *Bericht über die Absage des Kanalprojekts*, 20. August 1696; Konzept Bl.47r-47v; Reinschrift: Bl.16r-17v; Druck: AA. III, 7, Nr.23, S.88-91

18 Andreas Du Mont an Leibniz, *Befürwortung des Kanalprojekts*, Letzte Augustwoche 1969; Bl.48r-50a; Druck: AA, III, 7, Nr.26, S.97-98

19 Leibniz, *Kritik des Einsatzes von Röhren*, Januar 1706; Bl.35r

20 Leibniz, *Kritik des Konzepts von Maillet de Fourton*, 28. Januar (7. Februar 1706; Bl.34ar-34bv)

リストアップされていないもの。

1 Mechanica, Bl.3r-3v

2 Mechanica, Bl.4r

3 [Friedrich Karl von] Hardenberg, Bericht übcr die Herrenhäuser Maschinenkunst,

4 Oktober [17]54

参考文献，出典，略記号

AA = Gottfried Wilhelm Leibniz, *Sämtliche Schriften und Briefe* (Hg. von der Preußischen, später Deutschen Akademie der Wissenschaften zu Berlin), Berlin 1923 ff.
ADAM, BERND: ›Neue Funde zum barocken Ausbau der Schloßanlage in Hannover-Herrenhausen‹, in: *Niederdeutsche Beiträge zur Kunstgeschichte*, Bd. 40, 2001, S. 59–97
ADAM, BERND: ›Das Herrenhäuser Schloss und die historischen Gartenpavillons‹, in: *Herrenhausen. Die Königlichen Gärten in Hannover* (Hg.: Marieanne von König. Mit Photos von Wolfgang Volz), Göttingen 2006, S. 95–100
ADAM, BERND: ›Die Herrenhäuser Wasserkünste‹, in: *Herrenhausen. Die Königlichen Gärten in Hannover* (Hg.: Marieanne von König. Mit Photos von Wolfgang Volz), Göttingen 2006, S. 43–58
ADAM, BERND: ›Die Orangerie und die höfischen Bauten an der Alten Herrenhäuser Straße‹, in: *Herrenhausen. Die Königlichen Gärten in Hannover* (Hg.: Marieanne von König. Mit Photos von Wolfgang Volz), Göttingen 2006, S. 103–108
ADAM, BERND: ›Verschwundene Residenzbauten und Adelspalais' an der Herrenhäuser Allee‹, in: *Herrenhausen. Die Königlichen Gärten in Hannover* (Hg.: Marieanne von König. Mit Photos von Wolfgang Volz), Göttingen 2006, S. 237–244
AITON, ERIC J.: *Leibniz. Eine Biographie*, Frankfurt am Main 1991
ALVENSLEBEN, UDO VON: *Herrenhausen. Die Sommerresidenz der Welfen*, Berlin 1929
ALVENSLEBEN, UDO VON: ›Der Große Garten und der Berggarten zu Herrenhausen von den Anfängen bis zur Vollendung um 1720‹, in: *Die Herrenhäuser Gärten zu Hannover. Zur Feier ihrer Erneuerung am 13. Juni 1937* (Hg.: Hauptstadt Hannover), Hannover 1937, S. 9–19
ALVENSLEBEN, UDO VON / REUTHER, HANS: *Herrenhausen. Die Sommerresidenz der Welfen*, Hannover 1966
ALVENSLEBEN, UDO VON: *Lauter Abschiede. Tagebuch im Kriege* (Hg.: Harald von Koenigswald), Frankfurt am Main und Berlin 1972
ALVENSLEBEN, UDO VON: ›Aus den Lebenserinnerungen: Hannover-Herrenhausen‹, in: *Ein brüderliches Alliance-Œuvre. Beiträge zur Gartenkunst, Geschichte und Denkmalpflege im Werk von Udo von Alvensleben und Anco Wigboldus* (Hg.: Harald Blanke), Hundisburg 2004, S. 41–49
AYALA, LUCIA: ›Die Vielheit der Welten‹, in: *Von mehr als einer Welt. Die Künste der Aufklärung*, Ausstellungskatalog (Hg.: Moritz Wullen, Michael Lailach und Jörg Völlnagel), Petersberg 2012, S. 51–59
BAIRD, IONA: *Englische Gärten*, Berlin 2009
BALTRUŠAITIS, JURGIS: *Der Spiegel. Entdeckungen, Täuschungen, Phantasien*, Gießen 1986
BARBET, LOUIS-ALEXANDRE, *Les grandes eaux de Versailles. Installations mécaniques et étangs artificiels. Description des fontaines et de leurs origines*, Paris 1907
BARLO, JR., NIK / KOMACHI, HANAE / QUEREN, HENNING: *Herrenhäuser Gärten* (Hg.: Ronald Clark und Wilken von Bothmer), Rostock 2006
Barock in Deutschland. Residenzen. Ausstellungskatalog (Hg.: Ekhart Berckenhagen), Berlin 1966
BERGFLETH, GERD: *Theorie der Verschwendung. Einführung in Georges Batailles Antiökonomie*, München 1985
BERNASCONI, GIANENRICO: ›Authentizität und Reproduzierbarkeit: Naturselbstdrucke auf amerikanischen Geldscheinen des 18. Jahrhunderts‹, in: *Bildwelten des Wissens. Kunsthistorisches Jahrbuch für Bildkritik*, Bd. 8.1, Kontaktbilder (Hg.: Vera Dünkel), Berlin 2010, S. 72–82

BURKART, LUKAS: ›Bewegte Bilder – Sichtbares Wissen. Athanasius Kircher und die Sichtbarmachung der Welt‹, in: *Imagination und Repräsentation. Zwei Bildsphären der frühen Neuzeit* (Hg.: Horst Bredekamp, Christiane Kruse und Pablo Schneider), München 2010, S. 335–352

BUSCHE, HUBERTUS: *Leibniz' Weg ins perspektivische Universum. Eine Harmonie im Zeitalter der Berechnung*, Hamburg 1997

BUSCHE, HUBERTUS: ›Monade und Licht. Die geheime Verbindung von Physik und Metaphysik bei Leibniz‹, in: *Lichtgefüge des 17. Jahrhunderts. Rembrandt und Vermeer – Spinoza und Leibniz* (Hg.: Carolin Bohrmann, Thomas Fink und Philipp Weiss), München 2008, S. 125–162

BUTTLAR, ADRIAN VON: *Der Landschaftsgarten. Gartenkunst des Klassizismus und der Romantik*, München 1982

BUTTLAR, ADRIAN VON / KÖHLER, MARCUS: *Tod, Glück und Ruhm in Sanssouci. Ein Führer durch die Gartenwelt Friedrichs des Großen*, Ostfildern 2012

CAMEROTA, FILIPPO: ›Architecture and Science in Baroque Rome. The Mathematical Ornaments of Villa Pamphilj‹, in: *Nuncius*, Bd. 15, 2000, Nr. 2, S. 611–638

CICERO, MARCUS TULLIUS: *De Natura Deorum*, Stuttgart 1980

CLARK, ANDY / CHALMERS, DAVID: ›The Extended Mind‹, in: *Analysis*, Bd. 58, 1998, Nr. 1, S. 7–19

CLARK, RONALD / HENNEBO, DIETER: ›Vom Wallmodengarten zum Georgengarten. Anmerkungen zu den ersten Entwürfen von Ch. Schaumburg‹, in: *Festschrift für Georg Hoeltje* (Hg.: Institut für Bau- und Kunstgeschichte der Universität Hannover). Schriften des Institutes für Bau- und Kunstgeschichte der Universität Hannover, Bd. 5, Hannover 1988, S. 79–87

CLARK, RONALD: ›Die Regeln des 'Natürlichen'. Der konstruierte Landschaftsgarten bei Christian Schaumburg (1788–1868)‹, in: *StadtGrün*, Bd. 11, 2010, S. 39–44

CLAVIUS, CHRISTOPH: *Commentarium in Sphaeram Joannis de Sacro Bosco*, Rom 1570

CONAN, MICHEL: ›Introduction: Garden and Landscape Design, from Emotion to the Construction of Self‹, in: *Landscape Design and the Experience of Motion* (Hg.: Michel Conan), Dumbarton Oaks 2003, S. 1–33

CONAN, MICHEL: ›Die kritische Rezeption von Gärten und Landschaften‹, in: *Historische Gärten heute* (Hg.: Michael Rohde und Rainer Schomann), 2. Aufl., Leipzig 2004, S. 48–51

DELEUZE, GILLES: *Die Falte. Leibniz und der Barock* (Übers.: Ulrich Johannes Schneider), Frankfurt am Main 1995

Denis Papin. Erfinder und Naturforscher in Hessen-Kassel (Hg.: Frank Tönsmann und Helmuth Schneider), Kassel 2009

Denis Papins Dampfdruckpumpe von 1707 und ihr Nachbau (Hg.: Hans Hermann Behr), Marburg 1991

DENNERLEIN, INGRID: *Die Gartenkunst des Régence und des Rokoko in Frankreich*, Worms 1981

DESCARTES, RENÉ: *Discovrs de la Methode povr bien condvire sa raison, et chercher la Verité dans les Sciences. Plvs la Dioptriqve et les Meteors, Qui sont des essais de cette Methode*, Paris 1658

DEZALLIER D'ARGENVILLE, ANTOINE JOSEPH: *La Théorie et la pratique du jardinage*, Paris 1709

DEZALLIER D'ARGENVILLE, ANTOINE JOSEPH: *La Théorie et la pratique du jardinage*, Paris 1713

Die Herrenhäuser Gärten zu Hannover. Zur Feier ihrer Erneuerung am 13. Juni 1937 (Hg.: Hauptstadt Hannover), Hannover 1937

Die Mutter der Könige von Preußen und England. Memoiren und Briefe der Kurfürstin Sophie von Hannover (Hg.: Robert Geerds), München und Leipzig 1913

DIJKSTERHUIS, FOKKO JAN: ›Moving around the Ellipse. Conic Sections in Leiden, 1620–1660‹, in: *Silent Messengers. The Circulation of Material Objects of Knowledge in the Early Modern Low Countries* (Hg.: Sven Dupré und Christoph Lüthy), Berlin 2011, S. 89–123

DITTMER, HEINRICH: *Authentische und vollständige Beschreibung aller Feyerlichkeiten, welche in dem Hannoverschen Lande bey der Anwesenheit Seiner Königl. Majestät Georgs*

BERNS, JÖRG JOCHEN: ›Feuerwehr und Feuerwerk. Techniken der Domestikation und Inszenierung von Großbränden in der Frühen Neuzeit‹, in: *Urbs incensa. Ästhetische Transformationen der brennenden Stadt in der Frühen Neuzeit* (Hg.: Vera Fione Koppenleitner, Hole Rößler und Michael Thimann), Berlin und München 2011, S. 211–234

BLANKE, HARALD: *Grundriß über Ihro Hochwohlgeborenen Freyherrlichen Excellence von Alvensleben Garten. Der Hundisburger Schloßgarten und seine Gärtner im 18. Jahrhundert. Eine Grundlegung zur Geschichte und Gestalt des Hundisburger Barockgartens aus den Beständen des Schloßarchivs*, Hundisburg 2007

BLANKERT, ALBERT: *Museum Bredius. Catalogus van de schilderijen en tekeningen*, Zwolle und Den Haag 1991

BLÜMLE, CLAUDIA: ›Mineralischer Sturm. Steinbilder und Landschaftsmalerei‹, in: *Vermessen. Landschaft und Ungegenständlichkeit* (Hg.: Werner Busch und Oliver Jehle), Zürich und Berlin 2007, S. 73–95

BOECK, URS: ›Die Skulpturen im Luststück des Großen Gartens von Hannover-Herrenhausen, ikonographisch betrachtet‹, in: *Niedersächische Denkmalpflege*, Bd. 12, 1987, S. 132–147

BOECK, URS: ›Das Skulpturenparterre‹, in: *Herrenhausen. Die Königlichen Gärten in Hannover* (Hg.: Marieanne von König. Mit Photos von Wolfgang Volz), Göttingen 2006, S. 59–66

BOECK, URS: ›Zwei höfische Festräume: Gartentheater und Galeriegebäude‹, in: *Herrenhausen. Die Königlichen Gärten in Hannover* (Hg.: Marieanne von König. Mit Photos von Wolfgang Volz), Göttingen 2006, S. 67–78

BOLLÉ, MICHAEL: ›'Antiquities of Berlin?'. Carl Gotthard Langhans und die Architektur in Berlin um 1800‹, in: *Das Brandenburger Tor 1791–1991. Eine Monographie* (Hg.: Willmuth Arenhövel und Rolf Bothe), Berlin 1991, S. 70–89

Bomarzo: il Sacro Bosco. Fortuna, critica e documenti (Hg.: Sabine Frommel in Zusammenarbeit mit Andrea Alessi), Mailand 2009

BORCHARD, ROLF REINER MARIA: *Hannoverscher Klassizismus. Georg Ludwig Friedrich Laves. Eine Reise zu den Stätten romantisch-klassizistischer Baukunst*, Hannover 1989

BREDEKAMP, HORST: *Vicino Orsini und der Heilige Wald von Bomarzo. Ein Fürst als Künstler und Anarchist*, 2 Bde., Worms 1985 (2. Aufl. in 1 Bd., 1991)

BREDEKAMP, HORST: *Vicino Orsini e il Sacro Bosco di Bomarzo. Un principe artista ed anarchico*, Rom 1989

BREDEKAMP, HORST: *Antikensehnsucht und Maschinenglauben. Die Geschichte der Kunstkammer und die Zukunft der Kunstgeschichte*, Berlin 2012 (1993)

BREDEKAMP, HORST: *Die Fenster der Monade. Gottfried Wilhelm Leibniz' Theater der Natur und Kunst*, Berlin 2004

BREDEKAMP, HORST: ›Das Prinzip der Metamorphosen und die Theorie der Evolution‹, in: *Berlin-Brandenburgische Akademie der Wissenschaften (vormals Preußische Akademie der Wissenschaften)*, Jahrbuch 2008, Berlin 2009, S. 209–247

BREDEKAMP, HORST: ›Die Erkenntniskraft der Plötzlichkeit. Hogrebes Szenenblick und die Tradition des Coup d'œil‹, in: *Was sich nicht sagen läßt. Das Nicht-Begriffliche in Wissenschaft, Kunst und Religion* (Hg.: Joachim Bromand und Guido Kreis), Berlin 2010, S. 455–468

BREDEKAMP, HORST: *Theorie des Bildakts. Frankfurter Adorno-Vorlesungen 2007*, Berlin 2010

BREDEKAMP, HORST: *Leibniz, Herrenhausen et Versailles. Le jardin à la française, un parcours de la modernité*, Traduit de l'allemand par Christian Joschke, Lyon 2012

BREVERN, JAN VON: *Blicke von Nirgendwo. Geologie in Bildern bei Ruskin, Violett-le-Duc und Civiale*, München 2012

Briefwechsel der Kurfürstin Sophie von Hannover mit dem Preußischen Königshause (Hg.: Georg Schnath), Berlin und Leipzig 1927

BROCKMANN, GÜNTER: *Die Medaillen der Welfen*, Bd. 2, Köln 1987

BURDA-STENGEL, FELIX: *Andrea Pozzo und die Videokunst. Neue Überlegungen zum barocken Illusionismus*, Berlin 2001 *des Vierten während der Monate October 1821 veranstaltet worden sind*, Hannover 1822

DORGERLOH, ANNETTE / BECKER, MARCUS: ›Ländliche Szenen der ungekünstelten Natur oder Bildnis des barocken Parks als neuer Landschaftsgarten. Der Ludwigsluster Schloßpark unter Herzog Friedrich‹, in: *Utopie und Idylle. Der Mecklenburg-Schweriner Hof in Ludwigslust* (Hg.: Andreas Waczkat), 2012 [im Erscheinen]

EBERHARD, JOHANN AUGUST: *Gottfried Wilhelm Freyherr von Leibnitz (Pantheon der Deutschen, Zweiter Theil)*, Chemnitz 1795 (reprint Hildesheim, Zürich, New York 1982)

Ehrenfried Walther von Tschirnhaus (1651–1708). Experimente mit dem Sonnenfeuer, Ausstellungskatalog, Dresden 2001

EICHBERG, HENNING: ›Geometrie als barocke Verhaltensform. Fortifikation und Exerzitien‹, in: *Zeitschrift für historische Forschung*, Bd. 4, 1977, Nr. 1, S. 17–50

ENGEL, MARTIN: ›Fragen zur Entstehungs- und Bedeutungsgeschichte des 'Forum Fridericianum'‹, in: *Haupstadt Berlin - Wohin mit der Mitte? Historische, städtebauliche und architektonische Wurzeln des Stadtzentrums* (Hg.: Helmut Engel und Wolfgang Ribbe), Berlin 1993, S. 89–99

FÉLIBIEN, ANDRÉ: *Relation de la fête de Versailles. Les Divertissements de Versailles* (Hg.: Martin Meade), Maisonneuve und Larose 1994

Feuer, Wasser, Erde, Luft. Eine Kulturgeschichte der Elemente (Hg.: Gernot Böhme und Hartmut Böhme), München 1996

FIALA, EDUARD: *Münzen und Medaillen der Welfischen Lande*, Teil 7: *Das neue Haus Lüneburg zu Hannover*, Bd. 2, Leipzig und Berlin 1913

FISCHER, HUBERTUS / VOLKER REMMERT / WOLSCHKE-BULMAHN, JOACHIM, ›Gartenkunst und Naturwissenschaften in der Frühen Neuzeit. Mathematisierung und Verwissenschaftlichung in der frühneuzeitlichen Gartenkunst‹, in: *Gartenkunst und Wissenschaft. Diskurs, Repräsentation, Transformation seit dem Beginn der Frühmoderne* (Hg.: Julia Burbulla und Ana-Stanca Tabarasi-Hoffmann), Bern, Berlin u. a. 2011, S. 271–291

FLEMING, LAURENCE / ALAN GORE: *The English Garden*, London 1979

FONTENELLE, BERNARD LE BOVIER DE: *Entretiens sur la Pluralité des Mondes. Par M. de Fontenelle de l'Academie Françoise. Nouvelle edition augmentee par l'Auteur*, Amsterdam 1733

FRANCASTEL, PIERRE: *La sculpture de Versailles. Essai sur les origines et l'évolution du gout Français classique*, Paris 1930

FRANKLIN, JILL: ›The Liberty of the Park‹, in: *Patriotism. The Making and Unmaking of British National Identity* (Hg.: Raphael Samuel), Bd. 3: *National Fictions*, London und New York 1989, S. 141–159

FRANZ, MICHAEL: *Von Gorgias bis Lukrez. Antike Ästhetik und Poetik als vergleichende Zeichentheorie*, Berlin 1999

FRÜHSORGE, GOTTHARDT: ›Theater, Feste, Maskeraden‹, in: *Herrenhausen. Die Königlichen Gärten in Hannover* (Hg.: Marieanne von König. Mit Photos von Wolfgang Volz), Göttingen 2006, S. 79–94

GALLAGHER, SHAUN: ›Aesthesis and Kinaesthetics‹, in: *Sehen und Handeln* (Hg.: Horst Bredekamp und John M. Krois), Berlin 2011, S. 99–113

GAMPER, MICHAEL: ›*Die Natur ist republikanisch*‹. *Zu den ästhetischen, anthropologischen und politischen Konzepten der deutschen Gartenliteratur im 18. Jahrhundert*, Würzburg 1998

GARBER, DANIEL: *Leibniz: Body, Substance, Monad*, Oxford 2009

GAULKE, KARSTEN: ›Experimentelle Naturlehre und Gartenkunst: Was haben Vakuumpumpen und Dampfmaschinen mit den Wasserkünsten zu tun?‹, in: *Hortus ex machina. Der Bergpark Wilhelmshöhe im Dreiklang von Kunst, Natur und Technik* (Red.: Sandra Kress und Jennifer Verhoeven), Wiesbaden 2010, S. 156–166

GERLAND, ERNST: *Leibnizens und Huygens' Briefwechsel mit Papin*, Berlin 1881

Glanzvolles Herrenhausen. Geschichte einer Welfenresidenz und ihrer Gärten (Hg.: Kurt Morawietz und Hanns Jatzlau), Hannover 1981

GOETHE, JOHANN WOLFGANG: *Goethes Werke*, 4 Abteilungen, 133 Bde. (Hg. im Auftrag

der Großherzogin Sophie von Sachsen), Weimar 1887-1919 [Weimarer Ausgabe] *Goethes Leben von Tag zu Tag. Eine dokumentarische Chronik von Angelika Reimann in acht Bänden* (Bearb.: Robert Steiger und Angelika Reimann), Zürich und München 1982-1996
Gottfried Wilhelm Leibniz. Das Wirken des großen Universalgelehrten als Philosoph, Mathematiker, Physiker, Techniker (Hg.: Karl Popp und Erwin Stein), Hannover 2000
GOTTSCHALK, JÜRGEN: ›Der Oberharzer Bergbau und Leibniz' Tätigkeit für Verbesserungen‹, in: *Leibniz und Niedersachsen* (Hg.: Herbert Breger und Friedrich Niewöhner), Stuttgart 1999, S. 173-186
GOTTSCHALK, JÜRGEN: ›Technische Verbesserungsvorschläge im Oberharzer Bergbau‹, in: *Gottfried Wilhelm Leibniz. Das Wirken des großen Universalgelehrten als Philosoph, Mathematiker, Physiker, Techniker* (Hg.: Karl Popp und Erwin Stein), Hannover 2000, S. 109-124
Grab und Memoria im frühen Landschaftsgarten (Hg.: Marcus Becker, Annette Dorgerloh und Michael Niedermeier), Paderborn 2012
GREENBLATT, STEPHEN: *Die Wende. Wie die Renaissance begann*, München 2012
GUERRIER, WOLDEMAR: *Leibniz in seinen Beziehungen zu Rußland und Peter dem Großen*, St. Petersburg und Leipzig 1873
HAAK, CHRISTINA: *Das barocke Bildnis in Norddeutschland. Erscheinungsform und Typologie im Spannungsfeld internationaler Strömungen*, Frankfurt am Main 2001
HAASE, CARL: ›Neues über Basilius von Ramdohr‹, in: *Niedersächsisches Jahrbuch für Landesgeschichte*, Bd. 40, 1968, S. 166-182.
HAJÓS, GÉZA: *Romantische Gärten der Aufklärung. Englische Landschaftskultur des 18. Jahrhunderts in und um Wien*, Wien und Köln 1989
HARRISON, ROBERT POGUE: *Gärten. Ein Versuch über das Wesen der Menschen*, München 2010
HARTMANN, GÜNTER: *Die Ruine im Landschaftsgarten. Ihre Bedeutung für den frühen Historismus und die Landschaftsmalerei der Romantik*, Worms 1981

HAUSER, ANDREAS: ›Andrea Mantegnas 'Wolkenreiter'. Manifestation von kunstloser Natur oder Ursprung von vexierbildhafter Kunst?‹, in: *Die Unvermeidlichkeit der Bilder* (Hg.: Gerhart von Graevenitz, Stefan Rieger und Felix Thürlemann), Tübingen 2001, S. 147-172
HECHT, HARTMUT: *Gottfried Wilhelm Leibniz. Mathematik und Naturwissenschaften im Paradigma der Metaphysik*, Leipzig 1992
HECHT, HARTMUT: ›Der junge Leibniz über Erfahrung und deren Visualisierung‹, in: *Am Mittelpunkt der zwischen Hannover und Berlin vorfallenden Mitteilungen. Gottfried Wilhelm Leibniz in Hundisburg. Beiträge zur Tagung in Hundisburg am 18. September 2004* (Hg.: Berthold Heinecke und Hartmut Hecht), Hundisburg 2006, S. 171-185
HECHT, HARTMUT: ›Ein Spaziergang im Großen Garten zu Herrenhausen‹, in: *Am Mittelpunkt der zwischen Hannover und Berlin vorfallenden Mitteilungen. Gottfried Wilhelm Leibniz in Hundisburg. Beiträge zur Tagung in Hundisburg am 18. September 2004* (Hg.: Berthold Heinecke und Hartmut Hecht), Hundisburg 2006, S. 70-73
HEGEL, GEORG WILHEM FRIEDRICH: *Werke in zwanzig Bänden* (Hg.: Eva Moldenhauer und Karl Markus Michel), Frankfurt am Main 1970
HELLMUTH, ECKHART: ›A Monument to Frederic the Great. Architecture, Politics and the State in Late Eighteenth-Century Prussia‹, in: *Rethinking Leviathan. The Eighteenth-Century State in Britain and Germany* (Hg.: John Brewer und Eckhart Hellmuth), Oxford 1999, S. 317-342
HENNEBO, DIETER / ALFRED HOFFMANN: *Der architektonische Garten. Renaissance und Barock* (= Geschichte der deutschen Gartenkunst, Bd. 2), Hamburg 1965
HENNEBO, DIETER / SCHMIDT, ERIKA: ›Das Theaterboskett. Zu Bedeutung und Zweckbestimmung des Herrenhäuser Heckentheaters‹, in: *Niedersächsisches Jahrbuch für Landesgeschichte*, Bd. 50, 1978, S. 213-274
HENNEBO, DIETER: *Entwicklung des Stadtgrüns von der Antike bis zur Zeit des Absolutismus*, Hannover und Berlin 1979

Herrenhausen. Die Königlichen Gärten in Hannover (Hg.: Marieanne von König. Mit Photos von Wolfgang Volz), Göttingen 2006
HINTERKEUSER, GUIDO: ›Von der Maison de plaisance zum Palais royal. Die Planungs- und Baugeschichte von Schloß Charlottenburg zwischen 1694 und 1713‹, in: *Sophie Charlotte und ihr Schloß. Ein Musenhof des Barock in Brandenburg-Preußen*, Ausstellungskatalog, München, London und New York 1999, S. 113–124
HINTERKEUSER, GUIDO: *Das Berliner Schloß. Der Umbau durch Andreas Schlüter*, Berlin 2003
HIRSCHFELD, CHRISTIAN CAYUS LORENZ: *Theorie der Gartenkunst*, Leipzig 1779–1785
HOFFMANN, THOMAS SÖREN: ›Gartenkunst und Wandel im Naturbegriff auf dem Weg von Leibniz zu Kant‹, in: *Revolution in Arkadien* (Hg.: Berthold Heinecke und Harald Blanke), Beiträge zur Tagung in Hundisburg vom 19. und 20. Oktober 2006, Hundisburg 2007, S. 39–57
HOOGSTRATEN, SAMUEL: *Inleyding tot de Hooge Schoole der Schilderkonst, anders de Zichtbaere Werelt*, Rotterdam 1678
HORST, ULRICH: ›Leibniz und der Bergbau‹, in: *Der Anschnitt. Zeitschrift für Kunst und Kultur im Bergbau*, Jge. 17–18, 1965–1966, S. 36–51
Hortus ex machina. Der Bergpark Wilhelmshöhe im Dreiklang von Kunst, Natur und Technik (Red.: Sandra Kress und Jennifer Verhoeven), Wiesbaden 2010
HUNT, JOHN DIXON: *Garden and Grove. The Italian Renaissance Garden in the English Imagination: 1600–1750*, London und Melbourne 1986
HUNT, JOHN DIXON: *The Picturesque Garden in Europe*, London 2002
Januarius Zick und sein Wirken in Oberschwaben, Ausstellungskatalog (Hg.: Ulmer Museum), München 1993
JÖCHNER, CORNELIA: *Die ›schöne Ordnung‹ und der Hof. Geometrische Gartenkunst in Dresden und anderen deutschen Residenzen*, Weimar 2001
JÖCHNER, CORNELIA: ›Raumplanung in territorialen Diensten. Frühneuzeitliche Garten- und Stadtbaukunst‹, in: *Barock und Rokoko* (= Geschichte der bildenden Kunst in Deutschland, Bd. 5), (Hg.: Frank Büttner, Meinrad von Engelberg, Stephan Hoppe und Eckhard Hollmann), München, Berlin, London, New York 2008, S. 397–401
KABITZ, WILLY: *Die Philosophie des jungen Leibniz*, Heidelberg 1909
KACUNKO, SLAWKO: *Spiegel – Medium – Kunst. Zur Geschichte des Spiegels im Zeitalter des Bildes*, München 2010
KAHNT, HELMUT / KNORR, BERND: *Alte Maße, Münzen und Gewichte*, Mannheim 1986
KIRCHER, ATHANASIUS: *Ars magna lucis et umbrae*, Amsterdam 1648
Klassizismus – Gotik. Karl Friedrich Schinkel und die patriotische Baukunst (Hg.: Horst Bredekamp, Annette Dorgerloh und Michael Niedermeier, unter Mitarbeit von Axel Klausmeier), Berlin 2007
KNOBLOCH, EBERHARD: *Ein Dialog zur Einführung in die Arithmetik und Algebra nach der Originalhandschrift herausgegeben, übersetzt und kommentiert*, Stuttgart-Bad Cannstadt 1976
KÖHLER, MARCUS: *Naturraum und Zeremoniell*, 2004 (http://www.hs-nb.de/25243.html [August 2011])
KÖNIGFELD, PETER: ›Die barocken Bleifiguren des Heckentheaters im Großen Garten zu Hannover-Herrenhausen – Anmerkungen zu Geschichte, Bestand und Restaurierung‹, in: *Historische Gärten heute* (Hg.: Michael Rohde und Rainer Schomann), Leipzig 2004, S. 166–171
KORZUS, BERNARD: ›Georges-Louis Le Rouge. Ein deutsch-französischer Geograph des 18. Jahrhunderts‹, in: *Bagno – Neugotik – Le Rouge. Nachgelassene Beiträge zur europäischen Gartenforschung von Bernard Korzus* (Hg.: Michael Niedermeier in Zusammenarbeit mit Sibylle Backmann und Elfriede Korzus), = *Mitteilungen der Pückler-Gesellschaft*, 23. Heft, N. F., 2008, S. 63–82
KOSELLECK, REINHART: ›Einleitung‹, in: *Geschichtliche Grundbegriffe* (Hg.: Otto Brunner, Werner Conze und Reinhart Koselleck), Stuttgart 1979

KOUTROUFINIS, SPYRIDON: ›Falte, Garten und Monade. Leibniz und Deleuze‹, in: *Am Mittelpunkt der zwischen Hannover und Berlin vorfallenden Mitteilungen. Gottfried Wilhelm Leibniz in Hundisburg. Beiträge zur Tagung in Hundisburg am 18. September 2004* (Hg.: Berthold Heinecke und Hartmut Hecht), Hundisburg 2006, S. 127–134

KRAUSS, JOHANN ULRICH: *Tapisseries du Roy, ou sont Representez les Quatre Elemens et les Quatre Saisons*, Augsburg 1687

KROIS, JOHN MICHAEL: *Bildkörper und Körperschema. Schriften zur Verkörperungstheorie ikonischer Formen* (Hg.: Horst Bredekamp und Marion Lauschke). Actus et Imago. Berliner Schriften für Bildaktforschung und Verkörperungsphilosophie, Bd. II, Berlin 2011

KRUSZINSKI, ANETTE: *Der Ganymed-Mythos in Emblematik und mythographischer Literatur des 16. Jahrhunderts*, Worms 1985

KÜTTNER, CARL GOTTLOB: *Reise durch Deutschland, Dänemark, Schweden, Norwegen und einen Theil von Italien, in den Jahren 1797, 1798, 1799*. Erster Theil, Leipzig 1801

La Description du Château de Versailles, Anon. Kupferstecher, Paris 1685

LABLAUDE, PIERRE-ANDRÉ: *Die Gärten von Versailles*, Worms am Rhein 1995

LACK, H. WALTER: *Ein Garten Eden. Meisterwerke der botanischen Illustration*, Köln 2001

LAMB, CARL: *Die Villa d'Este in Tivoli. Ein Beitrag zur Geschichte der Gartenkunst*, München 1966

LAMPE, JOACHIM: *Aristokratie, Hofadel und Staatspatriziat in Kurhannover. Die Lebenskreise der höheren Beamten an den kurhannoverschen Zentral- und Hofbehörden, 1714–1760*, Bd. 1, Göttingen 1963

Landscape Design and the Experience of Motion (Hg.: Michel Conan), Dumbarton Oaks 2003

LANGE, DIETER: ›Herrenhausen – Architektur im Gartenbezirk‹, in: *Laves und Hannover. Niedersächsische Architektur im neunzehnten Jahrhundert* (Hg.: Harold Hammer-Schenk und Günther Kokkelink), Hannover 1989, S. 173–180

LANGE-KOTHE, IRMGARD: ›Die Wasserkunst in Herenhausen‹, in: *Hannoversche Geschichtsblätter*, N. F. Bd. 13, 1959, Nrn. 1/2, S. 121–151

LAUTERBACH, IRIS: *Der französische Garten am Ende des Ancien Régime*. ›Schöne Ordnung‹ und ›geschmackvolles Ebenmass‹, Worms 1987

LAUTERBACH, IRIS: ›'Faire céder l'art à la nature'. Natürlichkeit in der französischen Gartenkunst des frühen 18. Jahrhunderts‹, in: *Neue Modelle im Alten Europa. Traditionsbruch und Innovation als Herausforderung in der Frühen Neuzeit* (Hg.: Christoph Kampmann, Katharina Krause, Eva-Bettina Krems und Anuschka Tischer), Köln u. a. 2012, S. 176–193

LE BLOND, ALEXANDRE: *Die Gärtnerey sowohl ihrer Theorie oder Betrachtung als Praxis oder Übung*, Leipzig 1986 (Hg.: Harri Günther), Nachdruck der Ausgabe Augsburg 1731

LE MOYNE, PIERRE: *De l'Art des Devises: Avec Divers Recueils de Devises du mesme Autheur*, Paris 1666

LE ROUGE, GEORGES-LOUIS: *Détail des nouveaux jardins à la mode*, Heft 1, Paris 1775

LE ROUGE, GEORGES-LOUIS: *Détail des nouveaux jardins à la mode*, Réimpression de L'edition originale Paris 1775–1790, Nördlingen 2009

Leibniz Lexicon. A Dual Concordance to Leibniz' Philosophische Schriften (Hg.: Reinhard Finster, Graeme Hunter u. a.), Hildesheim, Zürich und New York 1988

Leibniz und seine Akademie. Ausgewählte Quellen zur Geschichte der Berliner Sozietät der Wissenschaften 1697–1716 (Hg.: Hans-Stephan Brather), Berlin 1993

LEIBNIZ, GOTTFRIED WILHELM: *Ars combinatoria*, Leipzig 1666

LEIBNIZ, GOTTFRIED WILHELM: ›Tagebuch‹, in: ders.: *Gesammelte Werke* (Hg.: Georg Heinrich Pertz), 1. Folge, Geschichte, Bd. 4, Hannover 1847, S. 181–224

LEIBNIZ, GOTTFRIED WILHELM: *Die Werke von Leibniz gemäß seinem handschriftlichen Nachlass in der Königlichen Bibliothek zu Hannover* (Hg.: Onno Klopp), 1. Reihe, Bde. 1–11, Hannover 1864–1884

LEIBNIZ, GOTTFRIED WILHELM: *Die philosophischen Schriften* (Hg.: Carl Immanuel Gerhardt), Bde. 1-7, Berlin 1875-1890 [Nachdruck Hildesheim 1978]
LEIBNIZ, GOTTFRIED WILHELM: *Schöpferische Vernunft. Schriften aus den Jahren 1668-1680* (Hg. u. Übers.: Wolf von Engelhardt), Münster und Köln 1955
LEIBNIZ, GOTTFRIED WILHELM: *Philosophical Papers and Letters* (Hg. und Übers.: Leroy E. Loemker), Dordrecht 1969
LEIBNIZ, GOTTFRIED WILHELM: *Philosophical Writings* (Hg.: G. H. R. Parkinson, Übers.: Mary Morris und Parkinson), London 1973
LEIBNIZ, GOTTFRIED WILHELM: *Essais de Théodicée sur la Bonté de Dieu, la Liberté de l'Homme et l'Origine du Mal. Die Theodizee von der Güte Gottes, der Freiheit des Menschen und dem Ursprung des Übels* (Hg. u. Übers.: Herbert Herring), Philosophische Schriften, Bd. 2, 2 Bde., Darmstadt 1985
LEIBNIZ, GOTTFRIED WILHELM: *Nouveaux Essais sur L'Entendement Humain. Neue Abhandlungen über den menschlichen Verstand* (Hg. u. Übers.: Wolf von Engelhardt und Hans Heinz Holz), Philosophische Schriften, Bd. 3, 2 Bde., Darmstadt 1985
LEIBNIZ, GOTTFRIED WILHELM: *Briefe von besonderem philosophischem Interesse. Die Briefe der zweiten Schaffensperiode* (Hg. u. Übers.: Werner Wiater), Darmstadt 1989
LEIBNIZ, GOTTFRIED WILHELM: *Monadologie. Französisch/Deutsch* (Übers.: Hartmut Hecht), Stuttgart 1998
LEIBNIZ, GOTTFRIED WILHELM: *The Labyrinth of the Continuum* (Hg.: Richard T. W. Arthur), New Haven und London 2001
LEIBNIZ, GOTTFRIED WILHELM: *Monadologie und andere metaphysische Schriften. Französisch – Deutsch,* (Hg. u. Übers.: Ulrich Johannes Schneider), Hamburg 2002
LEURECHON, JEAN: *Récréations mathématiques*, Lyon 1669
LH = Leibniz-Handschriften, in: Gottfried Wilhelm Leibniz Bibliothek – Niedersächsische Landesbibliothek
LINDAU, FRIEDRICH: *Hannover – der höfische Bereich Herrenhausen. Vom Umgang der Stadt mit den Baudenkmalen ihrer feudalen Epoche*, München 2003

LINNEBACH, ANDREA: ›'Der Rasen ist Tisch und Stuhl zugleich' – Höfische Gartenfeste der Aufklärungszeit‹, in: *Gartenfeste. Das Fest im Garten. Gartenmotive im Fest*, Ausstellungskatalog (Hg.: Hildegard Wiewelhofe), Bielefeld 2000, S. 102-107
LUKREZ: *De rerum natura. Welt aus Atomen* (Übers.: Karl Büchner), Stuttgart 1973
MACDONALD ROSS, GEORGE: ›Leibniz und Sophie Charlotte‹, in: *Sophie Charlotte und ihr Schloß. Ein Musenhof des Barock in Brandenburg-Preußen*, Ausstellungskatalog, München, London und New York 1999, S. 95-105
MAINBERGER, SABINE: ›Einfach (und) verwickelt. Zu Schillers 'Linienästhetik'. Mit einem Exkurs zum Tanz in Hogarths Analysis of Beauty‹, in: *Deutsche Vierteljahrsschrift für Literaturwissenschaft und Geistesgeschichte*, 79. Jg., 2005, Nr. 2, S. 196-251
MANESSON-MALLET, ALAIN: *La géometrie pratique*, Paris 1702
Mantegna a Mantova 1460-1506 (Hg.: Mauro Lucco), Mailand 2006
MANTEGNA, ANDREA: *Ausstellungskatalog* (Hg.: Jane Martineau), London und New York 1992
MAYER, UWE: ›Am Rand der Gelehrtenrepublik – Tschirnhaus als Mathematiker‹, in: *Ehrenfried Walther von Tschirnhaus (1651-1708). Experimente mit dem Sonnenfeuer*, Ausstellungskatalog, Dresden 2001, S. 25-35
MCDAYTER, MARK: ›Poetic Gardens and Political Myths: The Renewal of St. James's Park in the Restosmoration‹, in: *Journal of Garden History*, Bd. 15, 1995, Nr. 3, S. 135-148
MCDONOUGH, JEFFREY K.: ›Leibniz on Natural Teleology and the Laws of Optics‹, in: *Philosophy and Phenomenological Research*, Bd. 78, 2009, Nr. 3, S. 505-544
MEIER, BURKHARD: ›Der Große Garten in Hannover-Herrenhausen‹, in: *Deutsche Kunst und Denkmalpflege*, Jg. 1937, S. 149-152
MEIER, HANS JAKOB: *Die Buchillustration des 18. Jahrhunderts in Deutschland und die Auflösung des überlieferten Historienbildes*, München 1994

MEIER, HEINRICH: *Über das Glück des philosophischen Lebens. Reflexionen zu Rousseaus Rêveries in zwei Büchern*, München 2011

MERCER, CHRISTIA: *Leibniz's Metaphysics. Its Origins and Development*, Cambridge 2001

MEYER, KARL HEINRICH: ›Form und Pflanze in der Gartengestaltung. Ein Beitrag zum Verständnis der Herrenhäuser Gärten‹, in: *92. u. 93. Jahresbericht der Naturhistorischen Gesellschaft zu Hannover für die Jahre 1940/41 und 1941/42*, Hannover 1942, S. 26-37

MEYER, KARL HEINRICH: ›Dreihundert Jahre Gärten von Hannover-Herrenhausen‹, in: *Gasolin-Revue: Eine Zeitschrift für Reise, Sport und Kultur*, Nr. 54, Weihnachten 1965, S. 24-29

MEYER, KARL HEINRICH: *Königliche Gärten. Dreihundert Jahre Herrenhausen*, Hannover 1966

MÖDERSHEIM, SABINE: ›Zum Motiv des Brennspiegels in der Kunst und Ikonographie des Barock‹, in: *Ehrenfried Walther von Tschirnhaus (1651-1708). Experimente mit dem Sonnenfeuer*, Ausstellungskatalog, Dresden 2001, S. 91-107

MÖLLER, CARL: ›Sophie von der Pfalz. 'Madame d'Osnabruc' und Garantin der Erhöhung des Welfenhauses‹, in: *Das Osnabrücker Schloß. Stadtresidenz, Villa, Verwaltungssitz* (Hg.: Franz-Joachim Verspohl), Bramsche 1991, S. 117-130

MOLLET, ANDRÉ: *Le jardin de plaisir*, Uppsala 2006, Nachdruck der Ausgabe 1651

Ms. XXIII, 735 = Gottfried Wilhelm Leibniz Bibliothek – Niedersächsische Landesbibliothek, Hannover, Ms. 735, XXIII.

MÜHLPFORDT, GÜNTER: ›Tschirnhaus und seine Korrespondenten. Zum Werden der europäischen Gelehrten-Republik‹, in: *Ehrenfried Walther von Tschirnhaus (1651-1708). Experimente mit dem Sonnenfeuer*, Ausstellungskatalog, Dresden 2001, S. 15-24

MÜLLER, ULRICH: *Klassischer Geschmack und Gotische Tugend. Der englische Landsitz Rousham*, Worms 1998

MÜLLER-WOLFF, SUSANNE: *Ein Landschaftsgarten im Ilmtal. Die Geschichte des herzoglichen Parks in Weimar*, Köln, Weimar und Wien 2007

Museum zu Allerheiligen Schaffhausen. Katalog der Gemälde und Skulpturen, Schaffhausen 1989

Natur im Druck. Eine Ausstellung zur Geschichte und Technik des Naturselbstdrucks, Ausstellungskatalog, Marburg 1995

NIEDERMEIER, MICHAEL: *Das Ende der Idylle. Symbolik, Zeitbezug, ›Gartenrevolution‹ in Goethes Roman ›Die Wahlverwandtschaften‹*, Berlin, Bern u. a. 1992

NIEDERMEIER, MICHAEL: *Erotik in der Gartenkunst*, Leipzig 1995

NIEDERMEIER, MICHAEL: ›Ariosts 'Rasender Roland' und Hamiltons Erklärung des Isis-Tempels in Pompeji. Einige Bemerkungen zur Deutung der Kettenbrücke und des ägyptischen Kellers im Wörlitzer Garten‹, in: *Dessau-Wörlitz-Beiträge*, Bd. 7, 1996, S. 147-160

NIEDERMEIER, MICHAEL: ›'Die ganze Erde wird zu einem Garten.' Gedächtniskonstruktionen im frühen deutschen Landschaftsgarten zwischen Aufklärung und Geheimnis‹, in: *Weimar – Archäologie eines Ortes* (Hg.: Georg Bollenbeck, Jochen Golz, Michael Knoche und Ulrike Steierwald), Weimar 2001, S. 120-175

NIEDERMEIER, MICHAEL: ›'Wir waren vor den Hohenzollern da.' Zur politischen Ikonographie des frühen Landschaftsgartens mit einem Seitenblick auf Fontanes Roman 'Vor dem Sturm'‹, in: *Gehäuse der Mnemosyne. Architektur als Schriftform der Erinnerung* (Hg.: Harald Tausch), Göttingen 2003, S. 171-207

NIEDERMEIER, MICHAEL: ›'Vorhöfe, Tempel und Heiligstes'. Der Herzoglich Englische Garten. Entstehung und Bedeutung‹, in: *Ernst II. von Sachsen-Gotha-Altenburg. Ein Herrscher im Zeitalter der Aufklärung* (Hg.: Werner Greiling, Andreas Klinger und Christoph Köhler), Köln, Weimar und Wien 2005, S. 185-199

NIEDERMEIER, MICHAEL: ›Grabhügel, Urnenfunde, Steinkreise und 'Heldenbetten' in ihrer Bedeutung in Adelsgenealogien und Landschaftsbetrachtung um 1700. Mit einigen Mutmaßungen in Bezug auf die Herren von Alvensleben‹, in: *Am Mittelpunkt der zwischen Hannover und*

Berlin vorfallenden Mitteilungen. Gottfried Wilhelm Leibniz in Hundisburg. Beiträge zur Tagung in Hundisburg am 18. September 2004 (Hg.: Berthold Heinecke und Hartmut Hecht), Hundisburg 2006, S. 97–126

NOLTE, RUDOLF AUGUST: Leibnitz Mathemat. Beweis d. Erschaffung u. Ordnung d. Welt, Leipzig 1734

ONGYERTH, GERARD: ›400 Jahre Schleißheimer Kanalsystem, Topographie, Verfall und Revitalisierungsansatz für ein gemeindeübergreifendes Baudenkmal zwischen Dachau, Oberschleißheim und München‹, in: Jahrbuch der bayerischen Denkmalpflege, Bde. 49–53, 1995–1999, 2005, S. 138–161, Taf. VI–VII

O'MALLEY, THERESE: Keywords in American Landscape Design, Washington 2010

Optica. Optische Instrumente am Hof der Landgrafen von Hessen-Kassel, Ausstellungskatalog, Petersberg 2011

PAGANINI, GIANNI / TORTAROLO, EDOARDO: ›Einleitung‹, in: Der Garten und die Moderne. Epikureische Moral und Politik vom Humanismus bis zur Aufklärung (Hg.: Gianni Paganini und Edoardo Tortarolo), Stuttgart-Bad Cannstatt 2004, S. 9–19

PALM, HEIKE: ›Rettete eine Dissertation den Großen Garten in Hannover-Herrenhausen? Die Dissertation Udo von Alvenslebens und die Erneuerung des Großen Gartens (1936/37)‹, in: Ein brüderliches Alliance-Œuvre. Beiträge zur Gartenkunst, Geschichte und Denkmalpflege im Werk von Udo von Alvensleben und Anco Wigboldus (Hg.: Harald Blank), Hundisburg 2004, S. 55–77

PALM, HEIKE: ›Der Fürst auf der Gartenbühne und die Arbeit hinter den Kulissen. Nutzung, Pflege und Unterhaltung des Großen Gartens in Hannover-Herrenhausen in der ersten Hälfte des 18. Jahrhunderts‹, in: Stand und Repräsentation. Kultur- und Sozialgeschichte des hannoverschen Adels vom 17. bis zum 19. Jahrhundert (Hg.: Silke Lesemann und Annette von Stieglitz), Bielefeld 2004, S. 41–81

PALM, HEIKE: ›Die Geschichte des Großen Gartens‹, in: Herrenhausen. Die Königlichen Gärten in Hannover (Hg.: Marieanne von König. Mit Photos von Wolfgang Volz), Göttingen 2006, S. 17–42

PALM, HEIKE: ›Friedrich Karl von Hardenbergs Wirken als Hofgartendirektor‹, in: Im Auftrag der Krone. Friedrich Karl von Hardenberg und das Leben in Hannover um 1750 (Hg.: Wilken von Bothmer und Marcus Köhler), Rostock 2011, S. 45–53

PALM, HEIKE / RETTICH, HUBERT: ›Die Geschichte des Berggartens. Von den Anfängen bis zum botanischen Schaugarten der Gegenwart‹, in: Herrenhausen. Die Königlichen Gärten in Hannover (Hg.: Marieanne von König. Mit Photos von Wolfgang Volz), Göttingen 2006, S. 165–194

PANOFSKY, ERWIN: ›Der greise Philosoph am Scheidewege (Ein Beispiel für die 'Ambivalenz' ikonographischer Kennzeichen)‹, in: ders., Deutschsprachige Aufsätze II (Hg.: Karen Michels und Martin Warnke), Berlin 1998, S. 820–826

PANOFSKY, ERWIN: Korrespondenz 1937 bis 1949 (Hg.: Dieter Wuttke), Wiesbaden 2003

PANOFSKY, ERWIN: Korrespondenz 1950 bis 1956 (Hg.: Dieter Wuttke), Wiesbaden 2006

PANOFSKY, ERWIN: Korrespondenz 1962 bis 1968 (Hg.: Dieter Wuttke), Wiesbaden 2011

PAPE, HELMUT: Die Unsichtbarkeit der Welt. Eine visuelle Kritik neuzeitlicher Ontologie, Frankfurt am Main 1997

PARMENTIER, MARC: ›Introduction‹, in: G.W. Leibniz, quadrature arithmétique du cercle, de l'ellipse et de l'hyperbole et la trigonométrie sans tables trigonométriques qui en est le corollaire (Hg.: ders.; lat. Text: Eberhard Knobloch), Paris 2004, S. 7–32

PARSHALL, LINDA: ›Motion and Emotion in C.C.L. Hirschfeld's Theory of Garden Art‹, in: Landscape Design and the Experience of Motion (Hg.: Michel Conan), Washington 2003, S. 35–51

PERRAULT, CLAUDE: Mémoires pour servir à l'histoire naturelle des animaux, Bd. 1, Paris 1671

PHEMISTER, PAULINE: Leibniz and the Natural World. Activity, Passivity and Corporeal Substances in Leibniz's Philosophy, Dordrecht 2005

PIATTI, BARBARA: Rousseaus Garten. Le jardin de Rousseau, Basel 2001

PICON, ANTOINE: Claude Perrault 1613–1688. Ou la Curiosité d'un Classique, Paris 1988

PLATON: *Politeia* (= Werke in acht Bänden. Griechisch und Deutsch, Hg.: Gunther Eigler), Bd. 4, Darmstadt 2005
PLESU, ANDREI: *Pittoresque et mélancolie. Une analyse du sentimentale de la nature dans la nature européenne*, Paris und Bukarest 2007
PORTA, GIAMBATTISTA DELLA: *Magiae natvralis*, Rouen 1650
POZZO, ANDREA: *Perspectiva pictorum et architectorum*, lat. und ital., 2 Bde., Rom 1693-1700
PREISSEL, HANS GEORG: ›Über die Wahrnehmung des Unbewussten im Großen Garten. War Leibniz der Urheber einer Winkelverschiebung?‹, in: *Aus den Herrenhäuser Gärten*, Heft 4, 2003, S. 4-8
RACINE, MICHEL: ›Momentaufnahmen einer Wiedergeburt der Gartenkunstgeschichte in Frankreich von 1970 bis 2000‹, in: *Historische Gärten heute* (Hg.: Michael Rhode und Rainer Schomann), 2. Aufl., Leipzig 2003, S. 84-91
RAMDOHR, FRIEDRICH WILHELM BASILIUS FREIHERR VON: ›Meine Theorie der schönen Gartenkunst‹, in: *Studien zur Kenntnis der schönen Natur, der schönen Künste, der Sitten und der Staatsverfassung, auf einer Reise nach Dänemark*, Erster Theil, Hannover 1792, S. 256-306
REEVES, EILEEN: *Galileo's Glassworks. The Telescope and the Mirror*, Cambridge/Mass. und London 2008
REMMERT, VOLKER R.: ›Hortus mathematicus: Über Querverbindungen zwischen Gartentheorie und -praxis und den mathematischen Wissenschaften in der Frühen Neuzeit‹, in: *Wolfenbütteler Barock-Nachrichten*, Jg. 31, 2004, S. 5-23
REMMERT, VOLKER R.: ›'Von dem Gärtner und wie er beschaffen seyn soll': Gartenkunst und mathematische Wissenschaften in der Frühen Neuzeit‹, in: *Bericht des Zentrums für Gartenkunst und Landschaftsarchitektur*, 2005-2007, Hannover 2008, S. 57-69
RETTICH, HUBERT K.: ›Der Große Garten zu Hannover-Herrenhausen. Die Sommerresidenz der Welfen im Wandel ihrer Nutzungen‹, in: *Die Gartenkunst*, Bd. 4, 1992, Nr. 2, S. 243-256

REUTHER, HANS: ›Eine Darstellung des Herrenhäuser Gartentheaters in 'Jardins Anglo-Chinois' von Le Rouge‹, in: *Niederdeutsche Beiträge zur Kunstgeschichte*, Bd. 5, 1966, S. 199-206
REUTHER, HANS: ›Pläne des Grossen Gartens zu Hannover-Herrenhausen im Nationalmuseum zu Stockholm‹, in: *Niederdeutsche Beiträge zur Kunstgeschichte*, Bd. 15, 1976, S. 127-138
RITTER, JOACHIM: *Landschaft. Zur Funktion des Ästhetischen in der modernen Gesellschaft*, Münster 1963
RÖHRBEIN, WALDEMAR R.: ›Die Rettung der Herrenhäuser Gärten‹, in: *Heimat bewahren, Heimat gestalten. Beiträge zum 100jährigen Bestehen des Heimatbundes Niedersachsen* (Hg.: ders.), Hannover 2001, S. 95-99
RÖHRBEIN, WALDEMAR R.: ›Herrenhausen: Alleen, Gartentheater und der Wiederaufbau des Schlosses – eine Diskussion ohne Ende?‹, in: *Heimat bewahren Heimat gestalten. Beiträge zum 100jährigen Bestehen des Heimatbundes Niedersachsen* (Hg.: ders.), Hannover 2001, S. 118-126
ROUSSEAU, JEAN-JACQUES: ›Julie ou la nouvelle Héloïse (1761)‹, in: *Œuvres complètes*, Bd. II, Paris 1961
RÜCKERT, JOSEPH: *Bemerkungen über Weimar 1799* (Hg.: Eberhard Haufe), Weimar 1969
SAAGE, RICHARD / SENG, EVA-MARIA: ›Naturalisierte Utopien zwischen literarischer Fiktion und frühneuzeitlicher Gartenkunst‹, in: *Bürgersinn und Kritik. Festschrift für Udo Bermbach zum 60. Geburtstag* (Hg.: Michael Th. Greven, Herfried Münkler und Rainer Schmalz-Bruns), Baden-Baden 1998, S. 207-238
SABATIER, GÉRARD: *Versailles ou la figure du roi*, Paris 1999
SALEM, JEAN: ›Peut-on définir les principes d'une politique épicurienne sur la base des sources anciennes?‹, in: *Der Garten und die Moderne. Epikureische Moral und Politik vom Humanismus bis zur Aufklärung* (Hg.: Gianni Paganini und Edoardo Tortarolo), Stuttgart-Bad Cannstatt 2004, S. 23-43
SCAFI, ALESSANDRO: *Mapping Paradise A History of Heaven on Earth*, Chicago 2006

SCHAUB, MIRJAM: *Gilles Deleuze im Wunderland: Zeit- als Ereignisphilosophie*, München 2003

SCHILLINGER, KLAUS: ›Herstellung und Anwendung von Brennspiegeln und Brennlinsen durch Walther von Tschirnhaus‹, in: *Ehrenfried Walther von Tschirnhaus (1651-1708). Experimente mit dem Sonnenfeuer*, Ausstellungskatalog, Dresden 2001, S. 43-54

SCHMIDT, ERIKA: ›Ein Parterre im Barockgarten: Nicht 'Barock' und doch nicht 'falsch'‹, in: *Festschrift für Prof. Dr. Martin Sperlich I. Vorsitzender der Pückler-Gesellschaft zum 75. Geburtstag 1994*, Berlin 1993, S. 150-173

SCHMIDT, ERNST A.: *Clinamen. Eine Studie zum dynamischen Atomismus der Antike*, Heidelberg 2007

SCHNATH, GEORG: ›Zwei Herrenhäuser Gartenfrüchte‹, in: *Niederdeutsche Beiträge zur Kunstgeschichte*, Bd. 19, 1980, S. 155-160

SCHNEIDER, PABLO: ›Die komposite Welt des Parterre d'Eau der Gartenanlage von Versailles 1672-1683. Charles Le Brun im Spannungsfeld von Kunst und Wissenschaft‹, in: *Die Gartenkunst*, 12. Jg., Heft 2, 2000, S. 257-276

SCHNEIDER, PABLO: ›Der begrenzte Raum – Versailles zu Zeiten Ludwigs XIV.‹, in: *Städel Jahrbuch*, N. F., Bd. 20, 2009, S. 201-218

SCHNEIDER, PABLO: *Die erste Ursache. Kunst, Repräsentation und Wissenschaft zu Zeiten Ludwigs XIV. und Charles Le Bruns*, Berlin 2011

SCHOLTEN, FRITS: ›The Larson Family of Statuary Founders: Seventeenth-century Reproductive Sculpture for Gardens and Painters' Studios‹, in: *Simiolus: Netherlands Quarterly for the History of Art*, Bd. 31, 2004-2005, Nrn. 1/2, S. 54-89

SCHOTT, GASPAR: *Magia universalis naturae et artis*, Teil I, Würzburg 1657

SCHRAMM, HELMAR: ›Feuerwerk und Raketentechnik um 1700. Zur Theatralität pyrotechnischer Experimente‹, in: *Bühnen des Wissens. Interferenzen zwischen Wissenschaft und Kunst* (Hg.: Helmar Schramm u. a.), Berlin 2003, S. 183-213

SCHULZ, GÜNTER: ›Friedrich Wilhelm B. von Ramdohr, der 'unzeitgemäße' Kunsttheoretiker der Goethezeit‹, in: *Goethe. Neue Folge des Jahrbuchs der Goethe-Gesellschaft*, Bd. 20, 1958, S. 140-154

SCHUSTER, E.: ›Kunst und Künstler in Hannover zur Zeit des Kurfürsten Ernst August‹, in: *Hannoversche Geschichtsblätter*, Bd. 7, 1904, Nrn. 4-6, S. 145-233

SCHUTTE, PAUL: ›Die Wasserversorgung der Stadt Hannover‹, in: *Hanomag-Nachrichten*, Jg. 3, 1916, Nr. 2, S. 23-39, Nr. 3, S. 41-53

SELLSCHOPP, SABINE: ›Leibniz und die Brüder von Alvensleben – Begegnungen und Briefwechsel‹, in: *Am Mittelpunkt der zwischen Hannover und Berlin vorfallenden Mitteilungen. Gottfried Wilhelm Leibniz in Hundisburg. Beiträge zur Tagung in Hundisburg am 18. September 2004* (Hg.: Berthold Heinecke und Hartmut Hecht), Hundisburg 2006, S. 51-69

SERRES, MICHEL: *La Naissance de la Physique dans le Texte de Lucrèce. Fleuves et Turbulences*, Paris 1977

SHAFTESBURY, JOHN: ›Miscellaneous Reflections & c.‹, in: *Characteristicks of Men, Manners, Opinions, Times*, Bd. 3, London 1737 [1714]

Sophie Charlotte und ihr Schloß. Ein Musenhof des Barock in Brandenburg-Preußen, Ausstellungskatalog, München, London und New York 1999

SPILCKER, BURCHARD CHRISTIAN VON: *Historisch-topographisch-statistische Beschreibung der königlichen Residenzstadt Hannover*, Hannover 1819

STAUFFER, MARIE THERES: ›'Nihil tam obvium, quam specula; nihil tam prodigiosum, quam speculorum phantasmata'. Zur Visualisierung von katoprischen Experimenten des späten 16. und 17. Jahrhunderts‹, in: *Kunst und ihre Betrachter in der Frühen Neuzeit. Ansichten – Standpunkte – Perspektiven* (Hg.: Sebastian Schütze), Berlin 2005, S. 251-290

STEGUWEIT, WOLFGANG: *Raimund Faltz. Medailleur des Barock*, Berlin 2004

STEMPER, ANNELIESE: *Die Medaillen der Pfalzgrafen und Kurfürsten bei Rhein. Pfälzische Geschichte im Spiegel der Medaille*, Bd. 1: *Die Kurlinien*, Worms 1997

STOBBE, URTE: *Kassel-Wilhelmshöhe. Ein hochadeliger Lustgarten im 18. Jahrhundert*, München und Bremen 2009

STRONG, ROY: *The Renaissance Garden in England*, London 1979

TABARASI, ANA-STANC: *Der Landschaftsgarten als Lebensmodell. Zur Symbolik der ›Gartenrevolution‹ in Europa*, Würzburg 2007

TARDITO-AMERIO, ROSALBA: ›Italienische Architekten, Stukkatoren und Bauhandwerker der Barockzeit in den Welfischen Ländern und im Bistum Hildesheim‹, in: *Nachrichten der Akademie der Wissenschaften in Göttingen, I. Philologisch-historische Klasse*, 1968, Nr. 6, Göttingen 1968, S. 127-198

TEMPLE, SIR WILLIAM: *Upon the Gardens of Epicurus, or, of Gardening in the Year 1685*, London 1908

THIELEMANN, ANDREAS: ›Schlachten erschauen – Kentauren gebären. Zu Michelangelos Relief der Kentaurenschlacht‹, in: *Michelangelo. Neue Beiträge* (Hg.: Michael Rohlmann und Andreas Thielemann), München und Berlin 2000, S. 17-91

THOMPSON, IAN: *The Sun King's Garden. Louis XIV, André Le Nôtre and the Creation of the Gardens of Versailles*, London 2006

TKACYK, VIKTORIA, ›Von fliegenden Bildern und Gedanken‹, in: *Imagination und Repräsentation. Zwei Bildsphären der frühen Neuzeit* (Hg.: Horst Bredekamp, Christiane Kruse und Pablo Schneider), München 2010, S. 55-76

TRABER, ZACHARIAS: *Nervus opticvs*, Wien 1690

TSCHIRNHAUS, EHRENFRIED WALTHER VON: *Medicina Mentis*, Leipzig 1695 (2. Aufl.)

UFFENBACH, JOHANN FRIEDRICH ARMAND: *Tagebuch einer Spazierfarth durch die Hessischen und die Braunschweig-Lüneburgischen Lande* (1728) (Hg.: Max Arnim), Göttingen 1928

UTERMÖHLEN, GERDA: ›Leibniz im kulturellen Rahmen des hannoverschen Hofes‹, in: *Leibniz und Niedersachsen* (Hg.: Herbert Breger und Friedrich Niewöhner), Stuttgart 1999, S. 213-226

VERSPOHL, FRANZ-JOACHIM: ›Vom 'Hertzoginnen Garten' zur 'Grünfläche'. Die Geschichte des Osnabrücker Schloßparks‹, in: *Das Osnabrücker Schloß. Stadtresidenz, Villa, Verwaltungssitz* (Hg.: Franz-Joachim Verspohl), Bramsche 1991, S. 131-167

VESTING, THOMAS: *Die Ambivalenz idealisierter Natur im Landschaftsgarten. Vom Garten des guten Feudalismus zum republikanischen Garten der Freiheit*, Berlin 1998

›Von der geraden und krummen Linie in der Gärtnerey‹, Anonym, in: *Annalen der Gärtnerey*, Bd. 1, St. 1, Erfurt 1795, Nr. IX, S. 67-80.

WARBURG, ABY: *Tagebuch der Kulturwissenschaftlichen Bibliothek Warburg mit Einträgen von Gertrud Bing und Fritz Saxl* (Hg.: Karen Michels und Charlotte Schoell-Glass), Berlin 2001

WARNKE, MARTIN: *Politische Landschaft. Zur Kunstgeschichte der Natur*, München und Wien 1992

WEIBEZAHN, INGRID: ›Das Leibnizdenkmal in Hannover. Geschichte, Herkunft und Wirkung‹, in: *Niederdeutsche Beiträge zur Kunstgeschichte*, Bd. 11, 1972, S. 191-248

WEIBEZAHN, INGRID: *Geschichte und Funktion des Monopteros'. Untersuchungen zu einem Gebäudetyp des Spätbarock und des Klassizismus*, Hildesheim und New York 1975

WENDERHOLM, IRIS: ›Verwirrung, Schwindel, Herzklopfen. Januarius Zick malt das Erleuchtungserlebnis von Jean-Jacques Rousseau‹, in: *Zeitschrift für Kunstgeschichte*, Bd. 73, 2010, S. 413-432

WERRETT, SIMON: *Fireworks. Pyrotechnic Arts & Sciences in European History*, Chicago und London 2010

WESTERMANN, HERBERT: ›Brand Westermann. Ein Beitrag zur Geschichte des hannoverschen Barock‹, in: *Hannoversche Geschichtsblätter*, N. F. Bd. 28, 1974, Nrn. 1/2, S. 51-120

WIDMER, PETRA: ›Die Gartenkunst im Leben der Kurfürstin Sophie von Hannover (1630-1714)‹, in: *Die Gartenkunst*, Jg. 12, 2000, Heft 2, S. 167-178

WILLIAMS, ROBERT, ›Rural Economy and the Antique in the English Landscape Garden‹, in: *Journal of Garden History*, Bd. 7, 1987, Nr. 1, S. 73-96

WIMMER, CLEMENS ALEXANDER: *Geschichte der Gartentheorie*, Darmstadt 1989

WIMMER, CLEMENS ALEXANDER: ›Rezension von Lauterbach, 1987‹, in: *Kunstchronik*, 42. Jg., 1989, S. 308-319

WIMMER, CLEMENS ALEXANDER, UNTER MITARBEIT VON MARTIN SCHAEFER: ›Die Bedeutung Simon Godeaus für die deutsche Gartenkunst‹, in: *Sophie Charlotte und ihr Schloß. Ein Musenhof des Barock in Brandenburg-Preußen*, Ausstellungskatalog, München, London und New York 1999, S. 130-140

WIMMER, CLEMENS ALEXANDER: ›La Theorie (sic) et la Pratique du Jardinage von Dezallier d'Argenville. Zum 300jährigen Jubiläum des Buches‹, in: *Zandera*, Bd. 24, 2009, Nr. 2, S. 70-82

WIMMER, CLEMENS ALEXANDER: ›Tendenzen bei der Themenwahl im Fach Gartengeschichte / Gartendenkmalpflege seit 1987‹, in: *Historische Gärten heute* (Hg.: Michael Rhode und Rainer Schomann), 2. Aufl., Leipzig 2004, S. 30-37

WITTKOWER, RUDOLF: ›Englischer Neopalladianismus, Landschaftsgärten, China und die Aufklärung‹, in: *Politische Architektur in Europa vom Mittelalter bis heute - Repräsentation und Gemeinschaft* (Hg.: Martin Warnke), Köln 1984, S. 309-355

WUNDERLICH, HEINKE: ›'Buch' und 'Leser' in der Buchillustration des 18. Jahrhunderts‹, in: *Colloquium der Arbeitsstelle 18. Jahrhundert Gesamthochschule Wuppertal*. Universität Münster, Düsseldorf vom 3. bis 5. Oktober 1978, Heidelberg 1980, S. 93-123.

ZAUNICK, RUDOLPH: *Ehrenfried Walther von Tschirnhaus*, Dresden 2001

ZECH, HEIKE JULIANE: *Kaskaden in der deutschen Gartenkunst des 18. Jahrhunderts. Vom achitektonischen Brunnen zum naturimitierenden Wasserfall*, Münster 2010

ZIEGLER, HENDRIK: *Der Sonnenkönig und seine Feinde. Die Bildpropaganda Ludwigs XIV. in der Kritik. Mit einem Vorwort von Martin Warnke*, Petersberg 2010

ZITTEL, CLAUS: *Theatrum philosophicum. Descartes und die Rolle ästhetischer Formen in der Wissenschaft*, Berlin 2009

図版リスト

Abb. S. 11: Hannover, LH, XXIII, 735, Bl. 13v gedruckt in AA III, 7, S. 27, Z. 20f. - S. 28, Z. 14
1 Hannover, Luftaufnahme per Drohnenflug (Photo: Coptograph für VolkswagenStiftung)
2 Potsdam, Neues Palais, Stiftung Preußische Schlösser und Gärten Berlin-Brandenburg, GK I 3290 (Photo: Daniel Lindner)
3 Braunschweig, Herzog Anton Ulrich-Museum, GG 558 (Photo: B. P. Keiser)
4 Osnabrück Privatbesitz, entn. aus: Verspohl 1991, S. 130, Abb. 73
5 verlegt bei Pierre/Pieter Schenk, Amsterdam, Hannover, Historisches Museum, VM 28795, 10
6 Stiftung Preußische Schlösser und Gärten Berlin-Brandenburg, GK I 3030 (Photo: Roland Handrick)
7 Hannover, Gottfried Wilhelm Leibniz Bibliothek - Niedersächsische Landesbibliothek, *Descriptio Hannoveranae urbis*, Sign. MS XXIII, 703 Bl. 20
8 Hannover, Niedersächsisches Landesarchiv - Hauptstaatsarchiv, 12 c Herrenhausen 2 pm
9 Detail aus Abb. 11
10 Faksimile aus: Mollet 2006 [Nachdr. der Ausg. 1651, Uppsala 2006], pl. 1, Berlin, Technische Universität, Universitätsbibliothek, Sonderdrucksammlung, 2Bf180
11 Hannover, Gottfried Wilhelm Leibniz Bibliothek - Niedersächsische Landesbibliothek, Mp. 18, XIX, C, Nr. 178 b
12 Hannover, Niedersächsisches Landesarchiv, Hauptstaatsarchiv, 12 c Herrenhausen 4 pg
13 Stockholm, Nationalmuseum, THC 470
14 Zusammenstellung Abb. 5 und Abb. 13
15 Stockholm, Nationalmuseum, THC 358
16 London, British Map Library, King's topographical collection, C-59-l
17 Hannover, Niedersächsisches Landesarchiv - Hauptstaatsarchiv, 13 c Herrenhausen 1 pg
18 Hannover, Stadtarchiv, Nachlass Laves, 346

19 Hannover, Historisches Museum, Neg. Nr. 806/1985, entn. aus: Lindau, 2003, S. 36, Abb. 21
20 Postkarte, Hannover, Historisches Museum, VM 051528
21 entn. aus: *Die Herrenhäuser Gärten zu Hannover*, 1937, S. 70
22 Hannover, Gottfried Wilhelm Leibniz Bibliothek - Niedersächsische Landesbibliothek, Gd-A 1246, S. 151
23 Mit freundlicher Genehmigung des Photographen (Photo: Karl Johaentges)
24 Hannover, Historisches Museum (Photo: Egon Heuer)
25 Berlin, Kupferstichkabinett, SMB, bpk, Inv. 3016
26 entn. aus: Fleming und Gore, 1979, Abb. 63
27 Hannover, Niedersächsisches Landesarchiv - Hauptstaatsarchiv, 12 c Hannover 89/ 4 pm
28 Hannover, Gottfried Wilhelm Leibniz Bibliothek - Niedersächsische Landesbibliothek, Mappe 17, XIX C, 112b
29 Hannover, Historisches Museum
30 Hannover, Niedersächsisches Landesarchiv - Hauptstaatsarchiv, 12 c Herrenhausen, 5 pm MF
31 Hannover, Gottfried Wilhelm Leibniz Bibliothek - Niedersächsische Landesbibliothek, Gd-A 1246, S. 18/19
32 Schaffhausen, Museum zu Allerheiligen, 572
33 Hannover, LH, XXIII, 735, Bl. 29r-31r, Ausschnitt des Beginns, Bl. 29r
34 wie Abb. 33, Bl. 30v
35 Hannover, LH, XXIII, 735, Bl. 36ar
36 Hannover, LH, XXIII, 735, Bl. 37ar
37 Hannover, Niedersächsisches Landesmuseum, 03.036.010/013, entn. aus: Meyer 1966, S. 30
38 Hannover, LH, XXIII, 735, Bl. 35a
39 Hannover, LH, XXIII, 735, Bl. 46r
40 Detail aus Abb. 38
41 Hannover, LH, XXIII, 735, Bl. 23v u. 24r
42 Stockholm, Nationalmuseum, CC 2752

43 Osnabrück, Niedersächsisches Staatsarchiv, Rep. 110 I, 251, Bd. I, Fol. 159, entn. aus: Verspohl 1991, S. 162, Abb. 100
44 Hannover, Historisches Museum, 28795, 11
45 Hannover, Niedersächsisches Landesmuseum, 03.070.01 1/03.069.013/015, entn. aus: Meyer 1966, S. 30
46 entn. aus: Le Moyne, 1666, S. 464
47 entn. aus: Nolte 1734, Hannover, Gottfried Wilhelm Leibniz Bibliothek – Niedersächsische Landesbibliothek, Leibn. 65 Titelblatt
48 Wolfenbüttel, Herzog August Bibliothek, Top. App. 2:21
49 Detail aus Abb. 22
50 Hannover, Historisches Museum, 28795
51 Detail aus Abb. 50
52 Hannover, Niedersächsisches Landesarchiv – Hauptstaatsarchiv Hannover, 12 c Herrenhausen 11 pk
53 Berlin, Stiftung Preußischer Kulturbesitz, Kunstbibliothek, SMB, bpk, OS 2480
54 Versailles, Musée National des Chateaux de Versailles, MV 765, bpk, RMN (Photo: Gérard Blot)
55 aus: *La Description*, 1685, Faltblatt vor Textbeginn, entn. aus: Schneider, 2009, S. 208, Abb. 5
56 Johann Ulrich Krauß, *Tapisseries du roy*, Augsburg 1687, IX, entn. aus: Schneider 2009, S. 211, Abb. 7
57 Det. aus Abb. 11
58 Paris, Louvre, Cabinet des Dessins, INV 33014, Recto, entn. aus: Schneider 2000, S. 258, Abb. 1
59 entn. aus: Schneider, 2000, S. 264. Abb. 6
60 Paris, Louvre, Cabinet des Dessins, *INV* 30321, Recto
61 Detail aus Abb. 11
62 Hannover, Gottfried Wilhelm Leibniz Bibliothek – Niedersächsische Landesbibliothek, Nm-A 836 Teil 9
63 Abb. 12; Mit freundlicher Genehmigung durch Hans Georg Preißel zur Verfügung gestellt, gedruckt in Preißel, 2003, S. 5
64 Mit freundlicher Genehmigung durch Hans Georg Preißel zur Verfügung gestellt, gedruckt in Preißel, 2003, S. 7
65 aus: Hoogstraten, 1678, S. 260

66 Hannover, LH, XXIII, 735, Bl. 9v
67 Detail aus Abb. 66
68 Hannover, Gottfried Wilhelm Leibniz Bibliothek – Niedersächsische Landesbibliothek, Leibn. Marg. 32
69 entn. aus: Busche, 1997, S. 59
70 Detail aus Abb. 66
71 entn. aus: Descartes, Paris, 1658, S. 90, München Bayrische Staatsbibliothek, 4 Math. u. 20
72 entn. aus: Manesson-Mallet, 1702, Buch 1, S. 227, Wolfenbüttel, Herzog August Bibliothek, M:Nb 370
73 Montage: Vincent Kraft/Tilmann Steger
74 Montage: Vincent Kraft/Tilmann Steger
75 Montage: Vincent Kraft/Tilmann Steger
76 Montage: Vincent Kraft/Tilmann Steger
77 Montage: Vincent Kraft
78 Paris, Musée du Louvre, bpk, RMN (Photo: Thierry Le Mage)
79 Hannover 1822, Taf. 18, Hannover, Gottfried Wilhelm Leibniz Bibliothek – Niedersächsische Landesbibliothek, Mp. 18C Nr. 186 b
80 Mit freundlicher Genehmigung des Photographen (Photo: Hassan Mahramzadeh)
81 entn. aus: Kircher, 1648, Iconismus XXX, Fol. 883, Berlin, Max-Planck-Institut für Wissenschaftsgeschichte
82 Frontispiz zu: Perrault, 1671; entn. aus: Picon, 1988, Abb. 26
83 Dresden, Mathematisch-Physikalischer Salon, Nr. B V 10 (Photo: Jürgen Karpinski)
84 Hannover, Gottfried Wilhelm Leibniz Bibliothek – Niedersächsische Landesbibliothek, LH XXXV, VII, 5, Bl. 4r
85 entn. aus: Leibniz, 1875–1890, Bd. 7, S. 275
86 entn. aus: Baird 2009, S. 21
87 Detail aus Abb. 11
88 Detail aus Abb. 11
89 Detail aus Abb. 11
90 entn. aus: Fontenelle, 1733, Frontispiz, Berlin, Staatsbibliothek, bpk, Ai 1730-1
91 Paris, Musée du Louvre, Malerei, Inv. 371
92 Detail aus Abb. 91
93 Den Haag, Museum Bredius, 103–1946
94 Detail aus Abb. 93
95 Detail aus Abb. 5

人名索引

ア

アウグスティヌス　41
アウグスト、エルンスト（ハノーファ大公選帝侯）　7, 15, 16, 30, 44, 45, 49, 56-59, 63, 67
アウグスト、ゲオルク　24, 69, 70
アルキメデス　114
アルフェンスレーベン、ウード・フォン　29, 30, 32
アルフェンスレーベン、カール・アウグスト・フォン　30, 32, 39, 77
アルベルティ　170

ウ

ヴァハター、ヨーハン・ペーター　18
ヴァールブルク、アビイ　29
ヴィレット、フランソワ　117
ヴェスターマン、ブラント　46
ヴォルテール　1
ウォルポール、ホレス　125
ウォルポール、ロバート　126
ウッヘェンバッハ、ヨーハン・フリードリヒ・アルマンド・フォン　19
ウルリヒ、アントン　16, 63

エ

エーバーハルト、ヨーハン・アウグスト　32, 39, 128
エピクロス　1, 44, 76

オ

オイゲン、サヴォイ公プリンツ　80
オウィディウス　87

カ

カダール、マリウス　14, 46
ガリレイ、ガリレオ　167, 168
カール1世　131
カール2世　131
カーレンベルク、ゲオルク・フォン　18
カント　151

キ

キケロ　96
キリーニ、ジャコモ　26
キルヒャー、アタナジウス　114

ク

クラーク、サミュエル　78

ケ

ゲーテ、ヨーハン・ヴォルフガング　129, 130
ケプラー、ヨハネス　114
ゲルツ、フリードリヒ・ヴィルヘルム・フォン　61
ケント、ウィリアム　32, 125

コ

コゼレック、ラインハルト　145

コルベール、ジャン・バプティスト 116

サ
ザルツェンベルク、ユリウス・フランツ 35
サルトーリオ、ヒエロニモ 14

シ
ジェイムス1世 7
シャイツ、アンドレアス 7
シャウムブルク、クリスティアン 36
シャフツベリイ、アントニイ・アール・オブ 2, 130
シャルボニエ、マルタン 15, 19
シャルロッテ、ゾフィー 7, 11, 44, 80, 97
ジュスティ、トマーゾ 18, 26, 161
シューベルト、ヨーハン・ダーフィト 32, 39, 41
シュミット、ジークムント 46, 49, 64
ジョージ1世 134
ジョージ2世 24
ジョージ4世 112
ショット、ガスパール 115
シルヴェストル、イスラエル 86, 89

ス
スチュアート、エリザベス 7
ステリンハ、ベルナルド・スホタヌス・ファン 61, 160
スパーダ、ベルナルディーノ 167

セ
セイヴァリイ、トーマス 71
セーヘルス、ヘルクレス 140

ソ
ゾフィー 7-9, 11, 15, 18, 19, 39, 44, 45, 66, 77, 78, 80, 81, 91, 92, 120, 132, 133, 153, 154, 162, 165

タ
ターナー、ウィリアム 139
ダルジャンヴィユ、アントワーヌ・ジョセフ・デザリエ 127, 128

チ
チャールズ2世 159
チルンハウス、エーレンフリート・ヴァルター・フォン 103, 117, 168

ツ
ツィック、ヤヌアリウス 40

テ
デカルト、ルネ 87, 102, 118, 145
デサルグ、ジラール 103
デュモン、アンドレアス 58, 60, 64, 98, 110, 118-121, 166
テンツェル、ヨーハン・ゲオルク 26
テンプル、ウィリアム 1

ト
ドニ、ピエル 46, 64
ド・フェルマ、ピエル 118
ド・フルトン、メルト 71, 72, 162
トラーバー、ツァハリアス 115
ド・ラフォス、ルイ・レミ 20, 127

ニ
ニュートン 78

ノ
ノートル、アンドレ・ル 29

ハ
ハイムゾーン、ディートリヒ 46
バウア、アントン・ハインリヒ 15
ハノーファ、エルンスト・アウグスト・フォン 18

パスカル、ブレーズ 103
パテル、ピエル 84
パノフスキイ、エルヴィン 29
パパン、ドニ 70, 71
ハルデンベルク、フリードリヒ・カール・フォン 24

ヒ

ヒューイットソン、クリストフ 32
ピヨートル大帝 44

フ

ファルツ、ライムント 67, 162
フィッシャー、フォン・エルラッハ 165
フォントネル、ベルナール・ルボヴィエ・ド 136, 138
プサン、ニコラ 126
フリードリヒ5世（プファルツ公） 7
プラトン 135
フランケ、クリストフ・ベルンハルト 8, 9
フリードリヒ1世（プロイセン王） 7, 162
フリードリヒ大王 165
フリードリヒ2世（プロイセン王） 127
フリードリヒ、ヨーハン（ブラウンシュヴァイク・リューネブルク大公） 8, 12, 14, 15
ブルーメントロスト、ラウレンティウス 45

ヘ

ヘーゲル、ゲオルク・フリードリヒ・ヴィルヘルム 130
ペールヴァイク、バルタザール・ファン 61, 160
ペレル、アダム 84
ペロネ、アンリ 15

ホ

ホガース、ウィリアム 170
ポッツォ、アンドレア 167, 168
ホッブス、トーマス 151
ホーホストラーテン 92
ポルタ、ジャンバッティスタ・デラ 115

マ

マイヤー、カール・ハインリヒ 82
マヌソン-マレ、アラン 103
マンテーニャ、アンドレア 139

ミ

ミルトン、ジョン 125

メ

メカジェ、ピエトロ 15

モ

モアヌ、ピエル・ル 68
モレ、アンドレ 16, 131

ラ

ラーヴェス、ゲオルク・フリードリヒ 26
ラムドーア男爵、フリードリヒ・ヴィルヘルム・ハジリウス 134, 135, 171
ラングハンス、カール・ゴッタルト 32
ランデスハイマー、ピエル・ニコラス 20
ランベルク、ヨーハン・ダニエル 32
ランベレト、ザムエル 162

リ

リーツ、トビアス・ヘンリー 26
リンセン、ハンス 64

ル

ルイケン、ヤン 137

ルイ 14 世　116, 170
ルクレーティウス　1, 92, 95, 96, 139, 141
ルクレルク、セバスティアン　116
ルソー、ジャン‐ジャック　1, 3, 40, 79
ルートヴィヒ、ゲオルク　18, 24, 65, 70, 71, 73, 127, 133, 134, 161, 162
ルブリュン、シャルル　86, 89
ルルージュ、ジョルジュ-ルイ　127
ルルション、ジャン　115

レ
レンブラント　139

ロ
ロイスダール、ヤーコプ・ファン　126
ロック、ジョン　97
ロラン、クロード　126

訳者後書き

　本書は以下の全訳である：Horst Bredekamp:Leibniz und die Revolution der Gartenkunst. Herrenhausen, Versailles und die Philosophie der Blätter, Wagenbach 2012.
　すでにドイツでは 3 版を重ね、稀有なる人文書ヒットメーカーの面目を今回も保っている。本書にはバロック庭園の新局面が開かれる。先行のライプニッツ論『モナドの窓』（2008 年）がヴンダーカマーを論じたので、本作はさらにヴンダーカマーの相関物として博物庭園を詳説するのであろうと、訳者は予断を持ったのだが、予想は裏切られ、はるかに野心的なバロックの沃野を見せてもらうことになる。

　ヨーロッパにおいては権力を表象するのに、二つの庭園が相拮抗している。バロック式と風景式。このこと自体、われわれ日本人には珍しいことに思われる。風景式庭園は牧歌的なので、日本人にも共感できる形式であると思っていると、何やら空間表象を巡って政治的なふたつの態度が衝突しているらしく、感覚上の納得ではなくて知識が必要だと思わされる。
　ヴェルサイユを典型として宮廷庭園のバロック式は自然を幾何学によって掌握するので、支配階級の世界観の視覚化だとされている。1710 年、時代のモットーとしてもてはやされるシャフツベリイの発言、「こうした発明のすべては、王侯の気まぐれであり、これを維持したのは、王侯の宮廷依存と奴隷根性である」。
　それに対し風景式庭園はゆるやかなカーブを描く散策道に人を誘い、彼方に弧を描く地平へと心を解放する。だから自然好きとされる日本人のみならず、ヨーロッパ人にも風景式の方がうけがいいのだという。うけの善し悪しの話で

はなく、これはふたつの文化的態度の表象であって、歴史的には民主主義を標榜する市民が勝利していく過程の話なのだ……これを18世紀の庭園革命とか造園革命といい、本書のタイトルともなっている。

これら18世紀以来の対置図式＜自然対人工＞といった常識では、片付かないのでは、という疑問はすでに早くに提出されていた。風景式が実際反自然の技の組み合わせであること、ピクチュアレスクを媒介にマニエリスムに極まっていく造園運動を、我が国高山宏が『目の中の劇場』で知らしめたのが、1985年。庭園を表象文化論として展開した先駆けにしてすでに頂点、ヨーロッパを睥睨し所領地化した、まさに激越なる18世紀表象論だった。＜ピクチャレスク＞と＜崇高＞という美学用語を我が国に植え付けたというレベルの話におさまらず、西欧での風景表象論一般がいまだに高山の疾走感に追いつかない。

しかし今ようやく風景式への反省がバロック庭園に向けられる。風景式が反風景であるという逆説がおもしろくて、風景式については十分に議論がなされるが、対象として据えられた幾何学庭園は、権力の抑圧デザインとして簡単にアイデンティティを全うさせられてきたようである。つまり、自由対抑圧というじつに通俗な対立図式が生き延びてきたのだが、通俗なのはバロックの理解の方だった。この点、本書はよほどヨーロッパの人々の通念を撃ったのだろう、今回もまたブレーデカンプのこれまでの仕事同様、各書評子の絶賛を浴びている。本書は庭園史を覆した……。バロック観をこそ一新した……と。

そもそもライプニッツとヘレンハウゼンのバロック庭園を結びつけたのも、ブレーデカンプの功績である。そうしてライプニッツと庭園のバロックな自然観の再評価も彼の功績だろう。それから、他の追随を許さぬ彼の読解技法である図像解釈学、書簡の端に書き込まれた殴り描きのような絵図に、目の覚めるような謎解きをして、ライプニッツの夢の庭園の姿をまざまざと展開してくれたのは、本書のもっともスリリングなところとして読ませてもらった。

とはいうものの、現実には風景式庭園の方が自然豊かで幾何学庭園には自然が認められないではないですかと、ツァイト誌インタヴュ（Zeit 2012.5.31" Der Hort des Philosophen"）がブレーデカンプに反問している。彼の答えを以下にかいつまんで紹介しておきたい。

自然は共和制であり、風景式は自然とデモクラティーに結びついている、それに対しフランスの整形庭園は絶対主義王制的不自由なのだ……これは＜風景

式＝自然〉がよほど脳に沁み込んで、文化制度となりおおせているのだろう。

　英国式庭園が自然と協和する新しい自由の象徴であるというのは「頑強な神話であって、すでに社会的観点からして疑われている。……風景式庭園ではあらゆる階級が撤廃されて自由な個人だけがあるというのは、無可有郷にすぎない。そこは外部のものを厳しく排除してなりたつ場なのだから」。

　「ピトレスクで人工的な風景は、厳密に指定されたコレオグラフィーに従うものだ。」

　遊歩者ですら、絶景ポイントを予定する視軸にとっての点景として計算されずにはいない。そういえば訳者の連想なのだが、人間彫像というグロテスクにいたるあらゆるものが計算された窮塞ぶりは、グリーナウェイの映画『英国式庭園殺人事件』の如実に描いてくれたところだった。

　君主が一望のもとに、たとえばフランス国王が無限の果てにまでこの世を支配する象徴的姿として、宮殿からあきれるほど一直線に視軸を走らせたヴェルサイユ庭園の例。しかしブレーデカンプは言うのである、ヴェルサイユにあってさえ〈視の専制〉（フーコー）は一方的な力ではなく、家臣や民衆からのクリティカルな眼差しの投げ返しがあって相互的であったはずだし、いわんや宮殿からの視線の設定が圧倒的ではないヘレンハウゼンは、庭園の方こそ主役であってみれば、バロック庭園を自然に対する専制的な態度の表象と見なす枠組みが最初から弱い。しかもヴェルサイユであっても人は出入り自由で、だからフォーマルな装いを強制される空間ではなかった。つまり個人の自由がバロック庭園にこそ保証されているのに対し、個人の自由の象徴と喧伝された風景式庭園には数多くの制限が設けられていた。バロック庭園を眺望する眼差しは、無限の彼方へと野望を抱いているのではなく、内へ内へと屈曲して入れ子状態へと解放される……、バロックのイマーゴが「襞」であるというのなら、庭園の構造も、幾何学の機械的反復と思ってもらっては困るのですよ……。

　ブレーデカンプの論証は、ライプニッツの残した未評価の資料を解読するという、いつものことながら歴史学者のような手堅さである。付録に正確に資料整理がなされているが、ヘレンハウゼン大庭園の華、大噴水と水路を生かすべく、水力学系統をどう設計していけばいいのかという、きわめて実践的現場の提言の数々が大哲学者の走り書きや書簡のかたちでひとまとまりに遺されてい

る。個別のものは互いに等しからずというライプニッツの有名な原理の発見があったことも、このバロック庭園においてこそであった。いかなる葉っぱも一枚とて他と同じからず——されば個々の存在の個性を認めたのはバロックの哲学者であり、バロックの自然においてなのだ……と、徐々に＜風景式：自由：個人＞対＜整形式：抑圧：王政＞という二項定立をくずしにかかる、その論理手法と、結論はじつに意表を突いて面白い。たとえば通念とは逆に、直線こそが自然なのであり、曲線は反自然である……とか、英国式は容貌魁夷（ビザール）である……とか、18世紀における庭園思想家の発言が以外にも多々通念に反しているのである。19世紀にいたっては、デビューしたばかりのあの風景画家フリードリヒを徹底的に批判して逆説的にドイツ・ロマン派を誕生させた合理性の思想家とされるラムドーアが、庭園を論ずるのに肉体のリズムを介在させるという、現在からしても刺激的な考察を加えていることなども画期的な資料発掘であった。庭園文化史としては、幾何学こそが自然なのだと逆説を弄するというより、18世紀以来の二項定立をおかしいと、彼は提案したいのである。

　資料に語らせる手堅さの傍らで、ヘレンハウゼン庭園全体が奇妙なことに心持ち傾いでいて、ひそかな平行四辺形をなしている、つつましやかな現象を、古代の自然学者ルクレーティウスにちなんで「クリナメン（傾斜運動）」と呼ぶ。そのアイデアには眼を瞠るが、どうなのだろう。さらに何と言っても走り描きの図を綿密に構成し直して、これはイルミナツィオン庭園としてのヘレンハウゼン大庭園であると読み解いたのは、まさに彼の独壇場、イルミナツィオンを照明とか花火とか啓明とかと訳すわけにはいかないのだということも分かって、18世紀文化が光輝に満ちる。意味不明の線描メモを読み解くうち、遊戯的光学的庭園という、ついぞ聞いたことのない姿が浮かび上がる——これはいったい何なのだろう……。

　ブレーデカンプ自身のそもそもの論の始まりは、いつものごとく具体的感覚的である。ヴェルサイユの非人間的な広大さに比して、ヘレンハウゼン大庭園は十分に内密(アンチーム)な空間と感じられる、それは庭園に降り立てばつぶさに分かることである。ただそこにはセンチメンタルな牧歌風景ではなく幾何学図形があるのであって、その図形もまたさらに言えばマニエリスムの精髄である＜楕円形＞が潜んでいるのだと、こういう洞察はブレーデカンプの光学以外では提案

できなかったことだろう。

　インタヴュの最後にブレーデカンプさんの庭園趣味はどうなっておられるかと話題がふられる——そもそも「聖なる森(サクロ・ボスコ)」のボマルツォ庭園が一番だと思っている。そしてまたよく散策するのが好きな庭園は、ヴェスターヴァルトの「イム・タール Im Tal」である。怪物庭園というのではないが「ドイツのボマルツォ」と称され、彫刻家エルヴィン・ヴォルテルカンプ Erwin Wortelkamp が 1980 年代中ごろに他の芸術家たちと造成した彫刻庭園である由……。そういえば、著者の若い頃、ボマルツォ庭園研究の決定版『ヴィチーノ・オルシーニとボマルツォの聖なる森』(1985 年) を発表して以来、彼の志向は変わっていなかったのだなと納得した次第である。

　最後に編集の鈴木正昭さんには諸々正確に見ていただき、感謝しております。

　2014 年 5 月

〈訳者略歴〉

原　研二（はら・けんじ）
- 1978 年　東京大学人文科学科大学院独文学博士課程中退
- 1978 年　名古屋大学教養部ドイツ語講師
- 1981 年　ウィーン大学人文学部演劇学科留学（1983・9 帰国）
- 1986 年　東京都立大学人文学部独文学研究室助教授
- 1996 年　東京都立大学人文学部独文学研究室教授
- 2007 年　大妻女子大学比較文化学部教授
　　　　　現在に至る

主な著書：『シカネーダー』（平凡社）,『グロテスクの部屋』（作品社),
　　　　　『オペラ座』（講談社）
主な訳書：ジョン・ノイバウアー『アルス・コンビナトリア』（ありな書房),
　　　　　H・P・デュル『再生の女神セドナ』（法政大学出版局),
　　　　　ホルスト・ブレーデカンプ『モナドの窓』（産業図書),
　　　　　ホルスト・ブレーデカンプ『芸術家ガリレオ・ガリレイ』（産業図書）

ライプニッツと造園革命
——ヘレンハウゼン、ヴェルサイユと葉っぱの哲学——

2014 年 7 月 15 日　初　版

　　　著　者　ホルスト・ブレーデカンプ
　　　訳　者　原　研二
　　　発行者　飯塚尚彦
　　　発行所　産業図書株式会社
　　　　　　　〒 102-0072 東京都千代田区飯田橋 2-11-3
　　　　　　　電話 03(3261)7821（代）
　　　　　　　FAX 03(3239)2178
　　　　　　　http://www.san-to.co.jp
　　　装　幀　戸田ツトム

© Kenji Hara 2014　　　　　　　印刷・平河工業社　製本・小髙製本工業
ISBN978-4-7828-0177-2 C1010

モナドの窓 ライプニッツの「自然と人工の劇場」	H. ブレーデカンプ 原 研二訳	3500 円
芸術家ガリレオ・ガリレイ 月・太陽・手	H. ブレーデカンプ 原 研二訳	6000 円
実体への旅 1760年-1840年における美術、科学、自然と絵入り旅行記	B. M. スタフォード 高山 宏訳	8000 円
ヴィジュアル・アナロジー つなぐ技術としての人間意識	B. M. スタフォード 高山 宏訳	3200 円
グッド・ルッキング イメージング新世紀へ	B. M. スタフォード 高山 宏訳	3800 円
アートフル・サイエンス 啓蒙時代の娯楽と凋落する視覚教育	B. M. スタフォード 高山 宏訳	4200 円
ヴァーチャル・ウィンドウ アルベルティからマイクロソフトまで	A. フリードバーグ 井原慶一郎, 宗 洋訳	3800 円
ハイデガーと認知科学	門脇俊介, 信原幸弘編	3200 円
『存在と時間』の哲学 I	門脇俊介	1800 円
集合論の哲学 「カントールのパラダイス」につづく道	M. タイルズ 三浦雅弘訳	2700 円
新版 論理トレーニング	野矢茂樹	2200 円
哲学と自然の鏡	R. ローティ 野家啓一監訳	5800 円
『論考』『青色本』読解	L. ウィトゲンシュタイン 黒崎 宏訳・解説	3300 円
流れとよどみ 哲学断章	大森荘蔵	1800 円
科学が作られているとき 人類学的考察	B. ラトゥール 川﨑 勝, 高田紀代志訳	4300 円
科学者の責任 哲学的探究	J. フォージ 佐藤 透, 渡邉嘉男訳	3800 円
脳はいかにして心を創るのか 神経回路網のカオスが生み出す志向性・意味・自由意志	W. J. フリーマン 浅野孝雄訳 津田一郎校閲	3400 円

価格は税別

A GENERAL PROSPECT OF THE ROYALL HOUSE AND GARDING AT HERNHA[...]
The explication of the principal parts of the House and Garding